北京理工大学基层党建工作系列丛书

党建扎根

木林峥嵘

李德煌 ◎ 主编

北京理工大学出版社
BEIJING INSTITUTE OF TECHNOLOGY PRESS

版权专有　侵权必究

图书在版编目（CIP）数据

木林峥嵘／李德煌主编．—北京：北京理工大学出版社，2021.6

ISBN 978-7-5682-9905-3

Ⅰ.①木… Ⅱ.①李… Ⅲ.①中国共产党－高等学校－党的建设－北京－文集 Ⅳ.①D267.6-53

中国版本图书馆 CIP 数据核字（2021）第 115895 号

出版发行／北京理工大学出版社有限责任公司	
社　　址／北京市海淀区中关村南大街5号	
邮　　编／100081	
电　　话／（010）68914775（办公室）	
（010）82562903（教材售后服务热线）	
（010）68944723（其他图书服务热线）	
网　　址／http：//www.bitpress.com.cn	
经　　销／全国各地新华书店	
印　　刷／北京地大彩印有限公司	
开　　本／710毫米×1000毫米　1/16	
印　　张／20.25	责任编辑／李慧智
字　　数／299千字	文案编辑／李慧智
版　　次／2021年6月第1版　2021年6月第1次印刷	责任校对／周瑞红
定　　价／98.00元	责任印制／李志强

图书出现印装质量问题，请拨打售后服务热线，本社负责调换

北京理工大学党建工作系列丛书

丛书编委会

主　　编：项昌乐

副 主 编：李德煌　张舰月

编　　委：（按照姓氏笔画排列）

丁刚毅　王　征　王亚斌　王美玲　王泰鹏

王振华　龙　腾　冯慧华　朱光辉　刘　川

刘　渊　刘存福　李汉军　杨　晖　肖　雄

何骁威　邹　锐　张　笈　张　瑜　张振华

陈　珂　林　杰　金　军　金海波　周　波

周连景　赵文祥　胡晓珉　饶晓炜　姜　艳

娄秀红　徐承俊　高伟涛　崔　嵬　董兆波

蔡婷婷　蔺　伟　管帅华　颜志军　薛正辉

木林峥嵘

编委会

主　　编：李德煌

副 主 编：孙　硕　徐碧瑢　沈　毅　姚志香

编　　委：（按照姓氏笔画排列）

王莉蓉　王晓静　王朝阳　王福亮

石　莉　申建梅　刘　莉　刘芳熙

牟雪娇　李众一　杨丽静　邵　霞

林　婷　易伟明　战勇钢　姚梦迪

袁　丹　谢雨珈　戴晓亚

序言

高校是培养社会主义建设者和接班人的重要阵地。习近平总书记指出，"办好中国的世界一流大学，必须有中国特色"，"我们要认真吸收世界上先进的办学治学经验，更要遵循教育规律，扎根中国大地办大学"。习近平总书记的重要讲话、重要指示精神为我们指明了前进方向，提供了根本遵循。高校党建是党的建设新的伟大工程的重要组成部分，高校基层党组织是党在高校全部工作和战斗力的基础。坚持和加强党对高校的全面领导，必须夯实高校党建工作基础，强化院(系)党组织政治功能，全面增强高校基层党组织生机活力。

"求木之长者，必固其根本"。高校党建就像成长的大树，党支部建设是党建工作的基础和根本，是"党建"这棵大树的根系。只有"树根"深扎沃土，夯实生命之基，"党建"的大树才能根深叶茂、叠翠千丈。基层党组织建设工作一定要落地生根、抓稳抓实，坚持联系群众，全心服务群众，从群众中来到群众中去，把为人民服务理念贯彻到实际工作中去。北京理工大学党委把"延安根、军工魂"的红色基因赓续到基层党组织建设中，把党支部建设成为师生群众的"主心骨"，增强基层党员群众对党支部的信任感、依赖感。

党的各级组织是党的一切力量的来源，只有让党的组织强壮有力、有序运转、步调一致，才能抵挡住风吹雨打。党员如大树上的万千树叶，只有悉心培养，及时修剪，党员队伍才能不断更好地发展壮大。

本丛书把高校基层党建工作用木林做比拟，形成了生动的高校基层党建"木林景象"：从种下"红色基因"的种子开始，培根铸魂，启智润心，锻造强大枝干，为国家培养红色栋梁之才。《沃土培苗》汇编了新时代大学生党员入党的初心挚语；《木林峥嵘》展现了"十三五"时期，学校各基层党组织的特色做法与经验总结；《繁叶华章》记录了教师党员在建党百年之际礼赞党的丰功伟绩，抒发胸襟的点滴文字；《春华秋实》梳理了近年来党员群体的课题研究成果；《赤心采撷》凝结了党校干部培训中学员们对于工作的思考与体会；《党建经纬》摘录了校、院两级的党建工作制度，用制度扎起规范党员行为、组织生活开展的"篱笆"。"一年树谷，十年树木，百年树人"，高校党建以立德树人为根本，扎根中国大地，为党育人，为国育才。

本丛书为高校基层党建工作做出了有益示范，可以作为党务工作者学习参考的范本。

丛书编委会
2021 年 6 月

前言

"党旗引领风帆劲,示范带动谱新篇"。北京理工大学充分发挥基层党组织党建创新集群效应,增强党组织示范引领作用,激发党支部创新活力,打造联动工作格局,营造优秀文化氛围。经过多年的建设,基层党组织在强化基层党支部政治引领,规范党的组织生活,创新基层党建工作,团结凝聚师生,提升组织凝聚力、向心力和战斗力等方面取得了突出成效,优秀党员榜样在教书育人、科研攻坚等方面发挥了典型示范作用。

本书选取收录近三年北京理工大学基层党组织的党建创新案例,其中,既有全国"党建工作标杆院系""党建工作样板支部"的建设经验,亦有学校"一党委一品牌,一支部一活动""党建工作室"等系列基层党组织创新、主题党日活动案例,涵盖了学校各二级基层党组织及师生党支部,涉及基层党组织建设、党员培训教育、党员管理、组织生活等方方面面,展现了各基层党组织在工作思路创新、内容创新、方法创新、活动载体创新等方面的探索与实践。同时,本书收录了获得全国优秀共产党员、北京高校优秀党务工作者、北京理工大学优秀共产党员等荣誉称号的党员榜样事迹,以期充分发挥先进典型的引领示范作用,激发全体共产党员为实现中华民族伟大复兴的中国梦而努力奋斗。希望本书能为推进全面从严治党向纵深发展、基层党组织建设及党建创新提供可供借鉴的实践案例,也可作为党务工作者及基层党支部书记日常工作的实用工具书。

百年风华正青春，砥砺奋进新征程。党的力量来自组织，党的全面领导、党的全部工作要靠党的坚强组织去实现。初起的树苗经过风雨的历练已经长成参天大树，呈现出一片木林峥嵘的壮阔景象。初心耀耀，党徽闪亮，使命昭昭！新时代更要充分地发挥基层党组织的战斗堡垒和党员的先锋模范作用，牢记初心使命，以高质量党建推动学校"双一流"建设高质量发展不断迈上新台阶。

《木林峥嵘》编委会

2021年3月

目　录

勠力同心·奋楫笃行

第一篇　强基固本筑堡垒
　　——强化基层党组织政治功能

重传承、深融合、扬特色，红色基因赋能党建标杆院系建设
　　……………………………………………机械与车辆学院党委　004
打造"同心·铸魂"党建品牌　推动基层党建不断创新……宇航学院党委　009
传承徐老精神，争做时代新人
　　——"学、寻、述、示、悟徐特立精神"主题活动……徐特立学院第二党支部　012
党团共建强服务心，齐心协力圆报国梦……宇航学院2018级硕士第二党支部　017
"三个增长"，提升党员素质和支部建设……计算机学院软件安全研究生党支部　020
"2+X"严格组织生活制度，创新支部工作方式
　　………………………………………机电学院研究生机电第二党支部　023
坚持"四个充分"，切实提升凝聚力…………光电学院博士光工2班党支部　027
落实"四个聚焦"，筑牢战斗堡垒……信息与电子学院雷达技术研究所党支部　030
狠抓落实"五个有效"，创新党建共克时艰
　　………………………………………计算机学院软件理论研究生党支部　033
抓好"三一两引"，提高组织凝聚力
　　………………………光电学院光电成像与信息工程研究所党支部　036

践行初心使命　忠诚担当奉献
　　——开展"服务育人"主题活动
..................资产经营公司物业管理与后勤服务公司第四党支部　043

第二篇　行稳致远启新篇
　　——提升基层党组织组织力

以"三个聚焦"夯实党建根基，为一流学科建设书写奋进之笔
　　——"支部书记撑好旗"党建品牌..................自动化学院党委　048
加强党建引领，打造"大资产"工作格局，服务学校"双一流"建设
....资产经营公司党委　052
坚持"三位一体"，打造明"理"共进党建品牌 ……马克思主义学院党总支　057
推进"两学一做"，落实"师生共学共做行"党建品牌…设计与艺术学院党委　060
薪火相传，砥砺前行……………………机械与车辆学院能源与动力工程系第二党支部　066
榜样"传帮带"，"头雁"促共进……………………光电学院博士物电班党支部　070
提升组织力，增强凝聚力………………信息与电子学院信息安全与对抗党支部　073
一干多支、五项协同，切实提升学生党支部组织力、战斗力
....材料学院本科生第二党支部　077
四个精准一肩挑，全面提升组织力……化学与化工学院无机化学系教工党支部　081
践行初心使命，勇于社会担当…………人文与社会科学学院社会工作党支部　084

丰草长林·绿树成荫

第三篇　锤炼党性塑灵魂
　　——强化党员理想信念教育

打造"物理·博约"党建工作品牌……………………………物理学院党委　094
承诺践诺掷地有声，考核评议争先创优……………………宇航学院党委　099

创先争优做表率，服务群众当楷模
——"时时做示范、处处当先锋、事事我带头"主题活动
.... 机电学院科普宣讲团党支部　102
"六维发力"打好党员教育"组合拳"...... 数学与统计学院数学系博士生党支部　106
"科技+法律"系列党日，助力研究生支部成才成长
.... 法学院2017级法学硕士党支部　110
贯彻落实"四个学习"，促进党员全面发展......... 法学院研究生第二党支部　113

第四篇　春风化雨育栋梁
——打造高素质教师队伍

师德传承香满溢，联创共建展风貌................................ 光电学院党委　118
以师生支部共建为主题，开创党建导师制品牌活动... 信息与电子学院党委　123
建设一流教师和一流学生的共同体................................ 材料学院党委　126
师道传承，赋能青年教师发展.......................... 化学与化工学院党委　128
铸师魂"承"字为重，引师风"先"字领航
.... 机电学院爆炸科学与技术国家重点实验室党支部　133
筑牢战斗堡垒，做好"四个坚守"...... 计算机学院数字媒体与仿真研究所党支部　136
抓好"四个一"，立法有效益.......................... 法学院国际法研究所党支部　139
思想建设和业务两手抓，走在大学英语教学改革前列
.... 外国语学院大学英语党支部　143

茂林修竹·蔚然成风

第五篇　党建引领激活力
——创新组织生活方式方法

让党建育人在这片"红数林"扎根结果............... 数学与统计学院党委　150

"真辩明红趴馆"互动式党课教学新模式⋯⋯⋯⋯⋯⋯⋯⋯ 计算机学院党委　155

北理梦，天桥情

　　——"天桥街道大学生社区主任助理"特色党建品牌活动

⋯⋯⋯⋯⋯⋯⋯⋯⋯⋯⋯⋯⋯⋯⋯⋯⋯⋯ 人文与社会科学学院党委　159

党团小组展特色，党员教育开新局⋯⋯⋯⋯⋯⋯⋯ 法学院本科生党支部　163

实理论，求创新，做好基层战斗堡垒⋯⋯⋯⋯ 光电学院2018级光工1班党支部　167

推动"党建+"模式　打造工作新亮点⋯⋯⋯⋯⋯ 自动化学院检测博士党支部　170

"稳毕业、促就业、防疫情"三管齐下，精准解决毕业生党支部问题

⋯⋯⋯⋯⋯⋯⋯⋯⋯⋯⋯⋯⋯⋯ 化学与化工学院2018级硕士第六党支部　173

点亮党建"五颗星"，建设学习服务型支部

⋯⋯⋯⋯⋯⋯⋯⋯⋯⋯⋯ 自动化学院智能信息处理与控制教工党支部　176

做好特色专题　提升组织凝聚力⋯⋯⋯ 设计与艺术学院本科生低年级党支部　180

第六篇　红色血脉永赓续

　　——传承"延安根、军工魂"，推动北理工事业发展

宇量广深共话航天事，航海梯山同做航天人⋯⋯⋯⋯⋯⋯ 宇航学院党委　186

传承红色基因，树牢"军工"党建标杆⋯⋯⋯⋯⋯⋯⋯⋯ 机电学院党委　189

致力做"中国电池"的能源支部⋯⋯⋯⋯⋯⋯ 材料学院2019级硕士第三党支部　192

"大国之眼"时代担当，强军报国战斗堡垒

⋯⋯⋯⋯⋯⋯⋯⋯⋯⋯⋯⋯⋯⋯ 信息与电子学院研究生雷达第七党支部　198

一代材料一代装备，立志国防再创新篇

　　——开展"高能力量"主题活动 ⋯⋯⋯⋯⋯ 材料学院高分子材料系党支部　204

校企党建零距离，党产学研共发展⋯⋯⋯⋯⋯ 机电学院无人飞航工程系党支部　208

支部共建促创新，党建学科双发展⋯⋯⋯ 信息与电子学院微波技术研究所党支部　212

传承红色基因，创新党建工作⋯ 计算机学院图像计算与感知智能研究所党支部　216

推动支部党建工作，发扬支部专业优势

　　——开展"红色1+1"支部特色共建主题活动

⋯⋯⋯⋯⋯⋯⋯⋯⋯⋯⋯⋯⋯⋯ 信息与电子学院研究生对抗第三党支部　219

"党情润童心"党建工作品牌项目⋯⋯⋯⋯⋯⋯⋯⋯⋯ 附属小学直属党支部　222

目 录

第七篇　躬耕不辍献赤心
——发挥党员先锋模范作用

"平凡"的雷达专家　打造中国人自己的"千里眼"
　　——信息与电子学院毛二可 …………………… 信息与电子学院党委　226

打造"中国红色电池"　为党的事业奋力储能
　　——材料学院吴锋 ………………………………………… 材料学院党委　229

新时代的优秀党务工作者
　　——信息与电子学院薛正辉 …………………… 信息与电子学院党委　233

用科技的力量服务国家重大需求
　　——计算机学院丁刚毅 ………………………………… 计算机学院党委　237

一位心理学教授的责任、使命、担当
　　——人文与社会科学学院贾晓明 ………… 人文与社会科学学院党委　241

为国铸剑做先锋，矢志不渝军工魂
　　——机械与车辆学院崔涛 …………………… 机械与车辆学院党委　244

凝聚"推进"魂　润物细无声
　　——宇航学院王宁飞 ……………………………………… 宇航学院党委　248

坚定信念传薪火，矢志报国立潮头
　　——宇航学院吴则良 ……………………………………… 宇航学院党委　252

为中国"深空之光"璀璨长驻，用奋斗建功立业新时代
　　——化学与化工学院孙克宁 …………………… 化学与化工学院党委　256

追求卓越育人　勇攀科研高峰
　　——数学与统计学院胡峻 …………………… 数学与统计学院党委　261

以行动践行立德育人使命，以担当为党旗增光添彩
　　——物理学院刘伟 ………………………………………… 物理学院党委　264

在小物院散发着光和热
　　——物理学院俞文凯 ……………………………………… 物理学院党委　268

矢志国防的当代"花木兰"
　　——光电学院邱丽荣 ……………………………………… 光电学院党委　272

把学生放在心中最高位置

——管理与经济学院崔立新 …………………… 管理与经济学院党委 275

满足北理学子的思想期待

——马克思主义学院杨才林 …………………… 马克思主义学院党委 279

学生们的"人脸识别机"

——马克思主义学院张雷 ……………………… 马克思主义学院党委 283

教研立身　无悔奉献

——马克思主义学院张毅翔 …………………… 马克思主义学院党委 286

爱岗敬业树形象　平凡岗位创精彩

——北京理工大学出版社边心超 ……………………… 资产经营公司党委 290

扎根基层四十载　坚守初心担使命

——资产经营公司张国强 ……………………… 资产经营公司党委 293

抗"疫"路上的"小黄车"

——自动化学院黄腾 …………………………… 自动化学院党委 296

勤恳务实，争做优秀学生党员

——机电学院寸辉 ……………………………… 机电学院党委 300

投身公益，帮扶群众

——材料学院李瀚楼 …………………………… 材料学院党委 303

勠力同心·奋楫笃行

第一篇　强基固本筑堡垒
　　　　——强化基层党组织政治功能

第二篇　行稳致远启新篇
　　　　——提升基层党组织组织力

Part 01 | 第一篇

强基固本筑堡垒

——强化基层党组织政治功能

重传承、深融合、扬特色，红色基因赋能党建标杆院系建设

机械与车辆学院党委

北京理工大学机械与车辆学院坚持以习近平新时代中国特色社会主义思想为指导，坚持党的全面领导，始终传承红色基因、发扬北理工精神，以"全国党建工作标杆院系"建设为抓手，落实"五个到位"，践行"七个有力"，将党的核心领导落实到学院各项工作中，通过红色基因赋能党建标杆院系，让"党建+N"成为学院新时代各项事业创新改革与蓬勃发展的强大引擎和活力源泉。

一、特色做法

1. 文化精神：使命传承红色基因

1940年的抗战烽火中，巍巍宝塔山是北理工三院人的延安根。1952年北理工建设了新中国最早的坦克类专业，为祖国交上了第一辆轻型坦克。在国庆70周年阅兵活动中，15式轻型坦克首次亮相，位列第2方队，而15式轻型坦克上的发动机是唯一由高校作为总师单位牵头设计的动力装备。

学院党委始终坚持在传承北理工精神，凝练文化精神内核上下功夫。在北京理工大学建校80周年华诞之际，学院精心策划了"特立潮头，开创未来"学院建设成果展和专业建设成果特辑（图1），体现了学院80载精进不息和近年来阶跃式发展的成果；学院为近千名校友寄达了象征"机械三原色"的纪念品，象征了学院团结一致、追求卓越的动力之源；邀请7位20世纪50年代32专业（坦克发动机专业）建系之初的老一辈教师和校友回到母校，四代北理工人齐聚一堂，"聆听师道"，讲述北理工的传承故事，传播三院人的动人事迹。

图1 开展"聆听师道"系列活动及"特立潮头,开创未来"学院建设成果展

2. 师生思政:内涵发展"深"字为重

学院"人人热爱育人、时时践行育人、事事落实育人"的意识逐渐深入人心,逐渐形成了代表学院优势特色、聚焦领军领导人才培养的育人格局。"实验室奇妙日""青春飞扬的季节""汽车嘉年华"等品牌活动(图2),

图2 育人品牌活动:"实验室奇妙日""青春飞扬的季节""汽车嘉年华"

将科研育人、文化育人、实践育人深融至育人过程,育人工作实现从追求规模外延式发展到重质量内涵式建设的转变。

科学规范的基层党组织和工作机制,为学院党建思政内涵发展打下了坚实基础。聚焦立德树人根本任务,2017年学院开展理论学习制度化、常态化工作,将中国传统文化、现代教育理论学习、教育教学研究、学生成长发展加入学习内容;2019年将党员师生理论学习成果汇集成册,出版了《奋励而成——北京理工大学机械与车辆学院师生文集》[图3(a)],展现了三院学子立德立志、师者以德立身的动人故事;2020年出版的《智汇北理 创梦机械》[图3(b)]聚焦人才培养中心工作,从创摇篮、创榜样、创历程、创能力、创天地、创羽翼、创文化、创榜样、创时代8个章节总结记录了学院创新创业的成效与发展。

(a)

(b)

图3 出版书籍

(a)《奋励而成——北京理工大学机械与车辆学院师生文集》;(b)《智汇北理 创梦机械》

3. 专业情深:四代北理工人报国志一脉相承

2019年年初,学院党委率先恢复每两周的周二下午教学研讨活动,围绕"教育教学全过程"和"学生成长成才全过程",研讨教育教学规律、大学生成长成才规律等问题展开讨论。2020年9月24日,"32教研室"邀请7位20世纪50年代32专业(坦克发动机专业)建系之初的老一辈教师和校友回到母校,老中青教师和青年学子四代北理工人围绕人才培养、科学研究等方面向老校友、老教授们汇报了能动系近年来的发展概况(图4)。老校友们参观了涡轮增压器综合性能、氢内燃机和单缸柴油机等试验台,看到能源与动力工程系在科研领域中守正创新,不仅继承发扬了传统动力学科的优势,更在新能源、新动力等领域有了自己的建树。

图4　20世纪50年代32专业校友返校参观交流

二、实践成效

机械与车辆学院党委在党的领导下，练就硬本领，筑牢承重梁，科技瞄准国家战略，聚力勇担强国使命。在产出重大成果、服务国家重大战略和国防军工行业方面均取得显著成绩。2020年，学院科研经费突破5亿元，ESI（基本科学指标数据库）工程科学排名全球第64名，US News（美国大学综合排名）机械工程学科全球排名第41名。在近日公布的软科学排名中，机械工程学科位列全国第4，首次跻身国内前2%顶尖学科行列。

学院党委围绕立德树人根本任务，使育人与育才相统一，建设"研磨拾光"沙龙［图5(a)］和"32教研室"［图5(b)］两个党建品牌。面向青年教师群组织的"研磨拾光"沙龙，按照"四有好老师""四个引路人""四个相统一"的要求，提升青年教师的教书育人能力和综合素质。"32教研室"是围绕教育教学全过程和学生成长成才全过程，定期组织教师研讨育人与育才规律的活动，引导教师紧跟时代，提升教书育人能力。2020年"研磨拾光"沙龙和"32教研室"分别围绕课程思政关键问题展开研讨，保证课程思政与思政课程同向同行，形成协同效应。

（a）

（b）

图5　学院建设两个党建品牌
(a)"研磨拾光"沙龙定期组织活动；（b）32教研室

三、探索启示

在新时代，世界和中国时刻都在发生变化，要实现中华民族伟大复兴的中国梦，应在人才培养和科学研究方面下功夫，做贡献。学院党委品牌，做好"教"与"学"的共融互通，引导教师做青年学生的引路人，守好一段渠，种好责任田，为青年一代打好家国情怀的人生底色；引领全院师生把个人梦想与学校梦想、家国梦想、民族梦想紧密结合，创造支撑富国强军的尖端成果。

北京理工大学机械与车辆学院将继续把党的核心领导落实到学院各项工作中，始终坚持立德树人根本任务和正确的办学方向，不断优化党建工作体制机制。以政治建设为统领，以制度建设为主线，以对标争先建设为基础，以推动学院各项工作发展为落脚点，以"全国党建工作标杆院系"建设为良好契机，落实"五个到位"，践行"七个有力"，坚持用高质量党建推动学院各项事业快速发展。

打造"同心·铸魂"党建品牌
推动基层党建不断创新

宇航学院党委

宇航学院党委以创新支部共建模式和组织生活模式为核心内容，打造"同心·铸魂"党建活动品牌，创新支部建设模式、组织生活模式，增强基层党支部的创造力、凝聚力、战斗力，教育、凝聚全院师生，增强党组织的生机与活力，使党的基层组织充分发挥思想教育、桥梁纽带、先锋模范、带动提升作用，筑牢思想根基。

一、特色做法

创新组织生活模式，推广"强基固本""与国同梦""开拓创新""无私奉献"四型主题党日活动。

1. 做实"强基固本"，领学互学筑思想根基

夯实学院党委理论中心组—党支部书记—党支部"三级联动"学习机制，规范学习记录，强化导学领学督学，在学习形式上求创新，实行书记领学、学习研讨、全员发言、撰写心得等措施；将理论学习抓在日常，通过"党课我来讲"、领学互学、每月一测等形式，系统深入学习习近平新时代中国特色社会主义思想，提升学习热情和效果。

2. 践行"与国同梦"，加强新时代爱国主义教育

加强新时代爱国主义教育，突出培养爱国情怀、践行航天精神，开展"弘扬爱国奋斗精神　建功立业新时代"主题教育；开展"航天人进党团支部讲航天事"系列活动，将"使命在肩 奋斗有我"主题教育活动与"航天精神"教育相结合，邀请航天院所一线科研人员、校友代表为学生党员、团员讲述科研经历，鼓励大家争做新时代"航天人"；将加强新时代爱国主义教育作为主题教育的重要内容，组织参加国庆联欢任务的党员分享心得体会，

向全体学生党员发起"争做时代新人"的号召。

3. 强化"开拓创新",榜样引领教风师风学风

以创新实践为着力点,将学院科研优势资源与学生双创教育深度融合,探索科研团队指导学生科技创新的团队育人模式。挖掘师生在教学、科研等方面的典型事例,邀请学院优秀导学团队代表、党员先锋岗代表讲述奋斗历程和经验做法,在学院营造良好教风、师风、学风。

4. 弘扬"无私奉献",主动作为服务身边师生

携手抗疫,坚决做好新冠肺炎疫情防控工作,党员教师主动请缨,参与学院值守、毕业生行李打包等任务,用实际行动践行了党员的责任和担当;党委书记带队赴山西省方山县推进扶贫工作并捐赠植保无人机,50名航模队、"飞鹰"队队员赴方山县开展科普宣传和智能无人机科技扶贫工作。成立"学业辅导室",组织保研党员对学业警示学生"一对一"辅导督促,组织研究生党员指导低年级学生专业学习和创新实践,将党员先锋模范作用体现在行动中。

二、实践成效

强化党支部共建,探索教师党支部与学生党支部、科研院所、高校、事业单位党支部共建交流模式。以"1"批优秀党员教师、"1"个学生党支部、"X"个共建模式,以党支部学科专业背景为结合点,使优秀党员教师以"党支部指导教师"形式参与融入学生支部中,以立德树人为根本出发点指导学生支部开展党建工作,为学生传铸魂之道、解人生之惑、答学术之疑。与科研院所、高校、事业单位支部共建交流,帮助学生了解各行业发展形势,明确就业方向,及时做好人生规划。开展"匠心育人、薪火相传"师生支部共建活动,为学生传道、铸魂、解惑、答疑。与中国航天科工集团第四研究院第四总体设计院党支部,中国兵器装备集团人力资源联合党支部,航空工业信息技术中心系统工程应用中心党支部,一院战术武器事业部人力资源处、体系室党支部开展联合共建活动,探讨就业择业观、航天精神等,鼓励大家及时做好人生规划。2019级硕士党支部、2016级本科党支部党员代表和入党积极分子赴航天五院总体部机械系统事业部机器人所开展支部共建活动,在参观交流中深化对"航天精神"的理解。2019级博士第一党支部邀请

中国地质大学（北京）材料科学与工程学院博士第一党支部来校参观座谈，增进校际跨专业交流。学院还先后组织学生党员代表和入党积极分子与方山县胡堡村党支部、北京月坛综合训练馆党支部开展扶贫共建交流、校地共建交流活动。

三、探索启示

通过"1+1+X"的模式，凝聚基层组织力量，增强党内组织生活的时代性、政治性、原则性，形成党员发挥先锋模范作用，积极分子努力向党组织靠拢，以党组织的先进性、服务性凝聚群众的良好风气。"同心聚力"将党建工作融入日常，增强时效，培养合格的社会主义建设者和接班人。

传承徐老精神，争做时代新人
——"学、寻、述、示、悟徐特立精神"主题活动

徐特立学院第二党支部

徐特立学院第二党支部自成立以来，始终坚持以"学（学习）、寻（实践）、述（编纂）、示（传播）、悟（理解）徐特立精神"为主线，深入挖掘徐特立先进事迹，凝练徐特立精神在时代新人中的表达，推进党建带团建、党员带团员，形成全员学习传承徐老精神的浓厚氛围，引导青年学子对标拔尖创新人才标准，全方位提升德智体美劳综合素质，做新时代徐老精神践行者，做中华民族伟大复兴中国梦的逐梦者、奋进者。

支部现有正式党员5名，预备党员5名，其中保研本校6名，境外知名大学深造1名，考研3名。

一、特色做法

1. 寻初心，立大志

支部认真贯彻落实"三会一课"要求，定期召开支部大会、支部委员会、党小组会，按时上好党课，与华侨陵园党支部和团中央办公厅党支部开展共建活动。

支部通过与北京市华侨陵园党支部共建（图1），联合举行"我的祖国我奋斗"主题党日活动，在徐特立墓前共同缅怀徐老爱国事迹并开展祭扫活动；支部成员策划并组织"重走徐老院长初心路"暑期社会实践活动，在2019年暑假期间牵头组织学生赴湖南长沙、江西南昌、贵州遵义三地追寻徐特立老先生红色足迹；支部成员参与主题舞台剧及五四舞蹈大赛，通过深入学习徐特立生平及光辉事迹、实地走访、查阅文献、专家咨询等形式收集素材编纂标题为《追寻圣人初心之路，点亮红色革命版图》的舞台剧剧本。剧本共计3万余字，内容涵盖了徐特立一生的重大时刻。

图1 徐特立学院第二党支部与华侨陵园党支部共建

结合"不忘初心、牢记使命"主题教育部署,支部成员赴山西省方山县胡堡村开展扶贫服务实践活动。旨在通过亲身体验扶贫服务、廉洁自律教育、科技扶贫工作站点参观、专题党课学习以及与村民深入交流等活动形式,动员大学生担负时代新人使命,积极投身脱贫攻坚一线,开展志愿服务,并且促进学生进一步加深对国家精准扶贫战略的了解,从而深刻感悟中国共产党人的初心使命以及北理工人的责任担当。

此外,支部还邀请北京理工大学组织部部长李德煌做"做优秀党员,建优秀支部"主题报告,邀请马克思主义学院党委书记刘存福讲授"守初心与担使命"党课,邀请徐特立学院党委书记、院长张笈做"学习贯彻党的十九大精神,争做新时代'四讲四有'合格党员"主题报告和讲授"全面履行党员义务,正确行使党员权利"党课,邀请徐特立学院前副院长程杞元讲授"坚定理想信念,走好人生的每一步"党课,邀请马克思主义学院团委副书记张雷做"青年党员在新时代有新担当新作为"主题报告。

2. 带团建,筑堡垒

为了践行党建带动团建,让更多青年学生了解徐老精神,让更多青年守初心、担使命,支部与团中央办公厅党支部开展联合共建活动(图2),首先通过与团中央办公厅党支部联合开展"不忘初心、牢记使命"主题教育系列活动,支部同志们进一步学会如何生动地组织开展党日活动并传播理论知识，进一步凝练徐特立精神系列思政活动成果；团中央办公厅党支部同志深入部分团支部指导开展"不忘初心跟党走，团结一致向前行"主题团日活动，将思想引领融入趣味性活动，引发学生深入思考"民主集中""大局意识""传统文化"的重要性。通过共建活动，第二党支部涌现出一批在国家重大活动中发挥积极作用的先锋党员，例如，两名支部党员参加了"世园会"志愿服务活动以及"国家勋章和国家荣誉称号颁授仪式"迎宾志愿服务活动。疫情期间，第二党支部积极发挥战斗堡垒作用，与团中央办公厅党支部共同开展主题为"同心战'疫'——青年在思考"的"红色1+1"党支部共建活动，积极讨论"怎样看待世界各国发生疫情的责任"以及"怎样比较世界各国对待疫情的表现"等问题，长见识增才干。支部的一名党员发挥先锋模范作用为社区抗疫做出了贡献。

图2 徐特立学院第二党支部与团中央办公厅党支部共建

二、实践成效

"学、寻、述、示、悟徐特立精神"主题活动充分彰显了党支部的政治功能，在支部的带动下，以提升组织力为重点，着力发挥政治引领、规范党的组织生活、团结凝聚广大学生，党员模范带头作用明显，在促进学生思想教育、专业学习、志愿服务、社会实践等方面充分发挥了党支部的主体作用。

思想教育方面，每月召开1次支部大会，每季度召开1次支部党员大会，党支部书记每年至少线下讲授1次党课，每月固定1天开展主题党日活动，组织党员集中学习新党章和习近平新时代中国特色社会主义思想。与团中央办公厅党支部同志开展共建活动，引发党员深入思考"民主集中""大局意识""传统文化"的重要性。

专业学习方面，支部同志不断强化自身素养，聚焦主责主业，在学业、学科竞赛、科技创新等多方面取得了可喜的成绩：在学业成绩方面，支部成员课业成绩优秀并多人次获得校级院级奖学金，累计获得国家级奖学金3人次；在学科竞赛方面，累计获得国际级奖项2项，国家级奖项2项，省部级奖项2项，市级奖项2项；在科技创新竞赛方面，累积获得省部级奖项2项，校级奖项7项。此外，第二党支部成员依托学院"一对一"学术导师制，在全校范围内选择专业教授作为自己的本科学术导师，在徐特立学院与专业学院内的共同培养下开启"学习+科研"成长模式，收获了可喜的学术成果，共撰写发表会议论文2篇，申请专利4项，参与国家重大专项2项、国家自然科学基金项目2项、横向项目5项。

三、探索启示

基层党组织全面提升组织力，必须以习近平新时代中国特色社会主义思想为指导，增强"四个意识"，坚定"四个自信"，做到"两个维护"，最大限度地把广大基层党员和人民群众团结、凝聚和组织起来，铸就无坚不摧的战斗合力。要加强党员队伍建设，坚持把政治标准放在首位，着力提高党员队伍素质，努力建设一支信念坚定、素质优良、规模适度、结构合理、纪律严明、作用突出的党员队伍。要严肃党的组织生活，把党的组织生活作为查找和解决问题的重要途径，作为锻炼党性、提高思想觉悟的"熔炉"，严格执行"三会一课"、组织生活会、谈心谈话、对党员进行民主评议等党的组织生活基本制度，推广主题党日活动等有效做法，严肃认真开展批评和自我批评，不断增强党内政治生活的政治性、时代性、原则性、战斗性。要将基层党组织的政治优势和组织优势转化为应对各种重大风险和挑战的力量优势，确保党中央制定的路线方针政策和决策部署落到实处，以真正成为宣传党的主张、贯彻党的决定、领导基层治理、团结动员群众、推动改革发展、化解风险考验的坚强战斗堡垒，充分彰显中国共产党领导和我国社会主义制度的巨大优势。

接下来，支部将认真组织理论学习，不断夯实思想基础。组织党员及入党积极分子认真学习新党章，学习习近平新时代中国特色社会主义思想及重要讲话精神，及时学精、学深、学透，并加强对理论知识的理解运用。同时，积极响应学校学院的政策，形成良好的学习氛围。

支部将加强党支部建设，提高凝聚力和战斗力。将推进入党积极分子和预备党员的考察工作，将学生中有文化、有品德、有发展潜力的优秀骨干人才，吸引到党员队伍中来，为党的发展建设做贡献。同时，按照学院安排组织入党积极分子参加培训，不断提高新党员的政治素养、大局意识、责任意识，加强党性锻炼。党员人数达到一定标准后支部将成立支委会，做到分工明确，各司其职，并完善支部内各项管理制度。支部将不断开展多样性、趣味性的活动，定期召开组织生活会和民主评议党员大会，党员讲心声叙真情，提高支部的凝聚力和吸引力。

支部将继续打造特色活动，树立支部品牌。加强与华侨陵园党支部与团中央办公厅党支部的"红色1+1"共建活动，开展联合学习、实践活动，开阔眼界，坚持理论联系实际。

党团共建强服务心,齐心协力圆报国梦

宇航学院2018级硕士第二党支部

宇航学院2018级硕士第二党支部坚持以习近平新时代中国特色社会主义思想为指导,不断增强"四个意识"、坚定"四个自信"、做到"两个维护",不忘初心、牢记使命,持续推进"两学一做"学习教育常态化制度化,切实发挥党支部战斗堡垒作用和党员先锋模范作用。

一、特色做法

1. 加强政治建设,突出政治功能

紧抓党支部政治建设,发挥党支部政治核心作用,扎实开展"不忘初心、牢记使命"主题教育活动并不断深化成果。坚持把学习贯彻落实习近平新时代中国特色社会主义思想作为首要政治任务,认真学习《习近平谈治国理政》第三卷,深入学习党的十九届四中、五中全会精神,跟进学习习近平总书记重要讲话和重要指示精神。以"党课我来讲"等形式组织党员领学交流,督促党员利用"学习强国"信息化平台进行自学,加强理论武装,锤炼党性修养,强化责任担当。

2. 组织有力有序,加强支部共建

严格落实"三会一课"、组织生活会、民主评议党员、谈心谈话等制度。实行党员承诺践诺积分评议制度,突出政治引领和党员标准,实现党员教育管理监督抓在日常、严在经常。创新支部共建模式,带动团支部与教师党支部开展共建交流活动,邀请学院教师、科研人员讲述科研经历,鼓励学生争做新时代"航天人"。坚持党员发展标准,建立入党积极分子培养档案和入党积极分子台账,明确时间节点、重要事项和责任人,严把"质量关"。

3. 增强爱国热情，激励航天报国

组织开展"航天人进党团支部讲航天事"活动，将"使命在肩 奋斗有我"主题教育活动与"航天精神"教育相结合，深入学习习近平总书记五四寄语精神和给参与"东方红一号"任务的老科学家回信精神，持续引领党团员深刻理解"航天精神"的内涵，不断坚定航天报国的远大理想。组织观看《榜样》系列影片，选树在疫情防控、国庆、校庆等重大任务中表现突出，在学习科研、创新实践、社会服务等方面的典型和榜样，学习先进事迹，不断提升党员家国情怀。

4. 做好服务工作，发挥模范作用

引导学生党员主动在志愿服务、实事好事等方面发挥榜样作用。多名党员加入"长腿叔叔"志愿服务组织，为留守儿童回信送温暖。党员积极担任校庆活动志愿者，党员主动开展朋辈引导、科普宣讲活动，党员先锋模范作用进一步增强。

二、实践成效

1. 理论水平提升

2020年，支部党员领学发言24次，结合自学与讨论等形式掌握并深入理解党内最新知识，政治立场更加坚定，思想理论素养得到进一步提高。党员充分发挥了先锋模范带头作用，本年度共有6名党员获得北京理工大学"优秀研究生"称号，3人次分别获得"优秀研究生干部""优秀团干部""优秀团员"等称号。

2. 组织能力提高

在2019—2020学年春季学期的积分承诺中全员达标，参与组织生活积极性进一步提升。毕业年级党员科研、求职任务繁重，但年度组织生活会平均出勤率仍达到94%，未到会党员均主动自学会议内容并提交思想汇报。能够认真做好党支部工作记录，及时将会议材料上传"党建云"平台。通过党团共建，党员当先锋、做表率，带头讲党课、团课，积极参与互动交流环节，党员与群众沟通更进一步，联系更为紧密。严格党员培养与发展工作，全年发展党员5名，另有4名预备党员经过培养按时转正。

3. 报国志向坚定

党员爱国意识及报国情怀不断提升。在选择就业方向时,18名党员立志技术报国,投身航空航天事业,2名党员选择在本专业领域深造,共占支部党员比例为87%。坚持在疫情防控中扎实开展科研工作,支部党员发表航空航天领域期刊文章16篇、学术会议论文6篇,申请发明专利7项,3人次在"飞鲨杯"第六届未来飞行器创新大赛、全国研究生数学建模竞赛中获得名次。

4. 服务意识增强

党员服务意识不断增强,充分发挥模范带头作用。疫情期间,支部全体党员带头承诺严格遵守学校防疫规定,并写下祝福为武汉祈福。支部党员尽自己所能,采用多种方式奉献力量、服务社会。3名党员担任助管,1名党员担任朋辈导师,支部党员通过多种渠道累计捐款2 923元,黄国限同志单次捐款1 000元,俞点同志无偿献血,为留守儿童回信累计8次。同时,支部为毕业年级学生提供交流平台,并在与教师支部共建过程中提供就业咨询平台,为党员就业提供帮助。

三、探索启示

创新理论学习方式方法,提升了党员的思想政治理论水平。实行党员积分制管理办法,提升了党员参与组织生活的积极性。通过志愿服务平台,党员服务意识不断提升。在今后的支部建设工作中,党支部将坚持以党的创新理论武装头脑、指导实践,持续加强党员教育管理工作,充分发挥党支部战斗堡垒作用和党员先锋模范作用,引导支部党员并辐射周围学生铸"航天魂"、练"报国技"、干"飞天事"、做"追梦人",为学校"双一流"建设贡献力量。

"三个增长",提升党员素质和支部建设

计算机学院软件安全研究生党支部

自2020年起,软件安全研究生党支部开展了以增理论(组织集中学习,夯实自身的理论建设)、增活力(开展实践活动,加强理论与实际结合)、增凝聚(解决实际问题,提升党支部的凝聚力)为主要内容的"三增"活动,目的在于提升党员的基础素质,并加强支部建设。

一、特色做法

1. "增理论",组织集中学习,夯实自身的理论建设

始终将思想政治建设摆在首位,这是每名党员提升党性修养和增强思想素质的重要举措,思想上的落后来自理论上的贫困。为了使每名党员都能够与时俱进,完善自我,党支部每月都会开展集中理论学习。自2020年1月以来,党支部开展集中学习共二十余次,学习内容既包括人民日报社论《激发制度优势,凝聚奋斗伟力》等理论知识,又涵盖了习近平总书记给北京大学援鄂医疗队全体"90后"党员的回信等时代内容,也涉及"北京垃圾分类,我们在行动"等贴近生活的政策措施。为了让学习内容深入人心,党支部采取多种活动形式,除党支书讲党课的形式外,还开展了可以让每名同志都参与的爱国电影观影活动,举行对抗激烈、牵动人心的"真辩明红趴馆"辩论赛。

2. "增活力",开展实践活动,加强理论与实际结合

习近平总书记多次在不同场合赞美每位劳动者的奉献,肯定每位劳动者的付出,号召广大劳动群众争做新时代的奋斗者。社会主义是劳动出来的,新时代是劳动出来的,每个人的幸福生活也是劳动出来的,为了响应号召,党支部坚持理论与实际相结合的工作思路,在开展理论学习的同时,也开展了脚踏实地做劳动者的活动。2020年下半年,党支部内开展"我爱

我的实验室"活动,号召学生整理实验室杂乱的"死角",为大家提供一个整洁明亮的学习场所,让党支部同志体会到劳动光荣、劳动致富和劳动带来的幸福感。

3. "增凝聚",解决实际问题,提升党支部的凝聚力

在加强党支部每位党员的理论基础,提升每位党员的素质水平,鼓励党员参与各项活动的同时,党支部也要做到关心关爱党支部学生,努力营造和谐的支部环境。在经过一段时间的交流之后,党支部了解到未毕业年级学生在写论文、找工作等方面的迷茫,为了帮助学生顺利毕业,对自己的科研和工作有合理的规划,党支部决定开展科研与就业经验分享交流会,邀请已毕业学生分享国企、互联网公司工作体会,在找实习工作、科研等方面分享宝贵经验,同时指导学术论文的行文思路及格式、简历的填写与面试的着装等方面内容。在交流会上,参加会议的学生积极发言,热烈讨论。在解决了研究生生涯的困惑之后,党支部的凝聚力也得到了进一步的加强。

二、实践成效

"三个增长"主题活动充分彰显高校党支部的政治功能。支部积极落实上级党组织的工作要求,严格抓好发展党员工作,扎实开展支部日常工作,用心办好支部特色活动。在党支部的带动下,支部全体党员积极配合,认真参与,思想觉悟和政治觉悟有了明显提升,支部建设水平进一步提高。

支部将规范化建设作为党建工作的重要内容来抓,严格落实学习各项规章制度,通过充分应用"党建云"和"学习强国"两个信息化平台管理党员。党员定期学习、党费收缴、组织活动等工作扎实有效进行,标准化建设取得实效。同时,深入推进"两学一做"学习教育常态化制度化,定期理论学习突出政治学习和教育,突出党性教育,防止表面化、形式化和庸俗化。

支部在定期组织党员进行政治理论学习之外,也通过积极开展文体和实践活动加强党员个人修养,组织党员观看爱国主义电影,并交流观看心得,"真辩明红趴馆"辩论赛、"我爱我的实验室"活动、科研与就业经验分享交流会等支部特色活动极大地提高了党员的政治修养和个人修养,同时也增强了党支部的凝聚力,使支部成员的"四个自信"更加坚定,"四个意识"

更加牢固。

三、探索启示

支部严格落实党的十九大的指示，全面落实各项工作，坚守理想信念，努力进取，在政治上严格要求，在学业上不断求精，在思想上不断净化，提升党建工作水平，切实发挥党的基层组织战斗堡垒作用，为组织发展提供坚强的政治保障。基层党组织的组织能力应当从以下5个方面进行提升：

1. 充分发挥党员干部的主观能动性

结合自身岗位和专业知识，带头提出合理化建议，带头开展工作创新，带头研究解决实际问题，带领身边的党员同志努力学习和工作，做出表率。

2. 充分发挥普通党员的主观能动性，激发内在活力

由支委牵头，全体党员、入党积极分子共同为支部建设出谋划策，联系自身实际，结合专业方向，开展真正具有意义的活动，积极实行"党员讲党课"制度。

3. 充分利用"学习强国"等现代化信息平台

实现党员线上自学和线下集中学习的无缝衔接，达到党员学习教育管理常态化、制度化。

4. 增强支部组织凝聚力，提高支部战斗堡垒作用

支委要互相配合，增进理解和认同，加强集体意识和团队协作能力，同时互相监督、互相帮助、共同进步，统筹推进支部各项工作开展。

5. 既严格依法依规，又因地制宜地规范好党员教育管理工作，真正做到入脑入心，知行合一

不断丰富组织生活内容，创新活动组织形式，摒弃"流于形式、应付工作"的思想，杜绝开展"华而不实"的活动。

"2+X"严格组织生活制度，创新支部工作方式

机电学院研究生机电第二党支部

自2020年5月起，机电学院研究生机电第二党支部开展了以"落实做好'三会一课、两学一做'，全面创新工作方式"为主要内容的"2+X"主题支部建设活动。

一、特色做法

1. 建立健全考勤评价体系，"三会一课"制度严格执行到位——支部上下齐奋进，扎实党建促发展

"三会一课"制度作为党的组织生活的基本制度，是健全党的组织生活，严格党员管理，加强党员教育的重要制度。自2020年5月，"样板党支部"建设以来，本支部首先就严格组织生活、严肃党员纪律推出重点措施。通过支部书记牵头、组织委员落实，建立了严格签到、切实融入、深刻体会的"三会一课"考勤评价体系，包括会议前考勤签到表的建立，会议中增加交流发言环节，带动每位与会党员的积极性，会后增加总结发言环节，实现确有体会、收获。"体系"以党员积分管理办法为评判方式，党员出席组织生活会，参与组织生活讨论、学院活动等均将为个人增加积分，缺席组织生活会，在组织生活会中表现不积极的将扣除分数。在年度组织生活会期间，通过积分管理办法评判的最终分数，结合考勤签到表以及党员在组织生活会上的发言情况，评选优秀党员，对出席组织生活会次数过少的党员进行批评、教育等。

支部严格执行《党支部工作细则》中关于"三会一课"的要求，自2020年5月以来，组织开展支部大会（党小组会）7次，支部委员会6次，支部书记讲党课1次。做到了支部党员大会每季度召开1次、平时按需召开的要求，

党小组会和支部委员会议每月召开1次的要求，党支部书记每年至少讲1次党课的要求。通过建立健全的考勤评价体系制度，切实提升了支部党员党性意识，规范了支部纪律。在当前施行周期内，党员活动出席率明显提升，党员纪律性充分加强。

2. 拓展学习方式，推进"两学一做"学习教育常态化制度化——构建学习新方式，快步紧跟党的建设

党的政治建设是党的根本性建设。开展"两学一做"学习教育活动，是落实党章关于加强党员教育管理要求、面向全体党员深化党内教育的重要实践，是加强党的思想政治建设的重要部署。

研究生机电第二党支部扎实推进"两学一做"学习教育活动，通过疫情期间的学习经验总结，充分利用网络平台进行习近平总书记系列讲话精神学习，每月通过党支部微信群进行一次《中国共产党支部工作条例（试行）》《中国共产党廉洁自律准则》学习部署；结合学校、学院要求及党支部和自身制订学习计划，发放相关学习材料，将集中学习和个人自学相结合，每月底对自学情况进行检查。

3. 注入新方法、新思路，开展一系列创新党日活动——榜样引领铸品格，服务发展当先锋

在工作严格执行到位的基础上，注重将新方法、新思路引入"三会一课""两学一做"的开展中。主要体现为开展一系列创新且能够带动党员积极性的党日活动。在全年各阶段，结合上级党委的学习、工作安排与当前热点情况，在党日活动内容与开展形式上进行积极创新。

疫情期间，支部通过树立榜样模范，积极推广优秀党员事迹，形成了良好的学习氛围。支部召开了线上主题党日活动，为多位在抗疫志愿活动中表现优异的党员加油打气，这些党员被树立为支部学习榜样。以身在湖北的支部党员危怡然同志为代表的党员榜样，通过线上交流的方式，分享自身的志愿者工作经历，充分发挥了示范带动作用，鼓舞了支部党员们的抗疫决心与热情。

2020年7月1日，围绕庆祝党的生日和老党员毕业等内容，研究生机电第二党支部开展了毕业季"学长的火炬——求职经验、毕业学年经验分享"主题党日活动，在当次党日活动中，优秀毕业党员留下了个人的宝贵经验，同

时促进了支部传承、增强了支部凝聚力、提升了支部战斗堡垒作用，支部计划将"优秀党员就业求职与毕业学年科研经验分享"建设为支部品牌活动。

2020年10月，以"红色1+1"共建和"厉行节约 反对浪费"为主题，研究生机电第二党支部联合退休第三党支部开展了"厉行节约精神，践行光盘行动"的主题党日活动。在活动中，党员们首先学习领会了习近平总书记关于制止餐饮浪费行为的重要指示精神，随后来自学生党支部和退休教师党支部的党员就"厉行节约 反对浪费"的主题展开了热烈讨论，并共同宣读了"制止餐饮浪费"倡议书并签字。通过活动中的交流，双方均受益匪浅，青年党员传承前辈党性精神，退休党员接触党内新鲜血液，在交流中相互促进，共同进步。

2020年11月，围绕机电学院"读书月"的主题，研究生机电第二党支部开展了"七天悦读打卡活动"。由研究生机电第二党支部牵头，机电第二团支部共同参与，活动开展期间读书打卡群内加入学生近百人，就读书内容理解与体会展开激烈讨论，积累读书心得百余条，活动结束后将30本书籍送给完成打卡活动的学生，这成功激起了学生的读书热情，形成了良好的阅读氛围。

二、实践成效

"2+X"主题建设活动充分彰显了高校学生党支部的政治功能，在建设工作的带动下，研究生机电第二党支部良好地完成了2020年度党支部的各项工作。严格贯彻"三会一课"制度，重点突出政治学习和党性锻炼；将"不忘初心、牢记使命"主题教育贯彻到"三会一课"的日常工作中；切实推进了"两学一做"学习教育常态化制度化，做到了形式多样、氛围庄重；党日活动开展情况良好，党员们参与热情高涨，学有所得。综合组织生活会出席率高，基层党支部组织力得到了充分提升。

在活动建设期间，研究生机电第二党支部良好地完成了北京理工大学首批"党建工作样板支部"的第一阶段建设工作；同时，积累的优秀工作成果、典型工作方法为同期进行中的"第二批全国党建工作样板支部"工作提供了强力支撑，起到了良好的示范作用。

三、探索启示

提升基层党组织组织力应当从加强党员党性意识以及思想理论水平出发，开展政治教育学习，以基层支部的"三会一课"和"两学一做"教育工作为抓手；同时，结合党日活动的灵活性，全面创新工作方式方法，以提升党员积极性为发力点。

坚持"四个充分"，切实提升凝聚力

光电学院博士光工2班党支部

2018年以来，博士光工2班党支部开展了以"充分筑牢理想信念思想根基，充分激发基层组织战斗活力，充分发挥先进典型示范作用，充分建立化解危机体制机制"为主要内容的系列活动，充分开展多样化的组织生活会，形成了富有支部特色的典型做法。

一、特色做法

1. 以发挥政治功能为核心，充分筑牢理想信念思想根基

支部始终把政治建设摆在首位，深入学习贯彻习近平新时代中国特色社会主义思想和党的十九届五中全会等重要精神，深入开展"不忘初心、牢记使命"主题教育活动，结合时事热点，扎实推进"两学一做"学习教育常态化制度化。2020年，在严格落实"三会一课"制度的基础上，支部组织共开展集中理论学习12次，支部书记讲党课1次，在"北理工党建云"发布支部组织生活记录33条。支部开展活动的形式丰富，通过观看会议直播、爱国电影、党课微视频、支部书记讲党课、理论导师座谈会等形式，借助微信群、腾讯会议等新媒体平台，充分依托长城网、学习强国、"北理工党建云"等信息平台，实现党员线上自学和线下集中学习相结合，不断增强"四个意识"、坚定"四个自信"、做到"两个维护"，全面筑牢党员的理想信念和思想根基。

2. 以树立鲜明导向为旗帜，全面激发基层组织战斗活力

支部严格开展党内政治生活，注重党员教育管理，不断提高支部成员政治素养。支部高度重视党员发展工作，严格培养考察积极分子，提高党员选拔标准，坚持"成熟一个，发展一个"的举措。在党员日常管理上，充分运用"党员e先锋""学习强国""北理工党建云"等信息化平台建立健全考勤

制度,做到"活动有考察,发言有记录",切实督促党员同志参与组织生活会,党员年度组织生活会平均出勤率达87.37%。

支部落实各项制度,有力监督党员,坚持把纪律和规矩挺在前面。严格用党规党纪规范党员行为,教育引导党员模范遵守学术道德、严守纪律底线。落实党员激励关怀帮扶政策,做好党员谈心谈话工作,及时帮扶有困难的党员,特别是毕业生党员,主动开展心理疏导,让党员无论在哪里都能找到组织、找到家。全面激发基层党组织的战斗活力,支部党员人人做到"在党爱党、在党言党、在党为党"。

3. 以抓住"关键少数"为基点,全面发挥先锋模范作用

支部坚持问题导向,发挥先进典型示范作用。支委带头体现表率作用,党支部书记每年参加集中轮训,理论学习支委先行,加强自身的常态化教育,及时发现问题、解决问题,为支部建设提供坚强的组织保证。"群雁高飞头雁领",通过榜样汇报、座谈交流、宣传学术典型等形式,号召全体党员向支部榜样张继洲、黄博同志学习,充分发挥优秀党员、科研骨干的带头作用,营造支部内部"比学赶帮超"的良好氛围。支部党员积极参与"党员小导师""党员接待日"活动,根据自身特长开展志愿服务行动,在行动中践行全心全意为人民服务的宗旨,以党支部带动"优良班风学风"建设,将服务班级、学院广大群众作为支部的常态化工作。

4. 以防范风险挑战为主线,全面建立化解危机体制机制

在新冠肺炎疫情冲击下,支部沉着有力应对突发公共卫生安全事件带来的风险挑战,充分利用"学习强国"、腾讯会议等信息化平台开展线上理论学习,确保"停课不停学"。在支部内按照宿舍划分13个党员责任区,每位党员联系2~4名学生,建立疫情防控楼宇、楼层、宿舍三级预警系统,每日对班级内全部学生的健康状况、思想动态逐级进行排查反馈。疫情期间,在学校、学院党委的领导下,支部充分运用制度威力应对风险挑战的冲击,确保了班级学生生活、心理的安全稳定。同时,支部在锤炼中也显著提高了服务能力和水平,在战斗中进一步提升了组织力和凝聚力。

二、实践成效

"四个充分"系列主题活动充分彰显了"样板党支部"的政治功能,以

"不忘初心、牢记使命"主题教育、"两学一做"学习教育和提升基层组织组织力、凝聚力为重点,使每个学生党员都能自觉增强"四个意识"、坚定"四个自信"、做到"两个维护",真正做到"在党爱党、在党言党、在党为党"。系列主题活动充分彰显了"样板党支部"的鲜明导向,注重把思想政治工作落到支部,把从严教育管理党员落到支部,严肃党员干部队伍建设、管理监督、教育培训、关怀帮扶工作,充分激发基层党组织的战斗活力,让党员无论在哪里都能找到组织、找到家。系列主题活动充分彰显了"样板党支部"的示范作用,在支部带动下,多名学生党员获得校级优秀共产党员、优秀团员、优秀研究生、优秀研究生干部等荣誉称号。系列主题活动充分彰显了"样板党支部"应对风险挑战的定力,通过建立党员联系群众的三级预警系统确保了新冠肺炎疫情期间学生的安全稳定,在实践中进一步提升了支部的组织力和凝聚力。

三、探索启示

应当从实践中不断提升基层党组织的组织力、凝聚力、战斗力,把全面从严治党落实到每名党员。针对新情况、新问题,支部要严肃党内政治生活,以改革创新精神补齐制度短板,真正使党的组织生活、党员教育管理严起来、实起来。支部将继续发挥制度威力,沉着有力应对各种风险挑战,建立健全化解危机体制机制,在危局中育新局,在实践中切实提升支部组织力、凝聚力、战斗力。

落实"四个聚焦",筑牢战斗堡垒

信息与电子学院雷达技术研究所党支部

自2020年起,北京理工大学信息与电子学院雷达技术研究所党支部高度重视建设工作,在学校、学院党委的指导下开展了以"聚焦理论、聚焦培养、聚焦活动、聚焦保障"为主要内容的"四个聚焦"主题活动。

一、特色做法

1. 聚焦理论,党建基础做扎实

雷达技术研究所党支部始终将政治建设摆在首位,以习近平新时代中国特色社会主义思想为指导,全面贯彻落实党的十九大和十九届二中、三中、四中全会精神,深入学习贯彻习近平总书记关于教育的重要论述,在学校、学院党委坚强领导下,推进"两学一做"学习教育常态化,严格执行"三会一课"制度,增强"四个意识"、坚定"四个自信"、做到"两个维护"。特别是在疫情期间的特殊环境下,创新党建的学习形式,充分利用线上网络平台,结合线下集中学习,通过多种形式开展理论学习,确保不因疫情而影响理论学习。为了提高支部党员的学习意识,雷达技术研究所党支部充分利用"学习强国"信息化平台,制定了相应的支部内部监督和自查制度,督促支部党员养成利用"学习强国"平台开展系统性、常态化理论学习的习惯。自"学习强国"上线以来,雷达技术研究所党支部全体党员积极下载安装"学习强国"软件,党员注册率、使用率均为100%,李枫同志的个人学习强国总积分已超过20 000分。党支部书记杨小鹏同志通过强化自身学习,带动身边党员主动学习,督促大家有效利用"学习强国"平台,把理论学实学透,理论素养不断提升。

2. 聚焦培养,后续发展有保证

新党员是党组织的新鲜血液,发展新党员是保证党组织活力的重要保证，雷达技术研究所党支部一直将培养优秀同志加入党组织工作作为支部党建工作的核心要务来抓。按照"控制总量、优化结构、提高质量、发挥作用"的总要求和发展新党员的相关规定，2020年，雷达技术研究所党支部培养和发展了两名同志加入党组织，其中张伟锋同志为海外归国高层次人才项目入选者。在联系群众方面，雷达技术研究所党支部注重与团队非党员教师的联系工作，切实发挥好党支部和非党员教师间的桥梁和纽带作用，积极向非党员教师宣传党中央的新方针和政策，积极动员青年教师向党组织靠拢，目前已发展两名教职工成为入党积极分子。

3. 聚焦活动，党建工作有活力

在庆祝北京理工大学建校80周年之际，为了进一步加深师生对学校光辉发展历程的认识和理解，传承和发扬"延安精神"，增强主人翁责任感和自豪感，2020年11月26日，雷达技术研究所党支部联合通信技术研究所第二党支部、研究生雷达第五党支部，以支部共建形式开展了主题党建活动，共同参观了"建校80周年成就展"及校史馆，通过师生党支部共建活动，拉近了师生间的距离，也使学生深刻认识到肩负的历史使命。

为深入学习贯彻习近平新时代中国特色社会主义思想，巩固"不忘初心、牢记使命"主题教育成果，贯彻落实《中国共产党支部工作条例（试行）》中对党组织书记面向基层讲党课的要求，发挥疫情期间基层党组织书记的"头雁效应"，同时激励支部党员坚定社会主义理想信念，根据学院党委安排，雷达技术研究所党支部书记杨小鹏同志参加了"书记在线"党建微讲堂活动，以党建微讲堂为载体，参与录制了微党课视频，开启党建"双线双馨"工作模式，创新党员日常教育模式，推进"智慧党建"，实现党课智慧化、灵活化、亲切化，提升党建工作现代化水平，增强党支部建设质量，全面加强"样板支部"建设力度。

受疫情影响，2020年毕业生无法返校收拾行李，雷达技术研究所党支部积极响应学院党委的号召，参加毕业"寄"活动，帮助学生打包行李并通过邮寄的方式将行李送回到学生手中，充分发挥了党员的模范带头作用。新华社、《中国教育报》等多家媒体对此次毕业"寄"活动进行了专题报道。

4. 聚焦保障，抗击疫情有举措

新冠病毒肺炎疫情发生后，雷达技术研究所党支部高度重视疫情防控工作，严格按照学校及学院党委的工作要求，在做好科研、教学本职工作的同时，精心组织、科学施策，全力组织配合做好疫情防控工作。除了按照国家和学校要求督促师生加强自身防护，雷达技术研究所党支部的党员教师们还开动脑筋为团队教职工在学校工作中保驾护航，加强实验室和办公区域的消毒工作，优化办公区域工位安排，避免人员聚集，并为每位教职员工提供了个性化午餐订餐服务，以实际行动保障科研教学工作的顺利开展。疫情期间，支部党员教师严格按照学校防疫要求，轮流值守办公楼，为大家测量体温，登记出入信息，发挥共产党员在服务群众中的表率作用。

二、实践成效

"四个聚焦"主题活动在学校、学院党委的指导下，雷达技术研究所党支部坚持稳中求进工作总基调，统筹推进各项工作，取得了阶段性的成效，支部多位党员教师获评北京理工大学信息与电子学院设立的"党员先锋岗"，支部的凝聚力、向心力进一步增强，党员在工作中的先锋模范作用进一步加强。

三、探索启示

基层党支部是党在基层组织中的战斗堡垒，是党的全部工作和战斗力的基础，围绕支部党建工作中的短板和薄弱环节，雷达技术研究所党支部将通过不断加强建设将支部打造成党建工作经验丰富、政治引领作用显著、教学科研一流、工作成效显著的"样板支部"；将党员队伍凝聚成政治立场坚定、理想信念坚定、工作作风一流、模范带头作用突出的先锋模范党员队伍。在今后的党建工作中，对照"党建工作样板支部"建设计划总体要求和主要任务，抓好党建工作中重点任务的落实，党务、业务两手抓，重点从组织建设、制度建设、流程建设及阵地建设等方面提升党建工作的质量和水平，发挥好党支部的战斗堡垒作用，为国家的国防事业发展、高水平人才培养与我校学科发展贡献更大力量。

狠抓落实"五个有效",创新党建共克时艰

计算机学院软件理论研究生党支部

自2020年起,计算机学院软件理论研究生党支部开展了以"领导班子有效,党员作用有效,理论学习有效,组织生活有效,基础工作有效"为主要内容的"五个有效"活动。坚持用习近平新时代中国特色社会主义思想等指导思想武装全体党员头脑,紧紧围绕学校中心工作,围绕培养社会主义事业建设者、接班人的根本任务,进一步加强党员队伍建设,充分发挥党的基层组织思想、政治优势、组织优势和密切联系群众的优势,调动全体党员的积极性、创造性,转变观念,振奋精神,充分发挥研究生党支部党员的先锋模范作用,为开创我校党建工作的新局面而努力奋斗。

一、特色做法

1. 领导班子有效,把控党建"风向标"

支部书记与支部委员积极提升组织领导能力,党支部书记参加2020年高校学生党支部书记网络培训示范班以及北京理工大学党支部书记轮训,积极学习党支部建设管理的相关知识,提升为支部成员服务的意识,定期召开支委会,议定当月组织生活内容,并对党建工作进行总结反思,平时还加强与支部成员的交流,积极接受反馈意见。

2. 党员作用有效,打造党建"主心骨"

支部党员坚定共产主义理想,坚定中国特色社会主义信念,具有较强的党的观念和群众观念,认真履行党员义务,在学习和生活中的表现符合先进性的要求,充分发挥党员的先锋模范作用。定期组织党员生活会,鼓励党员进行自我批评,在批评中提升自我。发动党员带动实验室学生对实验室进行打扫,做好垃圾分类,学习习近平总书记讲话精神,观看红色电影等,充分发挥党员作用,带动群众积极向党组织靠拢。

3. 理论学习有效，提升党建"精气神"

支部坚持贯彻"三会一课"制度，积极开展特色理论学习。结合2021年疫情防控的实际情况，多次开展线上集中学习，加强《习近平关于"不忘初心、牢记使命"论述摘编》与《习近平新时代中国特色社会主义学习纲要》等理论知识的学习，集体观看抗疫视频《听总书记谈抗疫中彰显的中国精神》等，体悟战"疫"精神。支部书记录制"在战疫中展现共产党人政治本色，坚决打赢疫情防控阻击战"微党课，参与"我来讲，我来听"党课比赛并获得第三名，组织支部成员共同观看党课视频。为了更好地体悟疫情带来的影响，支部成员围绕新冠肺炎疫情，制作了主题为"记录疫情为祖国带来的正面影响"的调研视频，展现了自疫情开始至今，我们党在习近平总书记的指导下，不忘初心、牢记使命、同心合力、共抗疫情的实况。

4. 组织生活有效，构造党建"助推器"

支部积极开展特色组织生活，由此增强党支部凝聚力。与软件安全研究生党支部共同组织两次"真辩明红趴馆"辩论赛，主题分别为"是否应该大力支持电商扶贫"以及"毕业生就业岗位与专业方向不一致是否是教育资源的浪费"。辩论赛举办方式多样，其中一次采用腾讯会议的方式召开，响应国家疫情防控要求；另一次邀请理论教师参加并进行点评，鼓励支部成员将立德树人作为根本任务，坚定理想信念，养成良好品德，努力成长为担当民族复兴大任的时代新人。加强与教师党支部共建，与计算机学院的教师党支部开展党日活动。活动主题分别为"关于扩大导师权利""导师可决定学生是否能够毕业的意见和看法"以及"师生关系"。借助联合党日活动进一步落实意识形态工作责任制，进行师生思想政治教育、师德师风和学风建设。为丰富党员的组织生活，也让党员同志们接受爱国主义精神的教育，与软件安全研究生党支部联合组织党日活动，观看电影《金刚川》。结合2020年抗美援朝70周年纪念日，通过观影了解那些不为人知的抗美援朝故事，也领会到今天的和平生活是由一场场大大小小的残酷战役、一位位英雄先烈的牺牲铸就的。各项特色组织生活的举办，极大调动了支部成员参与党内活动的积极性，进而大力推动了基层党建工作。

5. 基础工作有效，绘成党建"同心圆"

支部工作保障组织健全，制度落实，活动正常，资料完备。积极完善党支部各项管理制度，从制度上保证党支部在校党委及院党委的带领下，切实发挥好应有的作用。组织开展"两学一做"学习教育，将全面从严治党落实到支部每位党员，坚持在支部推进"两学一做"学习教育常态化制度化。坚持"三会一课"制度，月初开展支部委员会，总结上月工作开展情况，部署本月工作内容；召开党员大会。顺利完成年度党员发展及转正工作，积极考察培养支部积极分子及发展对象，要求积极分子参与支部各项活动，切实融入支部组织生活，更好地向党组织靠拢。支委分工明确，贯彻落实党委分配的各项工作。同时在北京理工大学"党建云"平台中详细记录每次支部会议和活动情况，进一步落实党支部标准化、规范化建设。

二、实践成效

"五个有效"主题活动充分保障了高校党支部有效实现应有的政治功能。在贯彻落实该主题的推动下，支部委员全心全意认真工作，坚决贯彻执行上级党组织的决议，团结协作，廉洁勤政，联系群众，当好表率。支部党员坚定理想信念，严格要求自我，积极发挥带头作用，带动周围群众向党组织靠拢，宣传党的理论知识，弘扬党的精神。支部成员理论学习切实有效，理论水平大幅提升，特色学习结合时代特征，符合党的疫情防控要求，保障了成员理论学习的积极性。组织生活不拘泥于学习与自我批评，勇于创新，打造多项特色党日活动，并积极与周围党支部联合，共同完成党建工作，极大地调动了支部成员的积极性，提升了组织生活的有效性。总体来看，研究生党支部充分发挥了党员的先锋模范作用，为开创我校党建工作的新局面贡献了自己的力量。

三、探索启示

习近平总书记说过，"严格党员教育管理监督，落实好'三会一课'等制度，使每名党员都成为一面鲜红的旗帜，每个支部都成为党旗高高飘扬的战斗堡垒"。可见，抓好基层党建工作，建设优秀党支部，必须贯彻落实"三会一课"等制度，支委根据党委安排，牢牢把控支部建设风向标，以发挥党员作用为主心骨，加强理论学习，提升支部建设的精气神，并以特色组织生活为助推器，高效做好党建基础工作，最终绘制出基层党支部建设的同心圆。

抓好"三一两引",提高组织凝聚力

光电学院光电成像与信息工程研究所党支部

光电学院光电成像与信息工程研究所党支部自创建"校级党建工作样板支部"以来,严格按照学校党委相关工作要求,注重党建与业务的深度融合,对照"七个有力"标准,结合研究所实际,以"三个一""两个引领"为抓手,着力构建学习型、实践型、服务型党支部,确保在教学和科研实践中充分发挥基层党建的政治保障和引领作用,牢牢把握立德树人的根本任务,努力培养中国特色社会主义事业的建设者和接班人。

一、特色做法

光电学院光电成像与信息工程研究所党支部现有正式党员18名,占所内教师总人数的60%,其中A类人员党员16名,B类人员党员2名,是一支以中青年教工为主,拥有多名"长江学者""511人才工程"和教育部"新世纪优秀人才"等知名专家学者的教学和科研团队,2020年又陆续入职多名教师和博士后,人才队伍进一步发展壮大。一年来,党支部深入贯彻落实习近平新时代中国特色社会主义思想和党的十九届五中全会精神,扎实推进"党建工作样板支部"建设。

1. 抓好"三个一",促进党内政治生活常态长效

光电学院光电成像与信息工程研究所党支部始终把政治建设摆在首位,用习近平新时代中国特色社会主义思想武装党员头脑、指导实践、推动工作,教育党员牢固树立"四个意识"、坚定"四个自信"。一年来,党支部以"三个一"为抓手,在支部生活、支部建设、支部服务上下功夫,全力发挥支部党员的先锋模范作用,稳健有力推进"样板支部"建设步伐。

"三个一"是指如下三个方面:

(1)"一个调研",促党支部建设高点定标。坚持高点定标,强化横向

学习，积极组织党支部支委会成员向学校其他先进党支部和校外兄弟单位开展调研学习，充分建立对标"点位"，建立定点微信联系群，针对在支部建设中遇到的问题，积极同校内和兄弟单位的先进党支部在群内实时进行联系交流并解决，全力确保支部建设高点定位、高标准推进。

（2）"一个完善"，促党内政治生活规范常态。以制度建设为突破口，结合实际，组织支部成员全面系统梳理相关制度规范。考虑到疫情的特殊情况，将以前的集中学习改为线上和线下相结合的灵活形式，在此情况下进一步健全完善党支部"三会一课"制度、组织生活考勤制度。笔者作为学院党委委员，及时将学院每期组织的学习材料通过"三会一课"等形式向支部成员传达。提高了教师党员的参与度。支部成员在学习过程中坚持学用结合、学用一致，准确把握新时代、新矛盾、新思想、新方略、新任务，着眼学校发展，积极主动谋划，强化使命担当，增强工作本领。

（3）"一个服务"，促党员帮扶的精准高效。党支部着眼于全面提升党员服务水平，包括服务学生和新进教师等。主动帮助学生和新教工解决各方面的困难，支部党员奉献意识和服务水平也得到了全方位提升。研究所已经有多位党员教师担任本科班主任、学育导师、德育导师，支委也通过吸收新入职教师党员担任联络人的形式，做好党支部与课题组的互动与沟通服务工作等。

2. "两个引领"促教师党员队伍发展有序

"两个引领"聚焦新进教师党员的思想培养，进一步强化"思想引领"和"先锋引领"，为培养合格的"双带头人"创造条件。

（1）强化"思想引领"。研究所近年来新引进了多名教师，这些教师大多数是年轻的党员，长期在国外、境外从事科研工作，有热情、有活力，业务能力较强，但在政治信仰、理想信念、职业道德、服务意识等方面可能还缺乏深刻理解。通过加强对新进教师党员在思想政治方面的教育和引导，坚持"立德树人，思想引领"的党建思路，充分依据法规制度有力监督党员，坚持把纪律和规矩挺在前面，监督党员履行义务、遵规守纪及时到位，做到"两个维护"。严格用党章党规党纪规范党员行为，教育引导党员模范遵守教师职业道德规范、践行学术道德、严守纪律底线。

（2）强化"先锋引领"。教师担任着为国家培养合格的社会主义接班人的神圣使命，教师的一言一行都会对学生产生潜移默化的影响，身为教师只有以身作则才能"立德"。通过发挥好老党员个人的"先锋模范作用"，以身作则，激发基层党组织活力；通过吸引新教工党员参与志愿服务，体现个人价值，提高党员身份的荣誉感；通过树立榜样，结对子，组织学习和讨论等形式来增强新进教师对立德树人使命的认识水平，保持党员的先进性。

二、实践成效

"三一两引"主题活动充分彰显了高校党支部的政治功能，支部开展了一系列活动来发挥自身的凝聚力和战斗力。

2019年7月，支部就和航天科技集团五院501所、508所，战支部队航侦局卫星应用室党支部等开展了"产学研用支部架桥"活动（图1），将4个单位的党支部结成了共建伙伴；2020年5月，我们又和中电11所红外室的党支部开展支部共建活动，达成了共同开展党建工作的合作意向。虽然后期因为北京疫情严重，没有开展线下的支部活动，但线上的沟通，对支部之间相互交流起了促进作用，尤其是这些兄弟单位在业务上和我们有很大的互补性，这对于开展项目开发、技术合作、人才培养等有很大的促进意义。

图1　与航天五院、战支部队航侦局等单位的党支部架桥活动

党支部安排在每个月第2个星期二下午组织集中的线上和线下学习（图

2），作为学院党委委员，笔者及时传达了学院党委组织的中心组学习的内容，先后组织了2020年全国两会精神、习近平总书记在中央政治局第21次集体学习时重要讲话精神、党的十九届五中全会精神、习近平在中央经济工作会议上的讲话等一系列重要的集中学习，2020年度党支部组织了党员大会4次，党小组会10次，支委会10次，笔者也讲授了3次党课。每次活动，线上线下的教师们出勤率都在80%以上。2020年7月1日，又通过组织线上会议的形式，在线上重温了入党誓词，进一步领悟十九大精神，增强了支部党员的凝聚力。

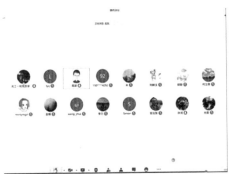 

图2　支部党员线上和线下学习场景

2020年10月，与徐特立学院的第二党支部建立了联系，笔者也担任了该支部的党建导师，通过线上和线下会议相结合的形式，以及推荐博士生党员为联系人等形式推进学生支部的党建工作，把立德树人的理念引向深入。在"两引"活动中，发挥"双带头人"作用，加强党建对教学科研工作的引领作用。借着第五次学科评估、本科招生宣传等工作安排，充分发挥党员的模范带头作用，推动党建工作在教学和科研工作方面发挥更大的积极意义。如张寅超同志不畏暑热和疫情，先后赴浙江丽水、玉环等多地进行招生宣传；笔者2020年5月左腿曾不幸摔断，行动不便，但仍坚持在7月去河南进行招生宣传，并成功将信阳高中发展为我校"优秀生源基地"。图3为支部党员参加学院组织的为毕业生行李打包服务，图4为支部党员参加我校本科招生宣传活动。

图3 支部党员参加学院组织的为毕业生行李打包服务

图4 支部党员参加我校本科招生宣传活动

三、探索启示

党的十九大报告明确提出，要以提升组织力为重点，突出政治功能，把基层党组织建设成为坚强战斗堡垒。提升基层党组织的组织力应当继续坚持立德树人的根本任务，认真学习贯彻《中国共产党支部工作条例（试行）》，深入实施开展党员队伍"三化"建设，进一步强化思想引领、品牌活动和理论研究，规范党员活动阵地建设，不断提高党支部建设水平。

目前，最大的问题来自疫情的干扰，由于2020年上半年的教学和科研工作基本上是基于互联网在线上开展的，互动和面对面沟通不足，下半年开学后，由于所内党员们平时都承担着繁重的教学和科研工作，实验室和办公地点分散，组织线上和线下相结合的会议经验不足，尤其在讨论阶段，节奏把握不准确，效率不够高。以前有些同志无法参加线下会议，线上会议也处于"挂机"状态，管理方面还有松懈的现象。

2021年适逢建党100周年，也是"两个一百年"奋斗目标的第一个一百年的关键节点，还是"十四五"计划开始的关键年，同时面临一系列更加艰巨的教学、科研、建设等任务，因此在新的一年里，计划将基层党支部建设和研究所日常事务有机结合起来，开展多种形式的党员活动，以提高"样板支部"的建设成效。

下一步工作思路和主要举措有如下几点：

1. 进一步加强学习型、服务型、创新型党支部的建设理念

借着"样板支部"建设的重要机遇，邀请有经验的支部书记及做党务工作的教师来本支部开展指导工作，向先进支部学习经验，提高支部领导班子的理论水平和业务能力。坚持每月召开1次党小组会和支委会，每季度至少召开1次支部党员大会，每年至少开展2次党课学习，坚持每月安排固定的学习时间，开展主题党日活动，组织党员集中学习、过组织生活、进行民主议事、开展志愿服务等活动，保证年度学习培训的时间不少于32学时。

2. 发挥"双带头人"作用，加强党建对教学科研工作的引领作用

由于疫情形势严峻，疫情防控进入常态化，因此传统线下集中学习和交流的"三会一课"制度要有所创新，拟充分利用网络等数字新媒体的信息化平台来加强党员管理，出台线上学习管理细则，实现线上和线下工作的无缝衔接，全程覆盖。强化党员发展、党员培训、党籍管理、党费收缴、党员激励关怀帮扶等工作扎实有效进行。严格落实党费收缴、使用和管理工作，保持党费按时收缴率为100%。

3. 考虑到2021年研究所还将新引进多名教师和B类岗人员，拟加强对新进教师党员在思想政治方面的教育和引导

除了严格用党章党规党纪规范党员行为，还将根据实际情况，对表现积极的非党员教师进行有计划的培养和教育，为其向党组织靠拢创造条件。落实谈心谈话制度，党支部委员之间、党支部委员和党员之间、党员和党员之间，每年谈心谈话不少于1次，及时掌握了解党员思想动态。每年至少召开1次组织生活会，严肃开展批评和自我批评，认真查摆和解决问题，确保年度支部党员无违法违纪违规事件。

4. 通过建立微信群等各种线上和线下沟通平台，有力服务支部教工

把党支部建成党员之家、教工之家，增强教工归属感和获得感。常态化了解教工困难诉求、倾听教工意见建议，有效健全教工有困难找支部、有问题找党员的帮扶机制。坚持以支部党的建设带动工会和教育部重点实验室的组织建设，做好常态化联系、服务教工工作。

践行初心使命　忠诚担当奉献
——开展"服务育人"主题活动

资产经营公司物业管理与后勤服务公司第四党支部

近年来，在学校及资产经营公司党委的正确领导下，物业管理与后勤服务公司第四党支部认真学习贯彻党的十九大和十九届二中、三中、四中、五中全会精神，紧紧围绕中心工作，坚持以党建促发展，按照"比态度、比技能、比奉献"的要求，牢固树立服务意识、练好服务本领、端正服务态度、保证服务质量，为圆满完成各项服务保障工作提供思想基础、政治动力和组织保证。

第四党支部现有党员36名（其中，正式党员34名，预备党员2名），入党积极分子13名。

一、特色做法

强班子建机制，充分发挥党支部战斗堡垒作用。

1. 坚持落实"三会一课"制度

坚持开展经常性教育，提高党员党性修养。召开组织生活会，开展批评和自我批评。通过多种教育形式，强化党员理论学习和党性锤炼，立足本职，扎实工作，发挥"一名党员一面旗帜"作用，确保伙食供应和服务质量。

2. 民主选举，公平公正，党务、政务公开透明

党支部把加强民主集中制建设作为一项长期任务，党支部严格按照程序进行选举、民主评议党员、党员发展、各种评选等工作。对重大问题充分发挥集体决策的作用，坚持解决实际问题的原则，做到党务、政务公开透明，取得了较好的效果。

3. 支部班子配备健全，围绕中心工作抓党建

党支部班子成员5名，分工明确、团结协作，切实把支部重点工作和行政

工作的重要事项结合起来,使党务工作落到实处,餐饮等各项工作有了长足的进步。

4. 开展党风廉政建设

党支部坚持每年组织开展廉政风险自查工作,紧盯每个风险点的关键环节,对行政工作中涉及的供应商选定、原材料采购、风味食堂与档口的引进等风险点逐一对照检查,并依据自查中发现的问题及时提出相应的整改措施,建立监督制约机制,确保餐饮队伍风清气正。

5. 紧紧围绕中心工作,创新性地开展党建工作

党员干部坚持深入基层,协助解决工作中的实际问题,从根本上转变工作作风。党支部组织开展"走进食堂,服务一线"党员窗口服务示范活动,并形成了长效工作机制,30多名党员及二线管理人员,经常深入食堂一线,佩戴党徽,身着工作服,带着真诚的微笑,加入食堂售卖的队伍中,解决食堂人员短缺的困难。

6. 紧紧围绕核心业务,建立起后备技术骨干梯队

近年来,党支部坚持每年组织开展厨艺技能比武、主副食创新菜品展示评比活动,在员工学习交流技术的同时,培养、选拔技术能手。同时,开展"走出去"活动,连续多年参加由工信部及团餐协会组织的厨艺和服务技能比赛,并取得了良好的成绩。

7. 紧紧围绕服务师生理念,探索高校食堂新模式

党支部班子和中心行政班子坚持创新方法,注重技术上的革新,与时俱进。多年来,本着坚持打造具有"北理特色"国际化、现代化食堂的初衷,秉承改善就餐环境、提升服务质量、满足师生需求的坚定信念,在学校和公司的支持下,完成了第六食堂及第三食堂"智慧餐厅"的改造,引入了自选餐线及"智盘结算系统",变革了原有就餐模式,以科技引领食堂发展;开设了"享理咖啡",拓展了食堂的业务范围。

二、实践成效

近年来,在大型节假日,党支部积极组织开展"便民食品展销"主题党日活动,特别是冬储菜展卖活动,得到了群众的一致好评,切实满足了我校师生的餐饮需求。

每年坚持开展"食堂开放日"活动。党支部围绕"立德树人、服务育人"的根本任务，由党支部班子成员带队，参观库房、操作间、化验室，为师生代表讲解原材料采购、食堂操作等各项流程，帮助学生全面了解食堂食品安全规范化管理的情况，达到增进师生沟通、维护就餐师生权益的目的。

做好校庆80周年供餐服务保障工作。党支部严格把关，带领各食堂以优质高效的服务圆满完成16 000人次的供餐任务。

新型冠状病毒疫情发生以来，党支部带领广大党员坚持把投身疫情防控一线作为践行初心使命的要求，充分发挥先锋模范作用，始终冲在第一线，在食堂门口负责测量体温，参与售饭。在疫情高发期，为缓解校内教工买菜难的问题，自2020年2月6日起，持续两周在户外销售蔬菜，共售菜16 830斤。

同时，党支部还参与学校毕业直播餐饮版块及校庆80周年之北理味道的录制；配合中央电视台《回家吃饭》栏目，现场展示北理工食堂的家味；协同开展"光盘行动""我的校园我建设"垃圾分类活动，得到了广大师生员工的一致好评。

三、探索启示

今后，第四党支部将始终把政治建设摆在首位，用习近平新时代中国特色社会主义思想武装党员头脑、指导实践、推动工作。严格落实全面从严治党工作要求，把支部党建工作抓细抓好，创新学习教育形式，注重学习效果检验，严格落实组织生活制度，认真开展批评和自我批评，"咬耳扯袖、红脸出汗"，让党的组织生活发挥实质作用。推进党建和业务工作有机结合，形成相互融合、互相促进的局面。严格落实"三会一课"制度，突出政治学习和党性锻炼，健全理论学习考核评估制度，采取有效措施激发党员学习热情。继续开展党员志愿服务等活动，提升党员干部服务水平，开展"党员先锋"行动，认真抓好先进党支部创建工作，高标准培育多个特色鲜明、亮点突出的支部党建精品，不断提升团队业务水平和服务保障能力，引领支部党建水平整体再上新台阶，为学校的建设和发展做好服务保障。

Part 02 | 第二篇

行稳致远启新篇

——提升基层党组织组织力

以"三个聚焦"夯实党建根基，为一流学科建设书写奋进之笔
——"支部书记撑好旗"党建品牌

自动化学院党委

自动化学院党委深入学习贯彻落实党的十九大会议精神，坚持用习近平关于高等教育的重要论述武装师生头脑。学院党委牢固树立"四个意识"、增强"四个自信"、坚持"四个服从"、落实"两个维护"，坚持以习近平新时代中国特色社会主义思想为指导，紧紧围绕立德树人根本任务，全面加强党建和思想政治工作。

党的工作根基在党支部，党支部的关键在支部书记。学院党委积极推进党建强基工程，打造学院党建品牌，在师生党支部中坚持开展"支部书记撑好旗"系列活动，持续夯实基层党支部建设，不断强化党支部书记的责任意识，着力提升党支部书记的履职能力，形成了党支部书记带头讲党性、扬正气、当标杆，引领党员干事创业、争创一流的良好局面，为推进"双一流"建设提供了坚实的思想、政治和组织保障。

一、特色做法

1. 聚焦思想引领，发挥"头雁效应"

学院党委高度重视党建工作队伍建设，实行"1+1+1+2+3+N"的组织领导结构。党委书记全面抓党建，党委副书记、院长协助开展政治建设，党委副书记、副院长负责学生党建工作，2名组织干事负责组织、协调各项工作，另配备3名党建组织员、多名辅导员和本科生班主任，配合开展学院党委党建工作，党委副书记、副院长、各年级辅导员均已编入学生党支部，指导、参加支部活动。学院党政领导班子成员联系师生党支部实现全覆盖，对支部日常工作全程指导。团委书记固定列席党政联席会，进一步加强党委对学生党

建、团建的指导。

构建"矩阵式"学习模式，全面深入学习贯彻党的十九大精神，要求党支部书记列席学院党委中心组学习，带头学、带头做，发挥好"头雁"的示范带动作用。组织党支部书记赴正定、西柏坡、焦裕禄干部学院、延安泽东干部学院等进行专题培训，深化师生对党的十九大精神的理解和把握，推进习近平新时代中国特色社会主义思想入脑入心，引导党支部书记提高政治站位，进一步坚定为高等教育事业发展奋发进取的理想信念。

2. 聚焦履职本领，树立工作标杆

学院党委构建"专题培训—日常指导—学做结合—查摆问题—督查检查—述职评议—考核公示—整改提升"的闭环工作体系，全面提升支部书记的业务素质和履职水平。学院党委坚持以两年为周期，支部党建工作督查检查和党支部书记述职评议考核全覆盖，打造坚强过硬的基层战斗堡垒。

推行"定标准、严发展、强引领、重督查"的工作模式。定标准，根据实际情况，出台相关管理文件，完善党员规范化管理机制；严发展，严把党员入口关，进一步探索"基本情况＋理论考核＋考察组综合评测"的发展流程，真正做到广听意见，遵循"成熟一个，发展一个"的原则；强引领，在党支部的日常管理过程中，着重突出"书记抓、抓书记"的重要性，全面做到"心里有规矩、脑中念规矩、办事不逾矩"，进而夯实基层党组织建设；重督查，严格执行党政领导联系党支部制度，切实将"全面从严治党"的责任压力传导到最后一公里，对党支部的"三会一课"、主题党日活动、组织生活会等进行全程参与和业务指导，夯实基层党支部建设。

二、实践成效

1. 聚焦责任担当，当好师生"班长"

导航制导与控制研究所党支部书记宋春雷工作室入选全国首批100个"双带头人"教师党支部书记工作室。支部书记在工作中积极探寻推动党建工作与教学科研工作相互结合、有机融入之路，把党组织的领导力和组织力转化为推进中心工作的强大动力，实现高校基层党建工作与教学科研工作双促进、双提高。研究所在拔尖人才培养、大学生科创竞赛、党支部建设等方面取得了突出的成果。邓志红教授入选中组部"万人计划"青年拔尖人才和科技部中青年科技创新领军人才；杨毅教授入选教育部"青年长江学者"；杨毅教授等指导学生获得ICRA 2019 RoboMaster人工智能国际挑战赛总冠军；马宏宾教授获评全国兵棋推演大赛"优秀指导教师"，代表北京理工大学获得全国兵棋推演大赛特别贡献奖，指导学生参加"幻影围棋"计算机博弈大赛获得全国冠军。导航党支部被评为北京理工大学"先进基层党组织"，支部书记宋春雷同志被授予学校"优秀共产党员"、学院"优秀党支部书记"等光荣称号。

以导航党支部书记为代表的一批支部书记冲在抓工作落实的第一线，落实学校、学院既定部署，解决改革中的困难问题，形成了一人带头、众人响应的良好发展氛围。学院连续多年获评学校A类单位，控制科学与工程学科在第四轮全国学科评估中获评A类学科，并入选国家一流学科建设名单。

2. 多措并举迈向新征程，齐心协力谱写新篇章

自动化学院党委以"支部书记撑好旗"系列活动作为落实立德树人根本任务、建设高水平人才培养体系的重要牵引，同时优化党员教育方式方法，将学习贯彻落实党的十九大精神与学院事业发展紧密结合。结合北京市党建重点难点项目支持计划，积极鼓励教师党支部开展"师德传承""匠心育人"和"创新融合"等主题支部活动，进一步突出党支部政治功能，强化师德师风建设，引导党员发挥模范带头作用，争做教书育人的时代先锋；开创性指导学生党支部举办"Party-party"红色短剧比赛，将红色历史、时政热点、榜样故事结合所感所思生动演绎，将理论学习和思想政治教育立体化；优化"文字颂心声"教育体系，通过诵读经典、发布优秀文章等形式，完善学生党员朋辈在线教育体系；组织开展多样化党支部交流活动，将好的支部制度在全院范围内推广，避免"走形式、看热闹"。

同时选树身边典范，发挥引领作用，每年召开纪念建党暨"七一"表彰大会，开展评选先进党支部、优秀党支部书记、优秀共产党员等活动。2020年，开展评选"抗疫先锋"活动，通过学习先锋模范故事，表彰先进团体和个人，鼓励党员同志在各自的工作、学习岗位上，聚焦使命、敢于担当，进一步发挥战斗堡垒作用和模范带头作用，在全院形成学习先进、崇尚先进、争当先进的浓厚氛围，落实好学校的决策部署和学院的工作安排，扎实推进"双一流"建设。

三、探索启示

新时代催人奋进,新征程再谱新篇。自动化学院党委将始终以习近平中国特色社会主义思想和党的十九大精神为指引,聚焦立德树人根本任务,坚持走特色发展和内涵发展道路,不断深化教育综合改革,积极推进"双一流"大学建设,全面提升控制科学与工程学科综合实力,以新时代一流学科建设的新成就,为学校建设"双一流"大学做出新的更大贡献,以学科建设的新成就向中国共产党百年华诞献礼!

加强党建引领，打造"大资产"工作格局，服务学校"双一流"建设

资产经营公司党委

近年来，资产经营公司党委坚持以习近平新时代中国特色社会主义思想为指导，深入贯彻落实党的十九大及十九届二中、三中、四中、五中全会精神，贯彻落实新时代党的建设总要求，坚持和加强党对企业工作的全面领导，把党建工作融入企业中心工作，努力开创"大资产"工作格局，全力服务学校"双一流"建设。

一、特色做法

1. 谋篇布局，全力打造"大资产"工作新格局

2018年，学校实施全面深化改革，将资产经营公司打造成学校生产经营和对外投资股权的唯一平台，学校所属企业全部纳入资产经营公司分类实施改革，涉及科技园、成果转化、出版传媒、创新创业、后勤服务"1+4"版块。资产经营公司党委和领导班子准确把握公司定位，紧密围绕学校"双一流"建设，牢固树立"一盘棋"思想，应对挑战、直面改革，主动谋划、敢于担当，破除制约产业进一步发展的资源和制度瓶颈，为学校建成中国特色世界一流大学提供持续有力支撑。

从服务学校"双一流"建设的全局出发，资产经营公司党委全面加强党的建设和公司治理体系建设，充分发挥"把方向、管大局、保落实"的核心领导作用，坚持"两个一以贯之"，把握新时代校办产业新特征，积极推进所属企业体制改革。

紧扣"大资产"工作格局建设目标，开创性高质量、高规格组织召开资产经营公司2019年度工作会，明确资产经营公司定位、功能、使命，提出资产经营公司发展的六大理念，梳理促进资产经营公司发展的七大关系，统筹

部署各版块全年工作。按照学校党委书记赵长禄提出的工作要求，凝聚干部员工力量，为积极推动资产经营公司各项事业积极健康发展奠定了谋篇布局的坚实基础。

注重党建引领，坚持把党的领导融入公司治理各环节，凝聚1 500名员工为管理水平高、专业能力强、敬业态度好的3股力量。2020年，进一步完善了资产经营公司管理架构及领导分工，凝练出3个板块5个管理单元，厘清边界，加强管理，完善内部控制制度，扎实推进了"大资产"格局下的工作体系建设。

2. 统一部署，全面加强新时代企业党的建设

资产经营公司党委坚持压实主体责任，严格执行党委书记"第一责任人"职责和班子成员"一岗双责"制度，推动各板块管党治党责任落细落实。

（1）加强党组织建设不放松。2019年，结合资产经营公司实际重新设置各基层党支部，顺利完成8个党支部的换届选举工作，严格按照组织程序于2019年5月完成资产经营公司党委换届、成立资产经营公司纪委的工作。

（2）完善制度建设不停步。一直以来，资产经营公司党委坚持深化制度改革，推进治理体系和治理能力现代化在企业落实落地。2020年，新增党建工作制度10余项，梳理形成《北京理工大学资产经营公司党委工作制度汇编》，涵盖了党组织管理、党支部考核、党员教育管理等内容。

其中，创新建立党支部书记"月交流"制度成效明显。坚持每月月初组织党支部书记月度交流会，8个党支部书记相互学习、相互交流、相互促进，使公司党建工作不仅计划落实到月，而且计划执行落实到人，真正把加强公司党组织建设抓实抓细、落到实处、形成闭环。此项制度的执行，让原来存在的党支部工作水平不均衡问题得到有效改善，党支部之间形成了"比学赶帮超"的良好氛围。

（3）开展主题教育不打折。自2019年9月开始，以资产经营公司全体处级领导为重点，在全体党员中深入开展"不忘初心、牢记使命"主题教育活动。结合工作实际，资产经营公司党委分层级制定处级干部和党支部的工作安排表，同步建立、动态调整党建工作机制。坚持问题导向，围绕公司年初工作会上提到的需要处理好6个关系的问题，公司全体处级干部深入校内外开

展调查研究，形成"4大专题13个分题"的调研报告。结合调研情况和工作实际，公司党委马上行动，制定措施，推行党委会"闭环运行"机制、党委委员"交叉联系"党支部机制、党支部书记"月交流"机制，推动全面从严治党落实落地。

3. 品牌带动，推进企业党建与业务相融共进

近年来，资产经营公司党委注重强化党建品牌意识，着力开展党建工作成效明显、群众满意度高的主题党日活动，充分发挥党建品牌示范引领辐射作用，积极推进企业党建工作与业务工作相融共进。

（1）突出特色，擦亮党委工作品牌。紧紧围绕学校和公司中心工作，资产经营公司党委充分发挥"'三册一指南'，党建好抓手"党建品牌特色，努力构建"大资产"格局下的党建工作体系，进一步夯实党建工作基础。抓牢《党委工作手册》，为党委层面开展工作提供规范和依据；抓好《党支部工作手册》，充分运用"党建云"平台，指导各党支部规范开展组织生活。2019年以来，各党支部在"党建云"平台发布信息500余条；抓实《党员学习手册》的功能，做实做细全体党员领导干部的理论学习；运用月度《党务工作指南》，将年度党建工作落实落细。"三册一指南"的运行，将党组织自身建设、党员教育管理等工作贯穿起来，促进各项工作做到有计划、重过程、求实效，确保上级各项工作部署的贯彻落实。

（2）抓住关键，推进企业党建与业务工作融合。依托资产经营公司"干部讲堂"，结合各板块工作特点及业务所需，党委书记、董事长林杰先后以"推动全面从严治党在国有企业落实落地""推进国有企业党建与业务相融共进"为题，对全体处级干部、各全资控股公司高管及全体党务干部进行专题培训，着力破解党建与业务"两张皮"问题。

（3）示范引领，公司党委推行每月一专题活动。围绕立德树人根本任务，结合实际工作，2020年资产经营公司党委创新工作方式，组织各党支部每月组织开展专题党日活动，相继开展了"共克时艰，战'疫'党旗红"、"我的祖国我建设"、暖心毕业"寄"、"助力垃圾分类，践行光盘行动，共建宜学宜居校园"、纪念抗美援朝70周年和"学习全会精神 引领阅读风尚"等主题党日活动，党支部战斗堡垒作用和党员先锋模范作用的发挥效果更加凸显。

（4）丰富形式，党支部活动有声有色。各党支部结合本单位工作特点，采取线上直播、制作视频、发放测试问卷等形式，分别开展了图书推广与捐赠、专利与知识产权保护系列讲座、便民食品展销、便民维修、疫情防控知识学习、社区志愿服务、美化校园义务劳动等主题党日活动。

（5）营造氛围，促进创新争优常态化。资产经营公司党委先后开展了"我们的国歌"报告会，"因为热爱，所以奉献"主题讲座、征文及"最美资产人"模范集体、先进个人评选，"党员先锋岗"评选等系列活动，出版社党支部推出"一路风景，因为有你"专题推文活动，展现疫情期间党员的先锋模范作用，不断激励全体员工奋发向上，努力奋斗。

4. 压实责任，让党旗在抗疫工作中高高飘扬

"疫情就是命令，防控就是责任。"2020年年初，面对突如其来的新冠肺炎疫情，资产人闻令而动，全力以赴，众志成城，在公司党委书记、董事长林杰和总经理杨志坚的带领下，三个板块五个管理单元全资控股公司全体员工投入这场抗击疫情的战斗中！第一时间跟进各项疫情防控举措，采取有力措施积极有序地应对疫情，把初心写在行动上，把使命落在岗位上，冲锋一线的资产人，成为这场战"疫"里最让广大师生员工放心和信服的主力军之一，践行守护师生安全和健康的责任和使命！

资产经营公司党委坚持通盘部署，班子成员分工负责，切实把疫情防控各项措施抓实、抓细、抓落地。自2020年1月31日以来，召开疫情防控专题工作会33次、党委扩大会13次，研究部署疫情防控工作；制定疫情防控文件（含细则）156份，编制简报33期。制定疫情防控工作专项党费使用方案，为8个党支部全体党员购买发放一批口罩、额温枪、免洗洗手液等防控物资。通过微信平台成立疫情防控工作群，及时、公开、透明发布疫情防控各类信息。面向各党支部及全体党员发出抗击疫情倡议书，充分发挥党支部战斗堡垒作用和党员先锋模范作用，为打赢疫情防控阻击战提供坚强的政治保证。

针对疫情防控重点区域，班子成员多次深入一线，参加防控工作并巡查重点区域，确保防控工作落实落细。科技园及创新物业全力保障科技园区"四地"的防疫工作，后勤服务公司紧密结合防控特点，加强中关村校区物业服务保障，全力做好校内居民"菜篮子"等生活保障工作。多措并举，通风消杀，加强疫情期间食堂服务保障。在疫情最严重的时期，为了缓解疫情

防控期间校内居民买菜不方便的问题，自2020年2月6日起，除周六日外，每日8点至9点在教工食堂东侧销售打包蔬菜。全力以赴，做好学校健康观察点师生保障工作，至2020年12月30日，健康观察点共接待隔离人员983人。面对常态化防疫工作要求，资产经营公司全体干部职工将坚持以更坚定的信心、更顽强的意志、更果断的措施，做好资产经营公司各板块的疫情防控工作，疫情防控不松懈、事业发展不停步。

二、实践成效

2020年，资产经营公司克服困难、齐心协力超额完成年度任务指标，扎实推进高校所属企业改革，积极落实金融性资产变现工作；科技成果转化成绩喜人；科技园成功通过国家A类大学科技园复审验收；出版传媒整体经营工作稳定；4万名师生员工用餐保障有力，物业服务平稳运行；商业网点规划布局方案初步完成。在全体党员干部职工的共同努力下，资产经营公司推动企业发展和服务群众的能力得到了进一步提高，领导干部为民务实清廉的意识和作风得到了进一步增强，公司及所属企业各项事业得到了健康发展。

三、探索启示

立足新时代，迈向新征程。资产经营公司党委将坚持以习近平新时代中国特色社会主义思想为指引，全面落实新时代党的建设总要求，坚定不移全面从严治党，推进党的建设与企业发展相融共进，为资产经营公司高质量发展提供坚强政治保证；把建校80周年的凝心聚力成果转化为新时代干事创业的原动力、转化为打造"大资产"格局的新动力、转化为助力学校"双一流"建设的行动力，以饱满的热情迎接学校第十五次党代会的胜利召开和中国共产党100周年华诞！

坚持"三位一体"，
打造明"理"共进党建品牌

马克思主义学院党总支

马克思主义学院党总支积极响应上级党组织指示，利用学院党员比例高、理论素养较好的特点，以提升自我为目标，武装政治头脑，发挥理论优势，打造适合的明"理"共进党建品牌，不断发挥理论学习辐射和带动作用。

一、特色做法

1. 以史为鉴，"精神"共进

为弘扬历史精神，传承红色基因，牢记初心使命，学院党总支通过设计"重走长征路"系列活动、参观李大钊纪念馆、中华人民共和国成立70周年大型成就展、纪念抗美援朝出国作战70周年主题展等，帮助教师党员筑牢信仰之基。在"重走长征路"系列活动中，让思政教师党员以当代的心灵和文化去体验当年的长征精神。通过联系学校组织部、教师工作部、学生工作部等部门的支部党员，共同开展"重走长征路"活动，采取理论学习、体验教学、实地参观相结合等方式，与当地群众进行实地座谈交流，切身感受当年红军长征的艰辛与不易，深切缅怀革命先烈，不断增强共产党人践行初心使命的自觉，从精神上得到洗礼。接好老一辈党员手中的长征接力棒，继续跑好新时代的长征路，大力弘扬长征精神，现已组织38余人次重走了长征路的第一站于都和第二站遵义，制作"新长征"简报11期，编写教学案例30余篇。努力践行以思政课教师带动"思政教育者+群众"，共同培育爱国情怀，真正发挥好党员先锋模范作用。

2. 政策为标，"方向"共进

伟大的时代，需要伟大思想的领航。学院党总支积极发挥学院马克思主义理论学科优势，组织师生党员做好党的政策方向的传播者。成立涵盖全体教师党员的理论"宣讲团"以及以优秀学生党员组成的"延河之光"学生宣讲团，让每位宣讲团党员结合自身研究专长将自己的优势合理利用起来，真正服务于师生，服务于学校，服务于社会，在第一时间将中央和上级最新精神及政策传达下去。

（1）服务于师生。

教师党员的理论"宣讲团"以习近平新时代中国特色社会主义思想为指引，将上级的方针政策与党课相结合，为全校各学院讲授党课200多场，听课人次超万人。

（2）服务于学校。

学院成立"马克思主义论坛"，为校级理论学习社团提供指导，为人才培养的"价值塑造""政策把控"，提供了方向上的指导。为科研院、基建后勤处、教师发展中心、法学院、数学学院和管理学院等学校职能部门以及各学院开展十九大，十九届四中、五中全会等中央重要精神的理论宣讲及解读。

（3）服务于社会。

依托党建研究中心，积极推动各领域党建与治理的重大理论与实践问题的探讨，取得突破性进展。为中国科技协会、郑州国资委、葛洲坝集团、中国兵器工业集团、中国铝业集团、中国建筑集团、国家电力投资集团、国家开发投资集团、国家能源集团、中国移动、中冶集团、首航高科等各地区（乡镇街道）的企事业单位宣讲中央精神300余场。围绕党中央提出的一系列新的重要思想、重要观点、重大论断、重大举措，围绕当前党员群众在学习贯彻中普遍关注的热点问题和存在的思想困惑，进行深入研究和传达，力求更好地联系实际、回应群众关注关切，增强宣讲的针对性和实效性。

3. 以史为鉴，"精神"共进

开展创新活动，积极推动支部"联创共建"。为进一步提高组织活动实效，学院党总支不断丰富和创新组织活动方式，让学习研讨"常"起来、组织生活"动"起来。学院党总支与新浪微博党委、航天集团基层党支部、基建后勤处和管理学院等企业、部门开展线上线下相结合的共学共建活动。开展学习党中央精神、抗击新冠肺炎体会分享、"云端携手、你荐我读"等活动,激活党总支的"末梢神经",有效解决了党员"精神缺钙""思想乏力"等问题,丰富了组织生活的形式,效果突出。

开展主题论文征集活动,学院党总支动员学院各党支部和广大党员发挥优势,勇于担当,充分发挥战斗堡垒作用和先锋模范作用。在疫情防控最吃劲的关键阶段,组织党员"以笔代枪",把论文写在战"疫"阵地上,21名师生发表战"疫"文章39篇。真正让党员从思想上得到淬炼和升华。

二、实践成效

学院思政课教师党员承担着深入研究和阐释党的路线方针政策等重大理论和实践问题的职责,通过宣传中央政策,及时解读和传达中央精神,真正做到与党中央方向一致。通过及时进行政策宣讲、撰写论文和录播慕课等方式方法解读宣传中央的决策部署,担负起了广大学生的引路人、中央政策的宣讲者、共产党员的司号员、人民群众的勤务兵的职责。

三、探索启示

通过开展党建品牌化建设,以"党建工作室"为依托,以明"理"共进为主要抓手,不断创新党建内容和方式,培育出一批先进共产党员。以史为鉴,使党员在思想认识上得到提高,从精神上得到洗礼,增强党员之间的沟通交流,使党员的理论与实践水平共进。通过共建共学,加强各部门之间的交流,提升各自的理论水平。通过共建共学激发党组织和党员活力,增强学习和服务意识,激发党组织和党员的活力,增强理论学习意识和为人民服务意识。

推进"两学一做",
落实"师生共学共做行"党建品牌

设计与艺术学院党委

设计与艺术学院党总支在学校党委领导下,坚持以习近平新时代中国特色社会主义思想为指导,对标新时代党的建设总要求,围绕落实立德树人根本任务,坚持以政治建设为统领、以组织力提升为重点、以推动事业发展为落脚点,积极探索党建工作以规范化、实效性促进科学化的举措和机制,深入贯彻"师生共学共做行"品牌方针,切实发挥学院教师党支部指导学生党支部工作模式的优势。

一、特色做法

1. 体系化运作,协调"共"发展

聚焦学院师生基层党建,运用党建品牌协同模式提升基层党建的组织力和执行力,展现党建工作的开放性和包容性。设计与艺术学院党委结合学院专业学科特色,以"教工党支部指导学生党支部"的工作模式,为党支部践行"两学一做",加强党支部间的交流搭建了平台。学院党总支组织策划了"师生共学共做行"多种主题活动,如"师生共学共做,精准扶贫方山""师生共学共做,关爱特殊群体""师生共学共做,共建美丽乡村"等活动。

(1)师生共学共做,精准扶贫方山(图1)。

学院党委将"精准扶贫"作为重点工作来抓。以建强组织为基础,以农民增收为核心,以深化改革为动力,完成了对山西省方山县桥沟村的改造和修缮。同时,积极探索政府推动、集体主导、农民参与、社会支持、市场运作的"桥沟"模式,激活全村脱贫致富的内生动力。

图1 精准扶贫方山

（2）师生共学共做，关爱特殊群体（图2）。

学院教职工党支部携手学生党支部与北京市朝阳区安华学校开展"关爱

图2 关爱特殊群体

汇聚力量,色彩绘出笑颜"共建活动。活动以"接纳包容,了解尊重"为原则,以关爱特殊儿童群体的支教服务为载体,以为自闭症儿童带来点滴快乐为宗旨,积极融入社会不同人群的生活,并尽己所能帮助他人。师生党员先后多次前往安华学校开展主题党日活动,以各种艺术形式为媒介带领他们创作绘画,引领他们用艺术的方式表达情感;同时,教职工党员指导学生党员共同为安华学校的美术教师设计制作了形式多样的教学用具。

(3)师生共学共做,共建美丽乡村(图3)。

学院党总支在"十三五"期间,积极响应党的号召,坚决完成党中央的任务。学生和教师党支部多年来多次深入贫困乡村。在方山县"志智双扶",为孩子们提供美育劳育课程;在武强县为贫困家庭改造居住环境;在脱贫攻坚中发挥党组织的核心作用,在乡村建设中发挥党支部品牌特色。通过"孝老爱亲""精准扶贫""核心价值观"文化墙的绘制,方山县电视台新台标的设计及"我的梦想"主题绘画支教活动,为美化桥沟村、推进农村精神文明建设贡献了一份力量。

图3　共建美丽乡村

学院党总支通过有效拓展党建工作思路,将师生党支部协同发展的机制形成体系化。加强高校党支部党建工作与社会时事的联系,实施基层党委、基层党支部、党员群体的多维联动,相互促进,协同发展。

2. 分块化运转,凸显"新"价值

基层党组织在品牌选取时应坚持独特性、专一性发展,精心打造党建工作亮点,突出党建品牌的个性和特色。

(1)为校园添亮泽。

学院党委组织师生,结合设计专业特长,积极投入校园文创设计,先后设计了主题剪纸、卡套、鼠标垫、明信片、创意书签和"北理鸽"吉祥物等校园文创产品。2020年在学校80周年校庆之际,在学院党委总支的牵头规划下,我院学子创新思维,发挥所长积极创作了一系列纸雕光影、手绘井盖、主题海报,为80周年校庆增光添彩。

(2)为遗产留记忆。

北京理工大学校医院(图4)这座陪伴我们半个世纪的老建筑,既是北理工人的共同记忆,也浓缩成了一个时代的符号。在校领导的支持引导下,由我院数字仿真项目组启动实施校园文化遗产保护项目。此外,该团队也将发挥专业所长,紧跟党的步伐,继续在校园文化、校园文化遗产等方面进行专业研究。

图4　北京理工大学校医院

(3)为专业扬风采。

2017年1月,学院雪雕队响应党的方针政策,结合"延安根、军工魂"的校园精神,以作品《梦回延安》在国际大学生雪雕大赛中蝉联特等奖。

3. 标准化管理,搭建"高"平台

突出加强政治理论教育,以中国特色社会主义理论体系为指导,创新基层党建工作的工作观念和管理方式,将学院党建管理形成标准化模式。在学院党总支要求下,落实党建工作的全面管理,突出党建工作的品牌特色,从追求规模的外延式发展转向注重质量和特色的内涵式发展。

通过党支部正式党员、预备党员、积极分子全员参与各类活动,引导学生党员发挥先进性作用;通过学习实践、志愿服务、创新创业、岗位锻炼等途径提升综合素质、展示先锋形象、承担社会责任;通过创先推优的形式将党员的优秀事迹辐射到周围学生,充分发挥党员的先锋模范作用。

通过整合基层支部党建资源,激活支部间沟通交流的活力,充分发挥党支部的战斗堡垒作用,举办具有专业特色的理论思辨、实践活动和品牌评比,提升党支部的集体智慧和创新能力,实现党支部的特色育人功能。学院党委组织教职工党支部与低年级学生党支部举办专业创新工作指导座谈会(图5),与会的各专业教师为学生们提供了相关辅导,并鼓励学生充分发挥专业优势,继续创新实践。

二、实践成效

学院党总支充分发挥学院党建品牌功能,通过对基层工作具体环节的规范化、系统化管理,创新并巩固基层党建的工作理念,加强并完善党的先进性建设。以党建精神为指导,以支部特色为突破口,以体系化运作为基础,以分块化运转为途径,以标准化管理为平台,实现基层党建工作在价值目标、价值内涵和价值实现方面的有机融合。

三、探索启示

经过积极的党建实践探索,学院党委的政治核心作用、党支部的坚强战斗堡垒作用和党员的先锋模范作用得到充分发挥。通过"师生共学共做行"的党建品牌建设,提升了学院党建质量,全面推进了学院发展,助力了学校高质量建设。

图5 教职工党支部与低年级学生党支部举办专业创新工作指导座谈会

薪火相传，砥砺前行

机械与车辆学院能源与动力工程系第二党支部

作为高等学校的基层党支部，如何把平时的教书育人工作与党支部的建设结合在一起，为国家的建设培养更多肩负起国家和民族希望的建设者和生力军，如何通过支部的建设强化教师自身的政治、业务、育人能力，能源与动力工程系第二党支部提出了自己的创新方案：将党支部的工作从对理论的学习方面，全面深入对人才的培养方面，以德育人；用教师政治思想和科研干劲引导青年学子；用实践和实干示范引导青年学子。

能源与动力工程系第二党支部（教工支部）是以机械与车辆学院动力系统研究所的教师党员组成的党支部，日常工作是带领研究所的研究生完成科研和教学工作，研究生组成能源与动力工程系研究生第二党支部。借助平时在一起工作、学习的良好基础，教师党支部将对青年学子的思想引导、能力培养结合到基层党支部的日常建设中。在教师党员日常的工作中薪火相传；在活动中，用青年党员的活力与新时代思维带动教师党员；在面向未来的发展中，师生携手共同奋进。

一、特色做法

1. 师生的纽带作用——学生支部委员参加教师支部的组织生活

教育兴则国家兴，教育强则国家强。高等教育是一个国家发展水平和发展潜力的重要标志。今天，党和国家事业发展对高等教育的需要，对科学知识和优秀人才的需要，比以往任何时候都更为迫切。大学是立德树人、培养人才的地方，是青年人学习知识、增长才干、放飞梦想的地方。

在大学工作中，教师与青年学生沟通交流的方式和方法对立德树人、培养人才有直接的帮助。在大学工作中，教学、育人、科研并重，党支部在其中起到了重要的联系枢纽作用，促进了师生的感情沟通。在高校中，由于教师与研究生之间的师生关系，以及在我国优秀传统文化的熏陶下，师生之间交流存在着浓郁的"尊师重道"的和谐气氛，研究生的个人意见以独立的方式反馈给教师的渠道不够直接、顺畅。但是，支部共建后，研究生支部的共性意见与个性意见，可以通过共同的组织生活会的党内民主方式，进行意见的有组织表达和沟通。这一做法起到了很好的沟通效果，教师支部成员与学生支部成员在科研进程、支部主题活动中都取得了良好的工作效果。

2. 基层党员干部的威信树立作用——教师支部的党员带领学生支部的党员进行"一带一"的导师式工作

党员怎样才能树立威信？怎样做在教学和科研中才能有威信，有战斗力？党员干部的表率作用，以及党员干部用实际行动带动研究生党员参与科研活动是树立党支部和党员威信的良好途径。

"纸上得来终觉浅，绝知此事要躬行。"学到的东西，不能停留在书本上，不能只装在脑袋里，而应该落实到行动中，做到知行合一、以知促行、以行求知，正所谓"知者行之始，行者知之成"。每项事业，不论大小，都是靠脚踏实地、一点一滴干出来的。"道虽迩，不行不至；事虽小，不为不成。"这是永恒的道理。做人做事，最怕的就是只说不做，眼高手低。不论学习还是工作，都要面向实际、深入实践，实践出真知；都要严谨务实，一分耕耘一分收获，苦干实干。广大青年要努力成为有理想、有学问、有才干的实干家，在新时代干出一番事业。

能源与动力工程系第二党支部，是一个以工程试验为主要工作的实验室。动力系统的工程实验要各个部件的部门通力协作。让发动机动起来不是靠动动嘴就能行的，需要师生的通力协作才能完成。党员教师发挥经验和设计上的理论优势，青年研究生党员发挥活力与创新优势，自然而然地形成了以老带新的科研实验方式。值得一提的是：科研一线的骨干成员都是党员，党员干部又是科研骨干中的骨干力量。其中，每名教师党员总指导一名学生党员，成为研究生的科研主力。这既体现了党员的先锋模范作用，又从另一个方面说明党员特别是骨干党员的工作会以"随风潜入夜"的方式传承。继承党员的先进传统和作风并将其发扬光大，是教师和研究生党支部共建的另一项使命。

3. 校风正气的传承作用——教师党员在平时工作中身体力行的校风传承

在北理工青年党员学子中传承北理工人的"延安根、军工魂",是党支部工作的重要组成部分,把北理工的正气传承到青春一代,有极其重要的意义。青春是什么?习近平总书记说,青春理想,青春活力,青春奋斗,是中国精神和中国力量的生命力所在。

北理工的正气是什么?对于我们来讲,就是从延安走来的艰苦奋斗历程与脚踏实地的历史进程,在一代一代的科研进程中积累下来的不畏艰难、勇于奉献的工作精神,以及课题组中老教授们的言传身教。这些历史进程中的积累在教师党支部和研究生党支部中的体现就是人才培养中"德"的传承。

人才培养一定是育人和育才相统一的过程,而育人是本。人无德不立,育人的根本在于立德。这是人才培养的辩证法。办学就要尊重这个规律,否则就办不好学。要把立德树人的成效作为检验学校一切工作的根本标准,真正做到以文化人、以德育人,不断提高学生思想水平、政治觉悟、道德品质、文化素养,做到明大德、守公德、严私德。要把立德树人内化到大学建设和管理各领域、各方面、各环节,做到以树人为核心,以立德为根本。

古人说:"师者,人之模范也。"在学生眼里,教师"吐辞为经、举足为法",一言一行都给学生以极大影响。在科研进程中,教师党员思想政治状况具有很强的示范性。中国有句古话叫作行胜于言,教师党员在平时工作中的态度方法,正是给青年党员的最好教育,也是北理工正气的最好传承。党支部书记张付军教授正是这样的人,他也是这样做的。

以教师支部成员和青年研究生为主干力量的"某动力系统"的科研项目是面对我国"一带一路"和"国家海权"的重大项目。在此之前,已经有多家研究机构花费十数年时间和千万元科研经费,仍然没有攻破该项目的科技难关。面对难关,支部"党员突击队"的老中青三代党员以科学的方法和一往无前的拼搏精神,攻克一道道技术壁垒和科研难题。仅仅用三个月的时间就完成了总体设计、技术攻关、样机实验等工作,初步实验即已取得了超过原始指标30%的技术突破。"党员要当科研的主心骨",这是支部的"老书记"张付军教授对支部青年的嘱托。

二、实践成效

1. 团结凝聚师生群体

党支部以"坚守红色基因,弘扬军工精神"作为服务国防的内在驱动力,重在加强教师理想信念教育,具有较为健全的党员党内学习制度及理论学习制度。通过定期组织师生党员开展理论学习、培养培训、实践锻炼、社会服务,全面提升思想政治素质和育人能力。党支部关心了解师生思想、工作和生活状况,大力推进师德师风建设,做好思想政治工作和新时代知识分子工作,做好政治吸纳、团结凝聚、教育引导,有效团结凝聚了师生群体,提高了战斗力和创新力。

2. 发挥新时代育人作用

党支部扎实推进"两学一做"学习教育常态化制度化,严格落实"三会一课"制度,党支部每月一次的政治理论学习形成特色学习方式,以"筑国防军工魂、传北理新家风"的特色支部品牌活动为载体,传承"延安根、军工魂"红色基因,将师德传承和育人实践紧密结合,使教师党内政治生活发挥新时代的育人作用。

三、探索启示

党支部将以习近平新时代中国特色社会主义思想为指导,充分发挥党支部的战斗堡垒作用,以提升组织力为重点,着力发挥政治引领作用,规范党的组织生活,团结凝聚师生,促进内燃机创新,在新能源和新概念内燃机以及智能动力方面的科研工作取得突破;紧紧围绕国家国防使命,在科研攻坚中发挥党员骨干模范带头作用,达到人才和科研成果双丰收;创建师生思想政治工作和学术交流的机制和平台,加强政治工作的针对性和亲和力。

榜样"传帮带","头雁"促共进

光电学院博士物电班党支部

自2018年起,光电学院博士物电班党支部开展了以"榜样'传帮带'"为主线的系列主题理论学习活动,通过营造"崇尚榜样、学习榜样、争做榜样"的党建氛围,逐步实现了党建带科研,党员带群众,高年级带低年级的支部特色。

一、特色做法

1. 宣传榜样、学习榜样、争做榜样

使命呼唤担当,榜样引领时代。党支部注重引导学生党员立标杆,树形象,争做先锋模范。历届党支部书记充分发挥"头雁效应",引导和激励身边同学找差距、比先进,在支部中营造崇尚榜样、学习榜样、争做榜样的氛围。支部成员传承"传帮带"优良传统,主动联系身边同学,促进党员互帮互助,互学互促。图1为支部开展理论学习。

图1 支部开展理论学习

2. 党建带科研,组织业务双提升

积极探索以党建带动科研教育,组织建设与科研业务双提升的有效机制,注重导师引领、党员能力提升和个性发展,推行"党建+导师"模式,导师联系指导党支部组织生活,提升支部整体科研水平。充分扩展课余平台,开展互帮互学和师生党支部共建活动,通过聆听故事、沟通交流、专业发展讨论等师生互动,了解专业发展前景,传承优良师德师风,凝聚师生力量,促进教学相长和学生成长成才。此外,为提升学生科研水平,支部积极组织教师支部与学生支部共同开展党日活动,不断推进党建活动与科研生活的深度结合。

3. 高年级带低年级,传承经验共进步

支部将劳动实践融入"传帮带",在日常学习中"传",在"以老带新"中"帮",在"一对一"帮扶中"带"。通过党课培训、学习交流、经验分享等形式进行润物无声的传授指导,通过座谈会、个人访谈、走访面谈等形式深入调研问题,解决实际困难,彰显组织关怀,提升支部凝聚力。在"传帮带"的基础上,支部多措并举引导党员不断加强党性修养,提升能力水平,乐于奉献、忠于职守,不断传承优良的工作经验和作风传统。

4. 党员带群众,切实发挥党员先锋模范作用

积极开展学生党员"一对一"帮扶活动,一名党员就近联系帮扶一名同学,扎实落实党员责任区,实现班级内同学全覆盖。对于经济上有困难的同学,支部及时上报并根据实际情况给予帮助;对于学业上有困难的同学,支部定期组织指导,倡导互帮互助,推动支部共同进步,并坚持长期跟踪帮扶;对于思想上有困惑的同学,支部主动开展沟通交流,掌握思想动态,有的放矢地践行思想引领。支部建立了常态化的帮扶机制,及时了解研究生的困难诉求、倾听意见建议,努力营造有困难找支部、有问题找党员的良好氛围,将党的群众路线教育实践活动融入研究生教育的全过程,促进学生全面发展。

二、实践成效

支部党员以原支部书记付时尧为榜样,在"传帮带"过程中,引导和激励党员学先进、找差距、促赶超,形成了崇尚榜样、学习榜样、争做榜样的

浓厚氛围。付时尧同志也于2019年毕业后留校，并担任了支部理论导师，多次参与并指导支部活动，用实际行动践行青年教师的育人初心。目前，在支部"朋辈引领'传帮带'"优良传统下，支部通过评比树立了"学习标兵"腾格尔、"抗疫先锋"蔡子韬等多位优秀榜样，引领全体党员及广大学生充分发挥先锋模范作用。

三、探索启示

党的十九大报告提出，要以提升组织力为重点，突出政治功能，把基层党组织建设成为坚强战斗堡垒。博士物电班党支部"传帮带"系列活动和优良传统是加强基层党组织建设，提高学生党员党性修养和科研水平，加快青年党员成长的有效途径。随着支部"传帮带"活动的不断推进和广泛开展，广大党员群众学习热情不断高涨，进步氛围日渐浓厚，普遍表示收获良多。同时，系列活动也为下一步提升支部整体学习水平和科研能力打下了坚实基础，提供了有力保障。

在学校和学院党委的领导下，党支部不断加强党的思想、组织、作风和制度建设，加强理论学习、规范制度建设、营造良好氛围、打造特色活动，努力建设学习型、服务型、创新型党支部。以博士物电班党支部为代表的基层支部坚持发挥党员先锋模范作用和支部战斗堡垒作用，积极探索党建工作的新方法、新形式、新机制，充分提高了党建工作效力，发挥了基层党支部战斗堡垒作用，将学习、科研、管理服务等各项工作统一到营造科研创新人才成长成才的环境中来，打造培养思想成熟、品学兼优、创新意识和创新能力强的优秀青年科研人才的新平台，努力为我国科技事业发展培养新鲜血液和后备力量。

提升组织力,增强凝聚力

信息与电子学院信息安全与对抗党支部

信息安全与对抗党支部围绕"提升组织力,增强凝聚力"开展工作,在组织党员学习方面,制定良好的学习制度,丰富思想政治学习的形式,加强党员和群众的交流,将思政学习和教学科研工作紧密结合,增强支部的凝聚力,促进支部发展,推动教学和科研工作取得优秀成果。

一、特色做法

1. 线上线下双学习,思想政治不松懈

支部严格按照相关规定和要求进行建设,重视"三会一课"制度的落实,逐步提高规范化建设水平,对党员学习教育、民主评议、组织生活会等按照党委组织部的要求严格进行。支部每月至少召开一次支委会,讨论支部政治学习计划和促进本学科"双一流"建设的思路,每月至少召开一次支部党员大会并组织多次参观活动,及时上传到"党建云"平台。

党支部始终将政治思想建设放在首位,结合"不忘初心、牢记使命"主题教育活动,推动了"两学一做"学习教育活动常态化。近年来,将习近平新时代中国特色社会主义思想和十九大精神的学习作为重中之重,组织党员先后学习了《习近平新时代中国特色社会主义思想学习纲要》以及十九大和十九届二中、三中、四中、五中全会相关文件,每次学习后,支部都组织讨论,党员教师也积极结合自身的教学、科研工作谈感受,谈如何响应、落实。

2019年夏天,信息与电子学院联合光电学院到延安参加"北京理工大学延安传承红色基因主题支部共建培训班"培训,深刻领悟了以人民为中心发展理念的起源。另外,为丰富活动形式,组织党员参观了很多展览,如庆祝中华人民共和国成立70周年大型成就展、纪念抗美援朝作战70周年展等,并参观了香山革命纪念馆。

2020年春季突如其来的疫情影响了学校的正常开学，支委率先在学院通过腾讯会议召开支部大会，通过在线学习形式保证政治学习频次不减、学习时间不减，学习效果不打折。第一次线上支部大会于2020年2月28日上午通过腾讯会议形式召开，支部书记单涛老师带领大家学习了习近平总书记关于疫情防控工作的重要讲话精神，各位党员踊跃发言，大家也深切体会到社会主义制度的优越性，更加坚定了跟党走和坚持中国特色社会主义制度的信念。

支部统筹安排、精心策划每月党支部学习的主题，依照具体情况实现线上和线下相结合的学习方式，增加了学习的灵活性，保障了学习效果，也提高了沟通效率。尤其是线上的支部学习和研讨，虽然是严峻疫情期间的应急措施，但是在支部精心组织下，也取得了很好的效果，形成了开展支部组织活动的一次全新尝试，对于今后创新支部组织活动的方式有很好的示范作用和启发意义。

2. 党建工作相融合，党员群众心连心

党支部坚持党建学习与教师们的本职工作相融合、互相促进的工作思想，同时为保证党员和群众学习的出席率，将支部组织活动和课题组例会有机结合起来，在每次政治思想学习后，继续召开课题组例会，组织党员和群众（胡进、鲁滨峰）开展集中学习，加强党员和群众的交流，并在学习后组织讨论，大部分党员结合文件精神，踊跃发言，谈感想和体会，并联系实际工作思考如何认真落实相关文件的精神，与单独被动学习相比，提升了学习效果。

党支部组织教师学习了全国高校思想政治工作会议的精神，包括《新时代爱国主义教育实施纲要》、习近平《思政课是落实立德树人根本任务的关键课程》和《不忘立德树人初心 牢记为党育人为国育才使命 不断做出新的更大贡献》，会上组织大家讨论，结合自己的实际，谈如何在教学、科研工作中进行思政教育。2020年上半年，支部组织大家观看了"全国大学生同上一堂疫情防控思政大课"，包括清华大学马克思主义学院教授艾四林所做报告"在抗击疫情斗争中深化理论认识"和中央财经大学马克思主义学院教授冯秀军所做报告"战'疫'里的最美青春——谈中国青年的责任与担当"。观看后支部也组织了讨论，探讨疫情期间的思政教育方法。

二、实践成效

以"提升组织力,增强凝聚力"为指导思想,支部发挥战斗堡垒作用,使支部更加团结,部分党员发挥先锋模范作用,在教学和科研方面取得突出成果,展现出优秀党员的风貌。

1. 教书育人放首位,教学相长共进步

大学的根本任务是为国家培养人才。支部组织教师学习了张军校长的报告《瞄准世界一流 培养拔尖创新人才》,大家围绕"培养拔尖创新人才"积极开展教育和教学工作。

2019年11月21日下午,党支部在图书馆与信息安全与对抗研究生第一党支部开展共建活动,师生们参观北京理工大学9位校友院士的事迹展,然后到会议室座谈。陶然老师和单涛老师表达了参观感想和对研究生的期望并赠送书籍,研究生代表周雨潺谈了自己的感想和成才的决心,良乡校区睿信书院的本科生代表杨传敏、毛著章分享了自己的成长故事。通过这次交流活动,学生们受到了一次精神洗礼,表示要学习科学家的精神,努力学习、成长,传承好"延安根、军工魂"红色基因,通过科研报效祖国。

王越先生已80岁高龄,一直工作在教学和育人的一线,每周通过网络坚持对良乡的本科学生授课,兢兢业业,诲人不倦;同时关心研究生的学业和发展,努力将学生培养成对国家有用的人才。陶然老师为本科生上信号处理的贯通课程,引导学生树立服务国家发展需求的理想和信念,白霞、张峰、鲁溟峰老师担任本科生班主任,在疫情期间,积极做好与学生的沟通和指导工作,与辅导员配合,关心和帮助学业有困难的学生,帮助他们顺利度过大学的关键时期。郇浩老师和单涛老师为学生购买书籍、邮寄计算机,协助学生远程登录实验室仪器等,帮助和指导学生顺利完成学业。单涛、郇浩、李永哲同志荣获"抗疫奉献党员先锋岗"称号,石岩同志荣获"优秀党员先锋岗"称号。鲁溟峰老师积极参与本科生的科创工作,指导学生参与"华为云无人车大赛",并取得季军的好成绩。陶然老师牵头获批首批国家级一流本科课程。

2. 科研需求密结合,立足实践勇创新

2020年的疫情不仅使大家增强了"四个自信"和爱国爱党的情怀,也认识到所从事的教育教学和科学研究最终要服务于国家富强和人民福祉，不能仅仅停留在发表SCI（科学引文索引）科研论文上，还要深入思考科研方向，理论联系实际，瞄准国家重大需求，做有用的科研，真正为国家技术进步做出贡献。大家把这种情怀转化成开展教学科研工作的极大热情，形成了"不忘初心、牢记使命"主题教育的生动实践。

通过政治学习和组织生活会，提高了团队的凝聚力，支部在2020年被评为"学院优秀党支部"，教师们认真做好自然基金申请、"十四五"预研项目建议工作，大家鼓足干劲，发挥了支部的战斗堡垒作用和党员的先锋模范作用。在科研方面，所在教研室入选北京理工大学创新团队；陶然老师牵头，单涛老师具体负责，针对城市复杂环境下的低空慢速小目标检测问题，攻坚克难，获批"国防科技173计划"重大项目；陶然老师牵头，郇浩老师具体负责，在疫情期间，坚持和学生在室外做各种实验，获批国家自然基金委重大仪器专项——低轨星载被动合成孔径高精度辐射源定位与识别仪器。

三、探索启示

党支部丰富学习形式，通过各种政治思想学习活动，提高了支部党员、群众的政治觉悟，增强了凝聚力，推动了教学和科研工作的进步。支部在党员评优、年度考核中也注意公平、公正，既表彰成绩突出的老教师，又鼓励、支持年轻教师，促进了支部成员的团结互助和教研室的和谐发展。

在后续的工作中，信息安全与对抗将继续结合本支部实际情况，制订年度和学期学习计划，注意政治学习内容的前后衔接和系统性；不断提高理论水平，结合实际工作讲党课，提高支部的学习效果；加强教师之间的沟通，激励大家改进工作方法，争取为学校"双一流"建设多做贡献。

一干多支、五项协同，
切实提升学生党支部组织力、战斗力

材料学院本科生第二党支部

自2020年以来，在上级党委的正确领导下，材料学院本科生第二党支部围绕"一干多支、五项协同"，突出提升学生党支部的组织力、战斗力这一主干，开展了以"每月组织一次理论学习、定期开展学习交流、狠抓思想政治建设、带动专业学习提质增效、积极组织帮扶服务"五项工作为主要内容的系列特色活动，在规范开展组织生活会、突出支部政治功能、强化党员教育、开展支部特色活动、强化支部堡垒作用等方面取得了新的突破。

一、特色做法

1. 扎实开展理论学习，补足理想信念的"精神之钙"

深入学习贯彻习近平新时代中国特色社会主义思想和党的十九大精神，按照"两学一做"学习教育常态化制度化的要求，采用多种方式提升支部党员的政治素质和思想意识。线上借助新媒体手段，转发学习党章党史、会议文件、报告讲话、条例准则等，并利用"学习强国"等信息化平台进行理论学习；开展"不忘初心、牢记使命"系列主题教育活动；多次开展支部书记讲党课活动；布置学习《习近平关于"不忘初心、牢记使命"论述摘编》并进行了交流讨论；组织观看《开学第一课》等专题节目，学习基层干部和榜样的先进事迹，培养争先创优意识。

2. 积极推进学习交流，营造共学共进的良好氛围

落实上级"一党委一品牌，一支部一活动"的工作部署，坚持开展以支部党员专题汇报交流分享为主要内容的"微党课"理论学习系列活动。按照"全覆盖、常态化、重创新、求实效"要求，每组负责一个专题，人人都要分享学习成果。共开展"微党课"学习交流活动6次，涵盖了包括十九届四中

全会精神、十九届五中全会精神、习近平总书记在全国抗击新冠肺炎疫情表彰大会上的重要讲话精神、中国共产党党史等多个专题。

3. 聚焦提高思想认识，构建政治过硬的"战斗堡垒"

积极组织和及时学习传达上级党组织决策部署。组织开展习近平新时代中国特色社会主义思想学习教育活动，引领支部党员和广大学生听党话、跟党走，把刻苦学习、努力工作的思想统一到党中央决策部署上来。认真贯彻落实党的路线方针政策，及时学习传达上级党组织的决议，结合本单位实际抓好落实。通过"讲党课学党史""过政治生日"等活动，巩固马克思主义在学校意识形态领域的指导地位，有效防止各类错误思想文化的侵蚀，教育引导支部党员和广大学生坚持正确的政治立场、政治方向、政治原则、政治道路，确保支部党员无意识形态领域的问题发生。

4. 着力提升专业素养，提增专业学习的实践成效

坚持党建工作与狠抓专业学习相融合的工作思路，定期就学习情况进行交流讨论，集思广益解决问题，群策群力补足短板。结合在校大学生党员的实际情况，把"学"和"做"紧密结合起来，发挥党支部在推动学业进步、学术研究、创新创业等方面的核心阵地作用，让每项活动都贴近学生党员思想实际、贴近学习科研，把支部建成党员交流思想、相互学习、共同成长的平台。

5. 加快创建帮扶机制，强化支部工作的服务功能

以党员为旗帜，创建服务型党支部，健全帮扶机制，在学习科研、志愿服务、帮扶慰问、文体活动方面充分发挥党员的先锋模范作用。探索建立党员联系服务群众制度，每位党员都主动联系1~3位身边同学，宣传党的主张，关心联系服务对象的思想动态、学业情况和生活状况，经常进行谈心谈话，积极提供热心帮助。

二、实践成效

围绕"一干多支、五项协同"开展的系列工作充分彰显了高校学生党支部的政治功能和发展活力。一年来，在学院党委的正确领导下，支部同志思想统一、目标明确、工作扎实，带动形成了队伍不断巩固、支部影响不断扩大、支部组织力和战斗力不断提升的新局面。

（1）队伍建设扎实推进。党支部有在校生党员15名，其中正式党员8名，预备党员7名，整体上能做到在学院中起先锋带头作用。党支部15人无挂科现象，保研率达80%，平均优良率接近100%，大学生英语四级通过率100%，大学生英语六级550分以上4人。先后有3人获得国家奖学金，2人获得校级优秀学生标兵荣誉，多人获得校级及以上优秀学生、优秀学生干部、优秀团员、优秀团干部荣誉，多人参加大学生数学竞赛、数学建模竞赛、挑战杯和世纪杯科创比赛，在北京市级与北理工校级竞赛中获得好成绩，多人在高水平学术期刊上以第一、第二作者身份发表文章。

（2）党支部影响力不断扩大。支部提早谋划实施了一批重点宣传项目，打造成特色鲜明的宣传链条和宣传覆盖网，以更优质有效的宣传工作服务于党支部建设。将时代特征与学生特征相融合，采用"互联网+党建宣传"的模式更好地提升了支部建设水平，进一步做好了党员教育、管理和监督工作。同时，以线下互动和线上平台为基础，面向各团支部，形成基础性宣传网络，把握好宣传工作的实用性、方向性、创新性，以文字、视频、图片等多种形式为载体，带动广大团员、群众形成了学理论、用理论的热情。

（3）支部组织力持续提升，政治功能更加凸显。建立了以党支部为核心的战斗阵地，加强与团支部、班级的联动，充分利用已有的组织和工作基础，凝聚、引领、带动团支部和班级的建设与发展，多管齐下，协同做好党支部建设工作。严肃了党内政治生活，突出了党内政治生活的政治教育功能，严明了政治纪律和政治规矩，严格了党的组织生活制度，通过定期开展活动，增强了党员对党组织的归属感，使党组织更有凝聚力、影响力。

三、探索启示

党的十九大报告明确提出，要以提升组织力为重点，突出政治功能，把基层党组织建设成为坚强战斗堡垒。过去一年来的工作加深了我们对如何开展好学生党支部各项工作，建设富有组织力和战斗力的学生党支部的认识，积累了一定的经验，形成了许多体会。

1. 坚持以习近平新时代中国特色社会主义思想为指导，用党的创新理论武装头脑，不断推进工作创新

在推进支部各项工作的过程中遇到的各种困难和挑战都要从党的基本理

论、基本路线和基本纲领中找灵感、找思路、找办法，真正做到站位高、认识深、思路活、方法多。

2. 深刻认识高校学生党支部队伍建设的重要意义

要适应新形势的发展要求，不断创新工作方法，发挥好党组织的政治优势和组织优势，把广大的青年学生紧密地团结在党组织周围。

3. 正确认清新形势下高校学生党支部面临的挑战

要对学生党员思想懈怠的行为给予及时地纠正，在加强党的理论建设、思想建设和作风建设的基础上，认真贯彻新时期党员工作的新方法、新思路、新手段。

4. 有序协调强化组织建设、严肃组织生活和做好学生本职工作之间的关系

要实事求是，因时制宜，及早规划、提前安排，彻底解决组织生活边缘化、无效化等问题，坚决遏制组织生活走过场、走程序的风气。

5. 把握好支部工作严肃性和创新性的平衡点，创新性开展支部活动

创新必须要守住质量底线，把好出口关，拒绝形式化、娱乐化创新。要探索新的学生支部工作模式，补足质量不高、深度不够的短板，着力解决工作开展浮于表面，教育活动不深入人心、不触及灵魂，"雨过地皮湿"的问题。

四个精准一肩挑,全面提升组织力

化学与化工学院无机化学系教工党支部

自2018年起,无机化学系教工党支部开展了以"每月组织一次理论学习,推动一项中心工作,解决一个实际问题,开展一项帮扶行动"为主要内容的"四个一"活动。

一、特色做法

1. 组织一次理论学习,筑牢理想信念的"压舱石"

始终将政治建设摆在首位。支部书记带头贯彻和学习习近平新时代中国特色社会主义思想和党的十九大精神,落实新时代党的建设总要求,坚持和加强党的全面领导,推动广大党员学深悟透、学懂弄通习近平新时代中国特色社会主义思想,更加坚定中国特色社会主义道路自信、理论自信、制度自信、文化自信。特别是2020年党的十九届五中全会审议通过的《中共中央关于制定国民经济和社会发展第十四个五年规划和二〇三五年远景目标的建议》(以下简称《建议》),吹响了开启全面建设社会主义现代化国家新征程、向第二个百年奋斗目标进军的冲锋号角。支部组织全体党员收看十九届五中全会实况,通过"学习强国"平台、党建网和"党建云"平台学习党的十九届五中全会精神及《建议》内容,扎实推进经济社会高质量发展,为全面建设社会主义现代化国家开好局、起好步奠定基础,更好地把握"十四五"时期发展的战略方向和重点任务。

2. 推动一项中心工作,吹响聚力发展的"集结号"

坚持党建工作与业务工作相融合、双促进的工作思路。习近平总书记在全国高校思想政治工作会议上强调,要用好课堂教学这个主渠道,各类课程都要与思想政治理论课同向同行,形成协同效应。

化学与化工学院无机化学系教工党支部组织党员和群众深入学习贯彻

习近平新时代中国特色社会主义思想和党的十九大精神，多次开展党员教师研讨会，把普通化学课程的内容层层分解，找到专业教育与思想政治教育的融合点，根据大学一年级学生的特点制定详细的实施案例。支部书记以该课程思政制作微党课，分享成功的案例，成熟的方案制定完成后在全体授课教师中推广，同时在思政教育资源开发利用、课程教学设计、教师主体作用发挥、教材体系构建、课程体系优化等方面进行积极探索实践，积累丰富的"课程思政"教学素材和案例。支部书记带头在普通化学教学中开展思政教育，起到了很好的示范作用，无机化学系党支部成为推动"课程思政"建设的坚强战斗堡垒。

3. 解决一个实际问题，擦亮服务师生的"金名片"

倡导每个学期解决一件实事，一名党员就是一面旗帜的理念。2020年，由于疫情，上半年的课程全部是线上授课。无机化学系党支部带领全体教工除了上好线上课，对于不在学校的学生还开展远程的学业指导、心理辅导。2020年疫情持续时间长，学生在家中会产生焦虑、懈怠、厌学等各种问题。党员教师耐心给学生做心理疏导，让本科生在家安心上课；让研究生通过阅读文献，追踪科研进展，制定实验方案，这样开学后马上就可以展开科研工作。

4. 开展一项帮扶行动，架起扶弱济困的"暖心桥"

支部工作既要有规有矩，也要有情有义。2020年是脱贫攻坚、决胜全面建成小康社会的关键一年，北京理工大学定点扶贫山西省吕梁市方山县。无机化学系党支部虽然没有直接到当地扶贫，但是联合工会，大力实施消费扶贫，组织线上线下产销对接，拓展销售渠道，形成长效机制。以后我们支部还要加大"扶智扶志"力度，发挥部属高校教育资源优势和部属单位智库资源优势，开展专家咨询、科技服务等特色扶贫活动。

二、实践成效

"四个一"主题活动充分彰显了高校党支部的政治功能。在支部的带动下，多位青年教师快速成长为青年学术带头人。"青年千人计划"获得者吕红金积极要求加入党组织，已发展成为预备党员，在教学和科研工作中发挥了模范带头作用。青年教师姚子硕潜心科研，近两年在国际高水平杂志上发表多篇学术成果，同时积极参与教学改革。杨国昱老师发挥学科带头人的作用，为学院发展引进"杰青"吴彪（组建了科研团队），吸引国内外的优秀人才加入化学与化工学院。吸引人才汇集到无机系，支部还发挥了组织凝聚作用、服务功能。杨国昱老师开展专题研讨会，指导青年教师快速完成从研究者到教师和科研导师的角色转变。

三、探索启示

提升基层党组织组织力，一是要提升凝聚力。以"不忘初心、牢记使命"主题教育为抓手，着力解决党员在理想信念、宗旨意识、担当作为、作风能力等方面的问题；深入推进"两学一做"学习教育常态化制度化，向党员群众宣讲党的最新理论成果，增强政治认同、思想认同、理论认同、情感认同，吸引优秀青年教师加入党组织。二是要提升号召力。强化无机化学系党支部的组织优势、动员能力，使党的意志、党的目标、党的要求及时传达到基层，最大限度地把群众动员起来，从教学和科研上为"双一流"建设做贡献。三是要提升贯彻力。按照学校和学院部署，在推动工作落实上下功夫、见实效。四是要提升革新力。要创新党的组织设置方式，推动基层党组织活动载体、工作方式、运行机制创新，扩大参与面，增强实效性。

践行初心使命，勇于社会担当

人文与社会科学学院社会工作党支部

自2020年起，社会工作党支部开展了以"每月组织一次理论学习，推动一项中心工作，解决一个实际问题，开展一项帮扶行动"为主要内容的"四个一"活动。立足日常组织生活，发挥支部自身特色与优势，围绕教师党员立德树人、思政育人等根本任务开展系列工作，开创抗疫特色和思政课程建设成果。

一、特色做法

1. 组织一次理论学习，筑牢理想信念的"压舱石"

社会工作党支部始终将政治建设摆在首位。2020年疫情期间，坚持线上线下同步学习，与党中央保持一致。2020年度完成"疫情防控""不忘初心、牢记使命""习近平新时代中国特色社会主义思想""不忘育人初心、传承红色基因""学习中国共产党第十九届五中全会精神"等10次主题支部活动和4次主题社会实践活动，活动报道上传"党建云"平台。

通过理论学习和主题社会实践，支部各位教师表示，更加深刻地领会了党的精神，一定要"坚持马克思主义在意识形态领域的指导地位，坚定文化自信，坚持以社会主义核心价值观引领文化建设，加强社会主义精神文明建设"。结合心理学和社会学专业特色，加强心理抗疫合作和思政课程融会贯通，维护民生健康，深化社会工作理论与实践合作，促进高校与社会服务相通，携手构建心理卫生健康共同体、民生安全共同体、社会发展共同体、人文建设共同体，为推动构建人类命运共同体做出更多实践探索。

2. 推动一项中心工作，吹响聚力发展的"集结号"

坚持党建工作与业务工作相融合、双促进的工作思路。针对2020年全球突发的新型冠状病毒肺炎，社会工作党支部党员开展防疫学习和思政实践活动，疫情期间党建工作与教学、社会服务相融合、双促进，就疫情期间线下线上教学提升、抗疫心理辅导、团队自身建设等方面体现党员先锋作用。

社会工作支部贾晓明老师率先垂范履行社会责任，秉承初心及使命，领导中国心理学会临床心理学会注册工作委员会在促进国内心理咨询与治疗专业化、规范化发展，以及抗疫心理援助方面做出了突出贡献，被评为2020年度"北京市优秀共产党员"。

社会工作党支部多位教师利用专业知识，为心理防疫出力。如安芹老师作为中国临床心理注册系统高级督导，第一时间修订了临床与咨询心理学工作伦理守则，为疫情后心理健康工作的开展提供了指南；向小平老师参加了中国社会工作协会伦理组相关工作；李波老师受北京理工大学教师促进中心邀请，开展"如何应对焦虑——正念帮您平衡工作和家庭"心理讲座。

安芹、刘颖、向小平、王文卿老师组织学生更新社会工作公众号，在疫情期间对全校学生的心理健康进行指引；郑佳然老师组织学生开展了相关调研工作。这些调研工作虽然没有在第一线进行，但对疫情后心理救助工作的开展，对社会大众以及学生心理健康的引导发挥了重要作用；向小平老师到所在社区党支部报到，积极报名到社区当志愿者，进一步参与防疫工作。

此外，全体8名党员都进行了抗疫捐款，多位教师还进行了多次捐赠，体现了党员们的初心和使命。

3. 解决一个实际问题，擦亮服务师生的"金名片"

2020年度社会工作党支部结合专业特色与优势，围绕教师党员立德树人、思政育人、社会服务等根本任务解决实际问题，体现一名党员就是一面旗帜的理念。

（1）立德树人、思政育人。

社会工作党支部教学团队坚守一门全校公共课"研究生心理健康"的良心品质。"研究生心理健康"是北京理工大学全校研究生公共必修课，本学期开设14个教学班，覆盖1 900余名研究生。恰逢疫情特殊时期，这门公共课更彰显了其重要意义与价值。教学团队总负责人贾晓明教授组织教学团队的教师寒假期间集体备课、精心准备。这次疫情具有突发性强、强度大、波及面广等特点，如何结合疫情迭代课程内容，给倍感"焦虑"和"压力"的学生们适时的心理指导，教学团队进行了多次讨论，最终确定了全校统一的教学框架，有针对性地设计了课程内容，并准备了各种相关的心理学扩展阅读资料。在授课过程中也回应学生们的困扰，并提供学校心理健康服务的信息，授课教师之间及时沟通，突出授课重点，很好地发挥了此门课程特有的专业功能，取得了很好的教学效果，彰显了特殊时期一名心理学教学工作者的使命和担当。

支部团队开展"课程思政"建设，夯实理论学习基础，深入挖掘提炼社会工作专业课程和通专融合课程所蕴含的思政要素，形成社会学概论、中国社会问题研究、社会福利、社会政策等"课程思政"课程标准及案例建设。

（2）始终关注社会现实问题，引领支部团队社会服务创新。

支部在学生心理健康咨询、抗疫心理服务、弱势群体社会支持、社区工作和社会建设等方面发挥党员先锋作用。

①社会工作实验室提供面向我校全体学生提供心理咨询服务，支部成员为全校师生和社会公众提供抗疫心理辅导讲座。

②指导社会工作专业学生，面向全校本、硕、博学生开设成长小组（主要内容包括帮助小组成员正确面对学习困扰、人际关系困扰、恋爱问题，以及进行学业生涯辅导，实现个人成长等）。

③围绕失独老人、边缘青少年、外来务工人员、出生缺陷儿童及其家庭等弱势群体，开展调研工作，完成调研报告。

④面向社会开展社会服务，和地方政府、社会公益组织、企业等开展创新融合支部活动等。

4. 开展一项帮扶行动，架起扶弱济困的"暖心桥"

社会工作党支部工作既要有规有矩，也要有情有义。社会工作系和应用心理学研究所由贾晓明教授作为负责人，与北京市西城区展览路街道合作开展"基于社区面向失独老人的心理社会服务"项目，在前期调研基础上，从2016年起，由30多位社会工作专业本科生，心理咨询方向硕士生、博士生组成的团队，在贾晓明教授带领和指导下，开展了一系列面向失独老人的心理服务与科学研究，定期为失独老人提供各种心理支持活动，进行个案辅导和小组辅导，并受西城区展览路街道委托开发"失独老人心理社会动态监测项目"。所积累的工作经验以及所获得研究成果多次在国内、国际会议上发表并面向全国进行推广。

二、实践成效

"四个一"主题活动充分彰显了高校党支部的政治功能。在社会工作党支部的带动下,多位青年教师快速成长为青年学术带头人,在立德树人、思政育人、社会服务方面体现了一名党员的风采,并取得成效,相关报道已发布在"党建云"平台(见表1)。

表1 2020年度社会工作党支部党员风采"党建云"发布统计

序号	主题	时间
1	不忘育人初心,牢记教师使命——北京理工大学人文学院社会工作党支部优秀共产党员刘颖老师	2020-12-14
2	不忘初心 坚守岗位——北京理工大学人文学院社会工作党支部优秀共产党员安芹老师	2020-12-14
3	坚守本职工作、不忘教育育人的使命——北京理工大学人文学院社会工作党支部郑佳然老师的初心和使命	2020-12-14
4	不忘初心、牢记使命,坚守本职、服务社区——北京理工大学人文学院社会工作党支部党员向小平老师	2020-08-02
5	一名普通党员的初心和坚守——北京理工大学人文学院社会工作党支部党员王丹老师	2020-06-21
6	北京理工大学党建样板支部社会工作支部系列报道——北京理工大学优秀共产党员贾晓明教授的初心和使命	2020-06-03

1. 践行初心与使命:优秀党员引领教学团队立德树人、思政育人、科研创新,培育教学团队

社会工作党支部发挥先锋力量,围绕社会工作专业课程思政建设,形成与思想政治理论课同向同行的协同效应,扎实推进"三全育人"要求,落实"立德树人"根本任务。社会工作专业课程思政团队试图让社会工作专业所有课程都实现价值引领作用,让学生懂得做人做事的道理,行为符合社会主义核心价值观的要求,胸怀民族复兴的理想与责任。

2. 社会责任与担当:优秀党员带领学术组织开展新冠肺炎疫情心理援助,发挥引领与指导功能

北京市优秀党员贾晓明教授兼任中国心理学会临床心理学会注册工作委员会主任委员,在促进国内心理咨询与治疗专业化、规范化发展,以及新冠

肺炎抗疫心理援助方面做出了重大贡献。

人文学院优秀共产党员安芹老师作为社会工作系主任，和专业教师共同讨论新形势下的人才培养及教学改革模式，在大类招生背景下组织责任教授和骨干教师做好专业分流宣传工作；积极参加并组织多场研究生复试工作、毕业答辩以及优秀大学生夏令营等活动；重视人才引进，多次参加学院应聘人员的筛选及考核工作；加强组织系务会，做好师生情绪安抚和防控工作；同时，作为心理咨询专业人员积极投身抗击疫情心理援助工作。安芹老师还在教育部华中师范大学心理援助热线平台担任督导师，是中国心理卫生协会大学生心理咨询专业委员会高校心理专家督导服务团督导师。安芹老师认为以专业技能为社会服务是作为共产党员的应尽职责。

人文学院优秀共产党员刘颖老师作为社会工作党支部书记，围绕"不忘初心、牢记使命"的理念和团队一起成长，成为立德树人、思政育人的骨干，在抗疫社会服务、匠心育人的工作中成绩突出。刘颖老师坚持一个支部就是一支队伍的理念，夯实支部组织力，和支委们一起在2020年疫情期间坚守教学岗位，坚持理论学习、思政课改、社会服务为先，彰显了一个"样板支部"的示范和表率作用。结合社会工作与社会发展、社会保障、社会政策等课程，理论上党的核心价值观进课堂，教学方法上思政进课堂，实践上引入案例思政进课堂；发挥党员先进作用，带领学生到北京嫣然儿童医院、北京市海淀区融爱融乐心智障碍者家庭支持中心等实习基地开展科研和社会服务工作，疫情期间用"心"为患者家长服务，提供专业咨询和政策服务；疫情期间承担卫健委、国家民委委托项目，包括儿童福利、少数民族流动人口、社会融合等民生领域，助力全面建成小康社会；通过指导大学生创新创业项目，增强校企融合，创新教研模式，强化教师党员在社会服务领域发挥作用。

三、探索启示

北京理工大学人文学院社会工作党支部将以"不忘初心、牢记使命"主题教育为抓手，着力解决党员在理想信念、宗旨意识、担当作为、作风能力等方面的问题，引导广大党员增强"四个意识"、坚定"四个自信"、做到"两个维护"，筑牢信仰之基、补足精神之钙、把稳思想之舵。

在新的一年，社会工作党支部将继续发挥先锋力量，围绕中国共产党成立100周年，开展丰富的线上线下活动，结合科研和社会服务，让广大师生融入喜迎建党百年的氛围中。

抗疫任重道远。社会工作专业团队将在相关领域继续发挥专业作用，坚持立德树人、思政育人根本任务；参与国家各部委政策文件制定，参加国家社会心理服务体系建设。在社会服务中继续投入大量时间开展志愿工作，在国内心理咨询专业化、社会建设专业化发展和弱势群体社会服务中继续发挥作用。

丰草长林·绿树成荫

第三篇　锤炼党性塑灵魂
　　　　——强化党员理想信念教育

第四篇　春风化雨育栋梁
　　　　——打造高素质教师队伍

Part 03 | 第三篇

锤炼党性塑灵魂
——强化党员理想信念教育

打造"物理·博约"党建工作品牌

物理学院党委

物理学院以习近平新时代中国特色社会主义思想为指导,坚持社会主义办学方向,落实立德树人根本任务,强化党对各项事业的全面领导。经过多年实践探索,打造了"物理·博约"特色品牌,建立了"规范+创新+品牌"党建发展模式,形成了"党建+德育+学术"的综合育人体系。学院坚持"围绕中心抓党建,抓好党建促发展",为学校"双一流"建设和"一流特色"物理学科建设提供坚强政治保证和党建引领。

一、特色做法

1. 打造"物理·博约"党建工作品牌

博,宇宙之大,万物之理,以至人生广袤;

约,端枝末节,世界之微,而及生活琐碎。

《博约》原为十余年前由物理学院学生创建的人文刊物,学院不断拓展其内涵和外延,将人文与科学精神相融合,相继开展了博约党建沙龙、博约党日活动、博约学术沙龙、博约学术讲坛、博约成长沙龙等系列活动,年均超过100场,统筹建立了博约党建体系、学术体系和德育体系,以"博约"为品牌的育人体系在全校形成了深厚而持久的影响力。

物理学院"博约"党建品牌工作主要包括两大部分:理论学习与社会实践。结合"博约"特色文化,学院党建工作从社会宏观到个人琐碎,从理论知识到行为准则,方方面面都有涉及。在理论学习部分,学院组织各师生支部定期开展学习会,学习党的基本理论知识和重要会议文件精神;邀请校内外名师开展讲座,提升师生党员理论水平;定期组织师生开展党建沙龙,交流思想,统一认识。在社会实践部分,学院组织各师生支部定期开展党日活动,形式有参观学习、志愿服务、红色调研等,知行合一,实践求真;深入推进党支部共建工作，目前教师党支部与学生党支部共建、学生党支部同新华书店总店第三党支部共建、机关教工支部同校史馆共建已成为常态化，通过共建交流，在实践中取长补短，进一步完善基层党组织建设。

在"博约"党建品牌工作统一部署下，每学期开展理论学习会共70余次，讲座培训20余课时，党建沙龙10余期，实践活动20余次，共建活动10余次。扎实的理论学习和丰富的实践活动为学院党建工作打下了坚实基础。

2. 加强理论学习，不断推进党支部规范化建设

物理学院党委定期开展理论中心组学习和师生每月理论学习，并依托学院二级党校平台，定期组织学生党支部书记集中培训学习，每学期面向全院积极分子、党员开展二级党课培训1期，每期8学时。学院党委指派党委委员作为各学生党支部的理论学习导师，指导并督促各党支部按要求开展"三会一课"、主题党日、组织生活会、民主评议党员、谈心谈话等活动，导学、领学习近平新时代中国特色社会主义思想和党的十九大精神，以理想信念教育为核心，以社会主义核心价值观为引领，引导全体学生党员树牢"四个自信"，强化"为实现中华民族伟大复兴的中国梦"奋斗终身的理想信念。近年来，各学生党支部每年开展"三会一课"、主题党日等活动总数维持在100项以上，2020年达到142项，其中集体学习66次，党课33次。

物理学院党委下设党支部13个，其中教职工党支部4个，学生党支部9个，目前已完成教师支部100%双带头人选配，并实现支部书记述职评议考核全覆盖。修订《物理学院党支部考核评优方案》，扎实推进党支部标准化、规范化建设，提出"支部五力（学习力、引领力、服务力、凝聚力、创新力）提升计划"，并大力开展"标杆支部"树培学和"红色1+1"共建工作。大物中心党支部先后被评为校标杆党支部、北京市先进党支部；2019级硕士支部获评北京市"红色1+1"共建优秀奖。

3. 创新活动形式，不断丰富党员组织生活

学院党委鼓励各支部创新活动形式，整合"博约"党建品牌资源，为学生党支部提供开展创新活动的条件。2019年，结合"遵义会议，伟大转折"主题展览开展了"初心 使命"联合党团日活动；2019级硕士党支部与新华书店重点党支部共同组织开展"国旗下的演讲"特色党日活动；面对2020年的疫情，各学生支部第一时间开展"众志成城，中国加油"主题党日活动，在

全院党员范围内,征集了"抗疫"文章10余篇、创意文创作品3件、原创音乐作品1件,其中,原创音乐作品《天使》在中央电视台"央视频"平台上展播;联合数学学院党委,举办首届"数理明理杯"党建知识竞技大赛,将理论知识学习与文体娱乐相结合,得到学生党员踊跃参与。

4. 结合"博约"品牌,不断提升党员社会服务积极性

物理作为基础学科,做好科学普及工作,服务社会公众,一直以来都是学院党委关注的重点。自2019年以来,学院党委每年组织开展2场"天地之美,万物之理"科学日活动。各学生党员以支部为单位投身其中,承担策划组织、实验讲解、仪器演示、志愿服务等工作。各中心教师支部党员积极参与"每周一哥""大咖讲堂"和咖啡沙龙活动,以轻松有趣的方式与学生们交流物理前沿科学知识。此项工作累计服务社会公众和校内学生总人次突破200万,得到了光明网、人民网等主流媒体的转播和报道。同时,学院学生党员还在学业指导中心担任小讲师,为低年级学生讲解大学物理等基础课程。

二、实践成效

1. 建立"博以多元,约以有规"的党建体系

通过一系列培训与实践活动,做好干部队伍和党员队伍建设工作。每学期开展二级党课培训,培养和吸收优秀学生加入党组织,邀请校外专家学者、校内思政教师以及党政领导干部给学生们讲党课,与学生们畅谈理想信念,做好党员的"培根铸魂"工作。

同时,学院还注重理论学习与实践学习相结合,建立"学思知行创"五维实践育人体系,打造"笃物践行"两条实践主线。一条以传承红色基因为主,每年开展"寻根活动",组织师生赴延安进行院址考察;组建学校首支院级师生校史讲解团,坚持在重要时间点为学生、校友和社会公众讲解校史;与同样诞生于延安的新华书店总店开展"国旗下的演讲"等共建实践活动;学生自主完成的校史"拓片"成为全校毕业典礼上的珍贵纪念……学校"延安根、军工魂"的红色基因逐渐融入每位学生的心理世界。另一条以推进物理科创为主,成立创新创业梦工厂,在中科院物理所、溧阳长三角物理研究中心等20余个国内基地和国际物理暑期学校开展学科实践活动,组织并培训学生参加国内外各类创新实践大赛和学科竞赛。

2. 推进"博我以文,约我以理"的育人体系

制定《物理学院关于"三全育人"综合改革实施方案》,成立工作领导小组,由党委书记和院长担任组长,全面协调统筹推进工作。为推进全员育人,修订《物理学院岗位聘任条件与岗位职责》,在年终考核、评优和职级晋升中纳入育人指标,明确教职员工每人都是育人者,每个岗位都有育人职能,每位学生都是育人目标,最大范围凝聚育人合力。由党委书记牵头成立人才引进思政考察组,完善谈话把关制度,严格把控新进人才思政和师德审查。

面向全体学生举办"博约成长沙龙",链接优秀教师资源,为物理学院学生解疑释惑,帮助学生完成个人成长规划,赋能学生个人成长,增进学院师生交流。开展"博约菁英讲堂",邀请全国物理大咖做客北理工,拓宽学生们的求索视野,以物理学科开启北理工学子的哲思之门。

3. 构建"博以广袤,约以至微"的学术体系

学院围绕三个中心党支部建立纵横覆盖立体学术体系,全方位推进课程思政改革。讲好中国特色"物理故事",梳理凝练物理学科的中国贡献、中国物理学家的家国情怀,建设"物理报国强国"课程思政素材库,构建客观物理规律与主观价值理念的映射关系,实施课程思政全覆盖。其中,石丽洁老师主讲的低维体系电子理论研究生课程,以我国高校被禁用MATLAB软件事件为警醒,引导物理学子自觉承担民族复兴的时代责任和历史使命,入选学校"思政示范课程"重点建设项目。

建设专业主课堂、"博约"辅课堂和线上线下立体交叉的育人文化场域。邀请物理名家,跟踪学科前沿,选取大家普遍关心的热点学术话题举办"博约学术论坛"和"博约学术沙龙";抓好项目培育、示范督导和评价表彰,形成由院士和学科负责人带头、"教改+金课+名师"为牵引的工作新格局。物理实验团队开展的以"学术能力"和"学术品质"两个培养目标并重的"两目标三阶段"一流人才培养项目,将锐意进取、爱国敬业等价值观的塑造融入知识能力的培养中,获评"北京市高等教育教学改革成果"二等奖。

三、探索启示

通过"物理·博约"品牌建设,物理学院从政治、思想、组织、作风、

纪律、制度等六个方面全面提高了党建工作质量，形成了以"党建+业务"为结合点，以"党委+党支部+党员"干部队伍和党员队伍建设为核心点，以"规范+创新+品牌"为着力点的党建特色工作模式，真正使支部强起来、标杆立起来、纪律挺起来、人心暖起来。未来，学院将继续加强品牌引领，将党建工作融入学院发展的全过程。

承诺践诺掷地有声，考核评议争先创优

宇航学院党委

"我承诺在党支部集体理论学习中领学发言不少于2次、学习强国积分增加5 000分、协助组织支部活动不少于3次……"这是北理工宇航学院2019级博士第二党支部的学生党员常应文在支部党员大会上公开提交的学生党员组织生活承诺书。"这份公开承诺，是压力更是动力，我一定会认真履行承诺事项。"

一、特色做法

1. 一体化教育管理"激活力"

为深入学习贯彻习近平新时代中国特色社会主义思想，进一步加强学生党员教育管理工作，宇航学院党委依托"党建工作室"建设项目和党建研究课题，于2020年起在全院学生党员中试行"承诺、践诺、积分、评议"一体化教育管理监督（以下简称"一体化教育管理"），旨在巩固"不忘初心、牢记使命"主题教育成果，持续推进"两学一做"学习教育常态化制度化，实现学生党员教育管理监督抓在日常、严在经常，不断激励学生党员遵守党章党规、履行党员义务、争当时代新人。

"一体化教育管理"包括公开承诺、扎实践诺、积分考核、民主评议四个环节，引导党员亮明身份、联系服务群众、发挥先锋模范作用。通过开展以承诺和践诺为主的互助式引导和以管理与评分为主的定量化考核，有针对性地进行奖励和惩处，不断增强党员教育管理的针对性和有效性，将党员教育管理工作落实落细。"学期初，学生党员结合个人实际情况设定预期目标并公开承诺，充分发挥了大家的主观能动性。在日常学习实践中，学生党员从被动接受教育到主动学习和交流分享，调动了党员的学习积极性。"2017级博士第二党支部书记武宇飞说。

2. 党支部理论学习"大家讲"

"通过轮流准备领学发言材料,我能明显感觉到,党员参与组织生活更加积极,领学互学更加热烈,'主动讲出来'比'被动灌进去'的效果好很多。"2016级博士第一党支部书记张皓说。在每月理论学习中,党员坚持读原著、学原文、悟原理,认真学习习近平新时代中国特色社会主义思想,紧密结合国家发展和个人学习科研实际,及时跟进学、深入思考学、联系实际学,针对性地做好领学发言和交流发言。

在领学交流环节中,每月组织生活会指导意见和师生理论学习指南所列重点篇目不再是枯燥的理论学习,更多的是与时政结合、与实践结合的"热烈讨论",主动学习、主动思考、主动分享成为理论学习的常态。"学贵有师,亦贵有恒,一个人看到的是一面窗的风景,大家相互交流使我们看到了更广阔的世界。通过领学发言和交流分享,拓宽了我观察问题的视角,并让我对党的创新理论认识理解得更加深刻。"学生党员黄立阳说。

3. 党员先锋模范作用"可视化"

"通过设置量化的考评指标,支部评议考核党员有了具体标准,党员的发展进步看得见摸得着,个人'短板'一目了然,为开展党员教育引导工作指明了方向。"2019级博士第一党支部书记张宝超说。在积分考核环节中,通过设置考核打分项和公开透明的"积分榜单",学生党员在纵向对比中看到了个人进步,在横向对比中找到了差距和改进方向。有形的评价指标,不仅鞭策党员主动学习、积极进步,更促进党员在比较中交流互学。"积分制有利于大家参照对比、找准差距,还有利于监督和自我监督。"2019级硕士第二党支部书记高怀旭说。

二、实践成效

可视化的"一体化教育管理"试行一学期以来,取得了显著的成果。各支部的组织生活形式更加丰富,学生党员对理论学习的积极性更高。其中,集体理论学习中领学发言和交流分享的次数明显增多。学生党员更加重视通过"学习强国"平台进行理论学习,学习强国积分阶段性增长3 000分以上的有92人,人均增长2 283分,学习强国积分增长承诺践行率为100%。志愿服务意识明显增强,学生党员积极担任社区疫情防控志愿者、校庆活动志愿者的人数逐步提升，更多党员主动开展朋辈引导、科普宣讲，党员先锋模范作用进一步增强。

三、探索启示

经过一个学期的试行，"开学承诺、日常践诺、期末考核"的党员教育管理模式调动了学生党员的主动性和积极性，提高了学院党员教育管理质量。下一步，宇航学院党委将继续探索完善"一体化教育管理"工作模式，加强学生党员教育管理工作，充分发挥党支部战斗堡垒作用和党员先锋模范作用，教育引导全院学生铸"航天魂"、练"报国技"、干"飞天事"、做"追梦人"，为学校"双一流"建设贡献力量。

创先争优做表率,服务群众当楷模
——"时时做示范、处处当先锋、事事我带头"主题活动

机电学院科普宣讲团党支部

自2020年起,科普宣讲团党支部开展了以"时时做示范、处处当先锋、事事我带头"主题活动,展示了科普宣讲团党支部党员良好的精神风貌,充分发挥了党员在校风和学风建设中的先锋模范作用,影响和带动广大师生积极向上、不断进取、奋发成才,在全体师生中形成了时时做示范、处处当先锋、事事我带头的良好风尚。

一、特色做法

1. 提高素质葆先进,增强本领促发展

认真开展"不忘初心、牢记使命"主题教育活动,推进"两学一做"学习教育常态化制度化,"三会一课"突出政治学习和党性锻炼,做到形式多样、氛围庄重。每月召开1次支部大会和支部委员会会议,每季度召开1次支部党员大会,在支部大会上,由2位党员就目前党政时事进行讲课。每月开展主题党日活动,组织党员集中学习、过组织生活、进行民主议事、开展志愿服务等活动。结合新时代新要求,引导广大党员在真学、真懂、真信、真用上下功夫,自觉查找在发挥党员先锋模范作用、永葆党员先进性方面存在的差距,加强党员行为规范。按照建设学习型党组织的要求,制订符合实际的学习计划,根据学校教育教学和管理工作的需要,确定学习内容,通过加强学习习近平新时代中国特色社会主义思想,培养担当民族复兴大任的时代新人。

2. 倡勤俭浪费不再,讲节约光盘添彩

"光盘行动"由科普宣讲团主席团和科普宣讲团党支部共同策划和参与,于2020年11月5日至11月7日,通过线上晒"盘"的形式,及时记录每餐

饭的"光盘"瞬间,并上传到公众号平台。本次活动需连续打卡3日,每日至少晒"盘"2次,共有30余人积极参与。

一粥一饭,当思来之不易。本次活动使学生们对"节约"产生了更加深刻的认识,强化了学生们爱惜粮食的意识,提高了大家节约粮食的自觉性,增强了大家共同构建节约型社会的决心。因疫情影响,2021年全球粮食储备面临着巨大考验。"光盘行动"不仅让我们认真对待眼前的每一餐饭、每一粒粮食,更让我们体会到了节约粮食的重要性,同时告诫我们要坚决制止浪费行为。勤俭节约是一种美德,更是一种责任,让节约成为一种习惯,让节俭成为一种生活方式。厉行节约,从每位党员自身做起。

3. 手捧党政理论著作,脑装思想定海神针

以科普宣讲团党支部为单位,开展"研读理论著作,提高理论素养"读书活动,要求每位党员至少研读一本与党政有关的理论著作、撰写一篇读书心得体会,并组织开展读书心得交流活动,提高党员的理论水平,使党员真正成为思想上的先进者。本次读书活动用科学的理论武装头脑,增强了学生们的信心,培养了良好的读书阅读习惯,提升了自我的思想素质。今后,科普宣讲团党支部会进一步深入开展读书学习活动,提高党员的理论水平和综合素质。

4. 拓展"线上授课"弹药库,用好"实地宣讲"工具箱

秉持"弘扬科学精神,普及科学知识"的宗旨,科普宣讲团成员利用课余时间走进北京市周边的中小学,特别是其中的打工子弟学校,开展公益性课堂活动上百场。在2020年上半年,疫情阻挡得住脚步,却阻挡不住科普的热情,3期线上科普微课堂顺势而生。2020年下半年,疫情好转,宣讲团成员回归课堂。2020年机电学院获批全国青少年科技辅导员培训基地。

习近平总书记2012年9月15日参加全国科普日活动时明确指出:"高等院校蕴藏着开展科普教育活动最为丰富的人才资源,在面向社会公众开展科普活动方面具有不可替代的优势,要把这一优势进一步发挥好。"科普教育队伍急需充满活力与激情、学术能力强的研究生加入。研究生作为拥有高学历的学生,能更好地和中小学生进行交流,为他们树立榜样,塑造他们的梦想。科普宣讲也是我们用自己所学知识回馈社会的一种非常好的方式。未来科普宣讲团党支部将继续秉承"弘扬科学精神,普及科学知识"的宗旨,充

分发挥科普宣讲团号召研究生参与科学普及的特色工作职能，拓宽工作领域、创新工作模式、改进工作方法，为中国的科普事业贡献一份力量！

二、实践成效

科普宣讲团党支部勇当开山斧，敢开打头船，在主题活动中彰显了高校党支部的政治功能，充分调动起每位党员、预备党员和积极分子的能动性，积极投身社会实践，尤其是科普校园行活动，更是开辟了研究生参与科普事业的新纪元。2020年，科普宣讲团党支部联合科普宣讲团的成员到校外宣讲达到300课时，科普课堂涉及30余位主讲人，原创课程23门，为北航实验中学、北京海淀寄读学校、上地实验小学共计2 000余名学生传递知识的力量。

同时，理论知识的学习也让每位党员的综合素质得到了很大的提升，党支部的所有党员都能发挥模范带头作用，为身边的同学做出表率，用自身的行为影响他人。疫情期间，多名党员不畏辛苦，为独自在家的老人送去温暖，为当地人民的安全站好最后一班岗。

"光盘行动"让大家了解到粮食的来之不易。每位党员都能够以身作则，用自己的实际行动影响着身边的每个人。食堂以前每天要装满满两大桶餐厨垃圾，现在一天只有一桶了，有时候一桶还装不满，餐厨垃圾明显减少了。大家的就餐理念不断发生转变，文明就餐理念深入人心。

读书活动为大家营造了浓郁的读书学习氛围。在科普宣讲团党支部所有党员的共同努力下，读书活动达到了预期的目的，目前共收到读书学习心得20余篇，党支部正着手准备对各位党员的读书学习心得进行评比。读书活动不仅使图书价值得到最大化体现，使每位党员的读书、爱书热情更加高涨，同时也使每位党员的理论水平和综合素质有了很大提高。

科普宣讲是科普宣讲团党支部运用自己所学的知识回馈社会的一种非常好的方式。合抱之木，生于毫末；九层之台，起于累土。2016年9月机电学院科普宣讲团党支部正式成立，截至2021年党支部成立仅5年，正式党员人数就已从最初的6人成长为20多人，除正常开展支部会议外，还多次组织参观学习等特色活动，连续两届获得北京市"红色1+1"三等奖，曾获得北理工优秀党支部称号。

三、探索启示

平时应充分发挥党员模范带头作用，强化服务意识，坚定理想信念，增强党性修养，立足岗位做贡献。要引导党员牢记神圣职责，履行承诺，接受群众监督。教育引导支部党员在日常科研学习和生活中亮出自身的党员身份、立起先进标尺、树立先锋形象，为身边的同学做出表率，用自身的行为影响他人。教育和引导学生党员"爱国、励志、求真、力行""勤学、修德、明辨、笃行"，努力成为"六有大学生"的表率。

"六维发力"打好党员教育"组合拳"

数学与统计学院数学系博士生党支部

自2019年起,数学系博士生党支部开展了以"分享一则经典语句、展开一次知识测试、完成一项志愿服务、参加一次主题党日、重温一次入党誓词、进行一次主题发言"为主要内容的"六个一"活动。旨在深入学习贯彻落实习近平新时代中国特色社会主义思想,激发支部内党员同志们自觉学习、主动实践、自我革命的内生动力。图1为党支部参观中华人民共和国成立70周年大型成就展。

图1 党支部参观中华人民共和国成立70周年大型成就展

一、特色做法

1. 分享一则经典语句,修好共产党人的"必修课"

支部采取"分组学习+轮流领学"的方式,组织全体党员一同读原著、学原文、悟原理。支部内每天会安排一个学习小组在支部微信群内分享一则在学习中体会深刻的原文原句,并对经典语句进行百字谈。支部党员们对照经典找差距,在交流互鉴中悟原理,提高了运用党的创新理论指导实践、推动工作的能力。

2. 展开一次知识测试,完善自我革命的"武器库"

支部依托"党建云"平台,通过党建任务台给支部党员发布每月的理论学习内容,党员需在当月完成相应的理论学习,然后参与知识自测。以考验学、以考促学,帮助党员及时巩固学习成果,及时进行自我反思。

3. 完成一项志愿服务,搭建排忧解难的"连心桥"

与志愿同行,与美好相伴。支部坚持学而用、学而行,把习近平总书记重要指示精神作为推进志愿服务工作的强大思想武器,引导支部党员在志愿服务中解难题。支部依托学院"红数林"成长社区,积极参与党建品牌活动之"红数林"一对一志愿帮扶学习活动,切实解决每位同学在数学分析和线性代数等数学科目上的疑惑,让每位来"红数林"社区学习的同学感受到数学之美,收获数学兴趣。支部党员结合"红数林"志愿服务工作职责,把习近平总书记对志愿服务的期望和要求落到实处,用奉献爱心的实际行动向同学们持续传递党的温暖,在服务他人的同时获得自身的成长与提升。

4. 参加一次主题党日,筑牢理想信念的"风向标"

支部每月围绕上级党委下发的组织生活意见,开展相应主题的党日活动,让党员们在主题党日中接受洗礼。2020年2月,支部开展了主题为"众志成城,共克时艰"的线上党日活动。在习近平总书记的"让党旗在防控疫情斗争第一线高高飘扬"的重要指示下,全体党员做出郑重承诺,并签下防疫防控承诺书,坚决响应党和国家号召,绝对服从学校部署安排,积极落实各项防控措施。关键时刻,亮出党员身份,带头履职尽责,不造谣、不传谣、不信谣,教育引导周围人员科学防护、积极配合,科学参与疫情防控,有效切断病毒传播途径,同舟共济、共克难关。图2为"我和我的家乡"主题党日活动。

5. 重温一次入党誓词,紧跟引领前路的"指南针"

支部每学期集中给党员过一次政治生日,通过重温入党誓词,分享初心故事,回忆责任担当。党员的入党日是党员的"政治生日",支部通过重温一次入党誓词唤醒党员入党初心,在思想上打牢篱笆墙,通过谈心谈话让党

图2 "我和我的家乡"主题党日活动

员及时发现不足并尽快改进完善,引导广大党员进一步强化身份意识、宗旨意识和责任意识。政治生日活动使支部党员清除思想和行动上的污浊,提醒党员在工作和生活中时刻以党员的标准严格要求自己,切实发挥先锋模范作用,从而增强基层党组织的创造力、凝聚力、战斗力。

6. 进行一次主题发言,雕琢自我积累的"他山石"

通过党支部书记讲党课,每名党员分享学习感悟的方式,支部开展面对面的思想交流活动,号召全体党员在深入学习贯彻习近平新时代中国特色社会主义思想上做出表率,在始终同党中央保持高度一致上做出表率,在坚决贯彻落实党中央各项决策部署上做出表率。

二、实践成效

支部将政治建设放在首位,坚持以习近平新时代中国特色社会主义思想为指导推动支部工作,教育党员牢固树立"四个意识"、坚定"四个自信"、做到"两个维护"。通过"六个一"学习体系,将党员学习教育常态化,将党员教育、管理、监督工作做到扎实有效,不断引领党员在日常科研生活中积极亮出党员身份,树立先锋形象。进一步完善了师生有困难找支部、有问题找党员的帮扶机制,将思想引领和价值观塑造有机融入党员学习生活,引领党员在日常科研生活中充分发挥先锋模范作用。

三、探索启示

深入学习贯彻落实习近平新时代中国特色社会主义思想和党的十九届五中全会精神,支部开展的主题教育既需要不折不扣地推进落实,也要因地制宜,打造属于自己支部的特色"名片"。通过"六个一"学习活动,支部用行动扎实推进主题教育入脑入心入行,党员更加行之有效地将主题教育的含义内化于心、学以致用。支部将进一步完善组织生活的各项规章制度,防止"走过场"的"形式主义",理论结合实际,通过有特色的学习模式,确保主题教育更加深入、更有特色、更富实效。支部将进一步营造良好的学习氛围,建设学习型党支部。接下来,支部将在增强组织生活影响力上下功夫,加强支部品牌建设,通过多形式、多渠道、丰富组织生活内容等创新方式吸引党员积极参加支部活动,聚焦创新型党支部的创建。

"科技+法律"系列党日，助力研究生支部成才成长

法学院2017级法学硕士党支部

2017级法学硕士党支部自成立以来，以习近平新时代中国特色社会主义思想、党的十九大精神、习近平总书记在北京大学师生座谈会上的讲话精神等作为思想理论指导，积极投身于北京理工大学"双一流"建设的征程中，立足学院探索"法律＋科技"的复合型人才成长模式，深入开展系列党日活动，在活动中秉承"胸怀壮志、明德精工、创新包容、时代担当"的精神，铁肩担道义，勇担时代重任，做时代新人！

一、特色做法

1. 党日观展立大志

2017年10月25日，为深入学习贯彻党的十九大精神，同时切身感受自十八大以来科技变化带来的沧桑巨变，激发支部成员在"法律+科技"的培养模式下进行理论探索的热情。支部成员与法学院退休教师党支部一起参观"砥砺奋进的五年"大型成就展，在观展的同时也向身边的老党员学习，并共同探讨科技发展带来的变化。

2. 支部学习论法治

为了更好地牢记习近平总书记的讲话精神，深入学习十九大精神，为支部成员在"法律＋科技"的培养模式下提供重要的思想和理论指导，2017年11月11日，支部积极围绕十九大进行理论学习与探讨，组织不同类型的党课培训，深入学习会议精神和讲话精神，同时着重学习了十九大报告中关于法治及科技发展的相关内容。

为更好地探讨这一问题，支部围绕自身法学专业的优势，组织开展了一系列读书经验交流会，在支部理论学习活动中探讨中国特色社会主义法治理

论及科技发展带来的现代法律制度的变化。经过系列活动，大家表示要牢记作为一名党员及作为学习法律的法科学子的初心。在以后的法律学习生涯中，坚持理想，毫不懈怠，勇做时代的弄潮儿，真正投身于我国法治社会的建设中。

3. 党日实践看科技

为了深入学习习近平总书记在北大的讲话内涵，2018年5月3日下午，在五四青年节前夕，支部与法学院教师、2017级法律硕士党支部全体成员以及本科生代表前往凤凰卫视北京总部，开展了"与青春同行，与时代共进"主题教育活动。通过与媒体工作者的深入交流，支部成员了解了现代科技在媒体领域的运用，同时探讨了法律及法学人才在科技及媒体中发挥的作用，使支部成员在实践活动中拓宽了自身视野。同时支部成员也表示我们每个人都是新时代的优秀青年，是国家和社会的建设性人才，我们有责任，也有能力继续在这个包容开放的时代背景下，运用好自身法学专业知识，把握好现代科技的重要作用，发挥好法律与科技的交融作用，真正为国家的各项建设添砖加瓦。

4. 党课交流融大智

为了更加深入地理解法律与科技相结合的培养育人模式，2018年5月15日，支部开展了十九大报告专题党课学习活动，由学院院长、支部理论导师李寿平作为主讲人，为支部全体党员主讲党课。李院长提到当今我们处于科技时代，科技的发展是国家强大的标志和能力的体现，不仅需要大力推动科技创新，也需要法律及时跟进，而在可预见的未来，法律与科技相结合将是必然趋势。在李院长讲完党课之后，支部成员表示会牢记院长嘱托，充分利用北京理工大学现有资源优势，培养良好科技素养与法律专业素养，在航空航天、军民合作、智能科技等方面进行特色发展。

二、实践成效

支部举办系列"法律＋科技"党日活动，积极进行人才成长模式的探索，支部成员经过系列活动对学校"双一流"建设及学院"法律＋科技"的培养模式有了更深一步的了解，支部成员纷纷立志真正做一名复合型法律人才，做一名优秀的"北理工法律人"，真正投身于我国法治事业的建设中，为建设富强、民主、文明、和谐、美丽的中国而努力奋斗！

三、探索启示

在新时代的背景下，我们所担负的使命与责任更重，为国家法治建设能够贡献的力量也会更多。在科技日新月异的今天，我们法律人也应当注重法律与科技的结合，立足学校与学院的实际，努力拓宽自身知识面，真正成为一名复合型的法律人才。

贯彻落实"四个学习"，促进党员全面发展

法学院研究生第二党支部

习近平总书记在考察中国政法大学时曾提出，青年要立志做大事。对于法学生来讲，学习法律知识，应用于实际，服务于法治社会建设，就是全体法学生共同要办的"大事"。法学院研究生第二党支部的党员均为法律硕士专业学生（专业硕士），学业计划中更加侧重法学知识的实务应用，针对这一专业特点，2020年第二党支部扎实开展"四个学习"活动，要求支部党员加强思政学习、融合学术学习、创新联学共建学习、跟进社会实践学习，以党建带动专业学习，促进学风建设，推动党员综合素质的提升，最大限度发挥支部的基层战斗堡垒作用。

一、特色做法

1. 加强思政学习，让专业知识"强起来"

学海无涯，每年每个月都有大量的法律变更，第二党支部注重利用每次支部大会理论学习的机会，增加专业知识学习环节，先后围绕"香港国安法""民法典""十四五规划的土地政策展望"等主题开展专业知识学习活动，让每位学生党员走到台前，向其他党员汇报自己的学习心得，做到"思想"的交换，实现"一次学习，多个主题"的效果。同时，党支部适时将党的政策方针和理论精神寓于思想政治热点的学习中，充分发挥党组织的思想引领与政治教育功能。支部学习了习近平在全国抗击新冠疫情表彰大会上的讲话，在纪念中国人民抗日战争暨世界反法西斯战争胜利75周年座谈会上的讲话，以及在两会期间的重要讲话精神等，深刻领会了一系列新思想、新论断、新要求。

今后，支部将通过专题知识竞赛、红色影片展播、政治人物足迹探索、实地参观学习等大家喜闻乐见的形式，引导党员关注、研究当前的热点，充

分挖掘党支部工作的潜力，发挥党支部的先锋模范作用，促进思想政治教育的有效实施。

2. 融合学术学习，让专业知识"活起来"

法律学科是一门涵盖社会方方面面的学科，也是衡量社会公平正义的"天平"，法学知识的运用往往伴随矛盾与平衡。因此，研究生第二党支部积极动员支部党员参加学术竞赛，利用交流平台第一时间向支部党员传达学术竞赛信息并动员支部党员参加，使支部党员结合所学知识，在竞赛的环境中发现专业知识的矛盾点，并寻找平衡点。2020年，第二党支部中90%以上的党员参加了国际刑事法庭模拟竞赛、北京理工大学第十七届"世纪杯"竞赛、法学院案例分析大赛等一系列重要学术竞赛，并取得了优异成绩。

通过党支部这个凝聚力强、号召力强的组织平台，可以鼓励支部成员参加多层面、具有学科专业特色的科技创新竞赛活动，强化支部成员的实践能力与创新能力培养，激励党员在新征程上自觉发挥先锋模范作用。

3. 创新联学共建学习，让专业知识"讲起来"

院党委积极建设特色党支部，第二党支部认真学习总结提炼党建工作的好做法、好经验，努力挖掘群众满意度高、工作成效明显、可塑性强、具有品牌发展潜质的党建典型活动，积极开展"党团支部联学""跨学院联学"活动。2020年11月至12月，法学院研究生会、法律援助中心、研究生第二党支部与宇航学院研究生会、研究生第三党支部共同开展"通往星空的法治轨道"交流联谊活动。活动分为线上和线下阶段，线上阶段活动由支部动员党员参加，线下阶段活动为支部全员参加。在线上活动中，党员们每日制订自己的学习计划，按时"打卡"，以打卡竞赛的形式激发学生党员的学习热情；在线下活动中，由支部党员围绕航空法以及外层空间法的部分内容，以民航"黑名单"制度为主题向两院学生做了主题知识汇报。支部党员同两院的学生一起，参与了知识竞赛、知识抢答等系列趣味活动，在促进文理学科交流、提高学生专业知识水平的同时，又极大地推动了两院支部学生之间的交流。

支部党建工作要做到工作抓实、任务落地，必须找准和依托各种活动，以此作为推动支部党建工作的有力抓手和重要手段。第二党支部将继续挖掘能够突出专业特色、强化专业建设、打造专业品牌的精品活动，不断丰富党建工作形式,确保主题党日活动的多样性。

4. 跟进社会实践学习,让专业知识"用起来"

勤学笃用、务实践行、砥砺奋进,为着力打造党建品牌,推动党建工作向更加全面、更高标准、更加规范方向迈进,支部探索打造"支部+志愿服务"品牌化模式,增强支部实践服务能力。2020年,全体支部党员利用寒假和暑假时间,开展同专业知识相结合的社会实践活动,包括对疫情下法律行业的调查、生物识别技术的法律规制、《中华人民共和国民法典》专题学习等主题,辐射的范围包括社会的方方面面。同时,动员党员参加"3·15"普法、"12·4"宪法日普法等活动,使第二党支部的社会实践活动能够面向全校师生乃至校外群众。这进一步促进了学生党员志愿服务多样化,扩展了活动内容和载体,使志愿服务更具规模,形成特色。

支部将继续积极开展"支部+社区""支部+律所"活动,鼓励支部成员走出校园、走进社会,利用所学专业知识回馈社会,坚持知行合一,在实践中学真知、悟真谛,在实践中增长才干、学以致用,加强磨炼、增长本领。

二、实践成效

通过"四个学习"活动,以党建带动专业学习,极大地提高了第二党支部学生党员专业知识的应用水平和理解水平,也使第二党支部的凝聚力、组织力大大加强,党员的先锋模范作用得到充分发挥。支部党员董斓、任凯丽、季荣梦在学校第十七届"世纪杯"竞赛中,斩获校级一等奖,另有支部多名党员获得校级二等奖、三等奖;支部党员李剑桥、王立坤、于蕾在案例分析大赛中斩获佳绩。2020年支部党员在学术类奖学金方面亦斩获颇丰,支部党员刘荣军、江鑫获得国家奖学金,在学院获奖的三人中独占其二;武飞航、董斓、吕昭诗、李天潜、刘荣军、江鑫、贾喆羽、李颜获得"中伦文德"奖学金,占总获奖人数的一半。

这每份奖励、每个成果,充分证明"四个学习"活动具有极高的可行性以及强大的生命力,充分体现了第二党支部的党建活动能够很好地引领学生党员的个人发展,充分证实了积极发挥支部的导向作用能够激发支部党员的工作热情和学习斗志。

三、探索启示

2021年即将迎来中国共产党建党100周年，在党的带领下，中国人民正向着"强起来"的目标迈进，党支部作为党的基层单位，是我党取得一个又一个重大胜利的重要基石。新时期面对复杂的国内外形势，我们比以往任何时候都需要万众一心，比以往任何时候都需要搞好党支部建设。在这样的大背景下，法学院研究生第二党支部将牢记习近平总书记"青年要立志做大事"的嘱托，立足专业实际，开展"支部+"特色党建，鼓励支部成员与教工支部结合、与理工科支部结合、与兄弟高校支部结合、与司法机构结合、与社区结合、与律所结合、与红色教育基地结合，开展多元化支部活动，切实发挥了党支部的思想引领和政治教育功能，提升了支部的思想引领力、行动战斗力和为民服务力。展望未来，第二党支部将继续贯彻落实"四个学习"活动，加强支部建设，使支部化作一砖一瓦，紧密贴合，共筑国家兴旺的坚实壁垒！

Part 04 | 第四篇

春风化雨育栋梁

——打造高素质教师队伍

师德传承香满溢，联创共建展风貌

光电学院党委

一、特色做法

1. 教学互动帮教——老教师、党员帮教青年教师

周立伟院士给青年教师上思政课时说："我觉得很多年轻人都十分优秀，比我聪明得多，他们接触的知识面也更多，未来会很有希望。我也希望力所能及地向他们分享一些我的经历、我的故事，讲讲人生，谈谈成长。"——周院士以自己的亲身经历告诉青年教师在科学研究方面，一定要走出自己的一条路来，要做出国际先进水平的成果，要做一个勤奋努力、永不放弃的人。图1为周立伟院士给青年教师上思政课。

图1 周立伟院士给青年教师上思政课

王涌天教授关心青年教师的成长，在思想上，引导他们爱岗敬业、履职尽责、奉献社会、敢负责、有作为；在科研上，支持他们申请国家各类科研项目，认真为他们修改国家自然科学基金申请书；在教学上，通过课前试讲

和听课,手把手地指导青年教师提高教学质量和讲课艺术。

光电学院教学实验中心党支部的学科带头人、老教师党员赵跃进教授,一对一、点对点指导青年教师提升教学科研业务能力,使他们的工作能力得以提升。

2. 传承结对帮教——党员教师联系普通师生

教师党支部依托实验室、课题组等,划分党员责任区,联系非党员教师,开展理论学习和业务工作。比如,光电子所教师党支部带动普通教师开展理论学习活动和"匠心育人"主题交流活动(图2),引导党员和普通教师提高思想认识水平,明确发展方向。

图2 "匠心育人"主题交流活动

面对2020年突如其来的疫情,各党支部广泛动员师生,群防群控。对1 317名学生逐一进行摸排,了解学生健康状况,关注湖北地区学生情况,关心贫困学生近况,传达各类防疫措施,引导学生们做好科学防护。全体教师通过远程教学手段和信息化网络工具,做好"延期开学不停课"、科研指导、学业辅导、毕业"寄"等工作,圆满完成学院各项工作任务。

3. 精准辅导助学——师生联系指导低年级本科生

为更好将课堂学习与课外指导相结合、理论学习和工程实践指导相结合、阶段指导和全程教育相结合、思想政治教育与心理健康教育相结合，不断改进指导学生的方式方法，帮助学生成长成才，学院制定了《光电学院学业指导工作方案》《光电学院本科生导师（班主任）制实施办法》；由教学副院长和主管学生工作的副书记、副院长牵头，设立了学生工作办公室、教学办公室、就业指导办公室，由专业责任教授、本科生导师、专业教师、辅导员、班主任等组成指导队伍，针对"重点年级、重点课程、重点学生"，以大二、大三本科生为主，关注挂科率较高的课程、挂科数较多的学生，引导大一学生形成良好的学习习惯。

在工作形式上采取点面结合，组织班主任、优秀党员、高年级优秀学生、本专业本班级学霸等开展党员小导师、党员值班日、党员先锋工程、课程串讲、小测验、笔记分享等活动，多维度开展学生指导工作。协同书院认真执行"三全导师制度"，积极从学院选配优秀教师担任书院学术导师、学育导师、德育导师、朋辈导师、科创导师等，指导低年级本科生组队参加大学生创新创业计划等竞赛，发挥导师在引导学生思想、学习、学术、人生规划等方面的育人功能。图3为睿信书院"三全"导师聘任。

图3　睿信书院"三全"导师聘任

4. 光电创新教育实验基地实践教育教学体系

光电创新教育实验基地负责人张忠廉教授长期将思政融入教学、课外科技活动及基地文化建设中，数年来培养了一大批创新能力突出的优秀学生，已经成为学校创新实践育人的品牌。基地提出并实施了"建立最佳知识结构的同时，指导学生建立最佳智能结构"和"学生科技创新活动和科学研究工作的八个过程"实践教育理念,构建了"以学生为主体,光电创新教育实践基地为依托,多模式培养实践创新人才"和"分三个层次,逐步培养学生具备实践能力"的独特实践教育教学体系;精心指导学生设计制作的机械类创新作品《长征组歌》凭借满分成绩,一举获得第五届全国大学生机械创新设计大赛一等奖。思政教育中孕育的"4002文化",将日常关心关爱关怀传递给4002教室的广大学生。《在北理工,有一盏灯叫"深夜十一点的4002"》的"新闻特写",发表在学校新闻网上,短短时间内点击量就达到了1万余次。图4为张忠廉老师耐心指导学生做实验。

图4　张忠廉老师耐心指导学生做实验

二、实践成效

近年来,学院团结奋进的发展氛围更加浓厚,光电教学实验中心教师党支部"老党员帮教青年教师,科技创新实践育人"工作曾被评为北京市"两学一做"支部工作优秀案例,涌现出了"全国五一巾帼标兵岗""北京理工大学三育人先进集体""北京市优秀共产党员""中国大学生自强之星标兵"等先进团队和个人;此外,还获得了北京市教学成果奖和全国"互联网+"竞赛金奖等奖项。

三、探索启示

学院坚持立德树人根本任务,将思想引领融入人才培养的育人过程,立足价值塑造、知识养成、实践能力的"三位一体"培养模式,进一步深化"三全育人"综合改革,依托学院学科实验室、光电创新实验教育基地、导师课题组,以落实"四有好老师""四个引路人"要求加强师德师风建设和"担当复兴大任、争做时代新人"的学生成才教育为抓手,将学科发展和科研成果有效转化为育人成果,多形式开展"帮教助学"活动,实现对广大学生的思想价值引领,促进学生全面成长成才,实现教学相长。学院构建了"专业教师—思政队伍—管理人员—优秀学生"全员育人体系;建立了班主任导师、学育导师、科创导师制度,强化了导师与学生常态化良性交流;以光电创新教育实验基地为"三全育人"工作试点。

以师生支部共建为主题，开创党建导师制品牌活动

信息与电子学院党委

北京理工大学信息与电子学院始建于1953年，前身是我国地方院校建立的第一个雷达设计与制造专业，是我国首批从事雷达、遥控遥测领域科研与专业人才培养的单位之一。在60余年的办学过程中，信息与电子学院全面贯彻党的教育方针，坚持立德树人根本任务，始终与党和国家同呼吸共命运。

信息与电子学院现有教职工320人，共有党员853人，其中教工党员171人，学生党员682人。2021年上半年，学院党委书记薛正辉获评北京市"优秀党务工作者"荣誉称号，信息与电子学院代表学校基层单位被推荐评选为"北京市思想政治工作先进集体"。

一、特色做法

1. 以师生支部共建为主题，开创"一党委一品牌"——党建导师制品牌活动

学院党委为优化教工支部与学生支部的共建交流渠道，打造了党建导师制度，即为所有学生党支部聘任"院士领衔、党政领导参与、教授为主"的专业党员教师团队担任党建导师，建成党建导师库，导师库现有近100人，其中包括王越、毛二可2位院士，学院领导及党委委员10人，教授及教学名师76人，教工党支部书记12人，指导30个学生支部年均开展党建导师理论指导活动200余次。以党建导师和联系学生支部为抓手，促进党建导师所在教工支部协同参与，形成了"党委班子、行政班子成员人人联系学生支部，教工支部个个与学生支部共建"的党建共促共进良好互动机制。此外，依托学院"人人讲一课"制度、"读书日"制度、"统一活动日"制度，丰富了师生支部共建的活动形式，师生支部共同讲党课，教师讲理论、学生讲收获；师生支

部共同读经典著作，教师读原著、学生学原著；师生共同开展实践活动，教师主动帮助关心学生显师德师风，学生积极与教师交流促学风建设。师生共同参与录制微党课12节，提交读书心得材料100余份。

2. 以师生支部共建为特色，推广"一支部一活动"——"党情万向"党日活动

师生支部开展共建活动的同时，兼具各支部特色，每个支部定期组织不同主题的党日活动，吸引有兴趣的支部一同开展，形成了头脑风暴，各种支部活动形式迸发活力。学院党委提供平台支撑，教工支部结合自身特色开展品牌活动吸引学生支部参与，研究生支部结合科研学习经历邀请教工支部和本科生支部共话理论如何指导实践实现科技报国之志，本科生支部突出活动形式灵活多样的特色引来教工支部和研究生支部的广泛参与，每个支部都有自己的亮点。学院党委组织成立党建工作室、筹建思政工作室、谋划支部书记工作室，以"党员之家"活动基地为平台，积极为师生支部共建交流提供平台，努力发扬纵向成立党支部的优势，组织12个教工党支部和30个学生党支部开展匹配性对接，结合"三全育人"试点单位建设工作，创新工作方法，创立典型示范。教师支部打造"青年党员文化论坛"品牌活动，招募优秀的青年党员、学生党员加入论坛，开展"午餐督导论坛"活动，指导学生入党积极分子的学习和生活；研究生党支部依托党建导师制，开展党的理论知识学习系列活动，以党建导师领学、支部委员研学、支部成员分享的形式，以党支部为载体，辐射所有研究生和本科生，年均参与人数达1 000人；本科生支部开展读书交流、时政沙龙、青年论坛等活动，建立了长效的学习机制，进一步加强与教师和研究生学长学姐的思想交流，达到了党员、团员、入党积极分子共学共进共建的活动效果。师生支部特色活动曾在"不忘初心、牢记使命"主题教育期间受到中央第一指导组的观摩和认可。学院以师生共建为主题申报党建研究课题、发表论文等获得近10项成果。

二、实践成效

学院党委注重党建工作制度和方法创新，特别是在师生支部共建方面，以党建导师制拓宽党建新思路，即学生党支部聘请院士、教授党员担任党建导师，指导学生支部开展组织生活会，学生支部拓宽教工支部育人功能，教

工支部与学生支部形成教学相长、共促共建的良性模式。该制度创新曾获北京高校青年教师思想政治工作优秀项目，《光明日报》曾专题报道。2018年，学院党委以师生支部共建为主要形式成立党建工作室，被列入学校首批"党建工作室"试点建设单位，2年多的实践表明，"教工支部+学生支部"融合共促的支部共建模式，能够发挥支部战斗堡垒作用，提升支部活力，促进学院党建工作质量再上新台阶。信息与电子学院党委在2020年年初获评教育部第二批党建工作"标杆院系"，学院雷达技术研究所党支部获批教育部第二批党建工作"样板支部"，其中师生支部共建模式是"亮眼"的特色品牌。

三、探索启示

北京理工大学信息与电子学院通过理论研究与实践探索，建立师生共建模式良性运行的联动机制，实现了一体化组织育人模式建设方式、方法和载体的创新，促进了党员教育管理工作质量的提升，发挥了基层组织在落实立德树人根本任务中的重要作用。将组织作用发挥渗透到"三全育人"全过程，使支部之间、党员之间、师生之间的交流联系多了起来、活了起来、强了起来。这更有利于发挥组织的战斗堡垒作用，党员一起学、党员一起做、党员一起服务群众的精神逐渐形成，师生之间"拧成一股绳"的劲头更足，党员先锋模范作用也更为突出，得到师生群众的广泛认可。这不仅提升了基层党支部的建设质量，也提升了基层党建的精准性和有效性，应该说，师生支部共建联动模式，是在高校师生共同体视角下对组织育人机制有效性的成功探索。

建设一流教师和一流学生的共同体

材料学院党委

2020年，材料学院党委打造"建设一流教师和一流学生的共同体"党建品牌活动，充分发挥基层党委的战斗堡垒作用和党员先锋模范作用，在发展教师党员、强化支部共建、创新党日活动、招生、人才引进等方面持续发力。优质生源和一流教师是学院发展的根本动力，吸引师生入党积极分子主动向党组织靠拢，将组织生活与科研实践相结合，书记院长带头抓好人才培养和引进工作，进一步加强党对学院工作的全面领导。

一、特色做法

1. 盯准优秀生源，精耕细作河北、上海"责任田"

学院建立了"招生宣传靠前工作"的机制，成立了"党委书记院长负总责、学院党政领导齐上阵、省份招生组长组织实施"的学院招生工作领导小组，坚决执行全年无休止的招生服务化和常态化工作。2020年在河北省理工科录取最低分为682分，全省排名922名，位居"双一流"建设A类高校第10名；在上海市理工科录取最低分为558分，全市排名3 775名，位居"双一流"建设A类高校第13名。上海招生组和河北招生组均获学校2020年招生工作先进集体（一等奖）。

2. 坚持党管人才，新发展理念成为全院共识

坚持人才是第一资源的发展理念，学院班子凝心聚力统一思想，书记和院长带头赴世界名校招聘人才。学院制定人才引育奖励办法，大力度奖励在人才引育过程中做出贡献的师生。制定奖励政策，不仅平时出差每天有补助，而且列入学院年终考核绩效。2020年学院有1人获批教育部"长江学者"，2人获批"海外青年人才"，6人获批"特立青年学者"，引进优秀青年人才7人。2020年7月、12月分别举办两届特立分论坛，来自美国、加拿

大、英国、新加坡、日本等海外高校或科研机构以及国内顶尖高校的共100余名海内外青年学者参加论坛。

3. 注重发展教师党员，着重吸引一流人才向党组织靠拢

关注优秀青年教师成长，班子成员主动与青年教师谈心谈话，有针对性地开展思想教育和引导工作。选派支部思想政治过硬、业务能力精良、党员先锋模范作用突出的党员担任培养联系人和入党介绍人，将党员发展各环节做实做细。鼓励青年教师承担学院重要工作，在服务学院人才培养各项工作中接受锻炼。2020年，发展教师党员4名，其中"四青人才"3名。吸纳教师入党积极分子3名，其中高知教师2名。

支部将党日活动和教学科研结合起来开展创新党建活动。开展"道固远，笃行可至——师德传承"主题活动，邀请老党员讲述他们那一代的报国情怀，促进党员加强党性修养，增强专业自豪感和使命感。

二、实践成效

加强支部建设，发挥堡垒作用。探索学生党支部与教师党支部、校外科研院所、高校、事业单位党支部共建模式。高分子系党支部将党日活动和教学科研结合起来开展创新党建活动，传承"延安根、军工魂"的红色基因，坚持强堡垒服务国家战略，树旗帜培育时代新人，在北京市委教育工作委员会评选中荣获"北京高校先进党组织"称号。

促进党建与学院发展相融合、与思政育人相融合。成立"互联网+"双创团队临时党支部指导学院师生参与重大科技赛事，第六届中国国际"互联网+"大学生创新创业大赛实现金奖突破，斩获三金一铜，金奖数量居全校第一。

三、探索启示

构建一流教师和一流学生共同体，以师生合作共享的方式开展学习和实践活动，结合专业学习促进教师的专业发展，引领学生的发展进步，是我国新时代高等教育发展背景下对提升高校综合实力具有重大现实意义的新路径。通过党支部各项工作，汇聚有共同兴趣的教师和学生，广泛深刻地沟通交流，打造和谐轻松的研讨氛围，促进融合，双轨道提升党建和业务工作质量，既是党建工作创新的方式方法，又是培养教师教研共同体意识，推动师生多元发展，建设高质量教师队伍，培养创新人才的广阔平台。

师道传承,赋能青年教师发展

化学与化工学院党委

北京理工大学化学与化工学院始终坚持以习近平新时代中国特色社会主义思想为指导,坚持党的全面领导,传承红色基因,将"延安根、军工魂"融入教师思政和师德教育,将党的核心领导落实到学院各项工作中。

一、特色做法

1. 开展理论学习,加强理想信念教育

学院深入落实立德树人根本任务,用习近平新时代中国特色社会主义思想铸魂育人。注重红色基因传承,组织教职工前往白洋淀、正定等地学习,组织教职工观看电影《我和我的祖国》《我和我的家乡》等,组织新入职教师全员参加"觅寻延安根,重塑军工魂"延安培训班,积极引导教职工做共产主义远大理想的坚定信仰者。图1为学院研究所开展理论学习掠影。

图1 学院研究所开展理论学习掠影

学院各党支部认真发挥党组织政治核心和保障监督作用,始终把学习放在第一位,通过党支部带动系所教师共同学习、探讨,从而全面提高教师队伍的理念素质、思想素质、文化素质及各种能力素质。

2. 评选表彰师德先进典型

实施榜样工程,争做教育教学先锋。大力宣传模范教职工的先进事迹,以榜样的力量激发广大师生建设有特色、高水平理工大学的热情和干劲,推动学校事业蓬勃发展。在疫情防控期间,深入挖掘学院疫情防控工作中教师党员的先进事迹和感人故事,弘扬教师党员冲锋在前、无私奉献、争当表率的精神;鼓励各基层党支部积极申报师德典型,并做好相关推荐工作;同时,参与教师节期间学校举办的"年度教师表彰大会"。图2为疫情防控期间优秀教师掠影。

图2　疫情防控期间优秀教师掠影

3. 充分发挥老一辈教师"传、帮、带"作用

学院实施"名师领航计划",为新进教师配备领航导师,负责其师德和师艺指导工作。新进教师不论学术功底如何,入校第一年一律不准正式上讲台,先做教书育人的助手。学院为青年教师配备老教师作为指导教师,以老教师"传、帮、带"的形式,对青年教师进行为期一年的助教培养,不仅安排其进行听课、被听课、答疑等工作,而且助教也要进行试讲,与学生一同参加学期期末考试,只有通过一系列考核的助教,才能站上讲台进行授课。

同时,学院每年组织开展"聆听师道 青椒沙龙"座谈会活动(图3),邀请北京市教学名师李晖老师为近三年入职的青年教师讲示范课;邀请老一辈教师,结合自己在疫情防控、教书育人、科研创新、社会服务等方面的真实故事，以座谈、结对子等形式向青年教师讲述自己的心路历程，进行深入交流，激励青年教师厚积薄发，不忘初心，极大地发挥老教师"传、帮、带"的作用。

图3 "聆听师道 青椒沙龙"座谈会活动

4. 开展教师基本功大赛

系统开展青年教师基本功大赛（图4），构建全员参加—赛前培训—名师指导—优秀选手提升的参赛模式，助力青年教师成长。举办教师基本功大赛初赛选拔过程中，学院给予高度重视，赛前邀请院内经验丰富的教师对参赛选手进行培训（图5），比赛中邀请教学专家点评并现场打分，赛后邀请全国模范教师、北京市教学名师等对优秀选手进行一对一指导，实现全方位提升，确保活动有质量、有效果。

教学是学校的中心任务，提高教学质量是每位教师的责任和使命。开展此项活动的出发点和根本目的是促进教学，给青年教师创造一个展示能力、展现才华、交流学习的机会。比赛并非游离于日常的教学之外，而是必须与各教学单位的教学计划相结合，必须与平时的教学活动相结合，必须与教务处组织的教学质量评估相结合。比赛本着"公平竞争，优中选优"的原则，要求在职在岗、年龄在40周岁以下的正式在编教师均要参加。通过组织比赛和对青年教师普遍听课活动，对本学院的师资状况和教学水平有了更深入的了解。

图4　青年教师基本功大赛

图5　青年教师基本功大赛指导会

5. 全面推行课程思政建设

为了更好地落实教育部《高等学校课程思政建设指导纲要》（教高〔2020〕3号）精神以及《北京理工大学"课程思政"建设实施方案（2020—2022年）》（北理工党委发〔2020〕16号）的通知，化学与化工学院全面推进课程思政建设，同时邀请学校自动化学院北京市教学名师彭熙伟教授进行课程思政新模式探索的教学研讨与交流（图6），推进教师思政课程建设。

二、实践成效

在学院党委的领导和行政的支持下，组织师道传承、共"化"未来——赋能青年教师发展系列活动，各项活动切实落到实处，成绩显著。李春、敬静荣获"师德先进个人"称号，生物转化与合成生物系课题组荣获"三育人"先进集体称号，侯明佳、于洋荣获"三育人"先进个人称号。敬静的生命分析化学课程获得北京市青年教师基本功比赛二等奖，也是北理工理科唯一获奖选手。青年教师冯霄获批国家自然科学基金优秀青年基金项目，冯旭东入选"首都地区科技新星"，王颖入选"中国科协青年人才托举工程"。无机化学教工党支部获批学校"党建工作样板支部"，获批研究生课程思政示范课重点项目。

凝心聚力，精准施策，精深提质。学院党委通过系列活动激发教师队伍活力，凝聚队伍，提高士气；精准施策，力求活动务必有实效，形式务必有创新，从与院内青年、长者、校友，到兄弟学院、校外专家、学术大师等多维度开展学术交流活动，助推青年教师成长，效果显著。

三、探索启示

加强教师党支部和党员队伍建设，充分发挥党支部战斗堡垒作用和党员的先锋模范作用，组织引导教师积极自觉践行新时代"四有好老师"和"四个引路人"，是新时代教工党组织的初心和使命。

图6　课程思政新模式探索研讨交流会

铸师魂"承"字为重,引师风"先"字领航

机电学院爆炸科学与技术国家重点实验室党支部

北京理工大学爆炸科学与技术国家重点实验室党支部(以下简称"国重支部")隶属于机电学院党委,有党员13名,成立于2010年1月。曾获科技部优秀类实验室1次,北京理工大学先进基层党支部1次,北京理工大学机电学院优秀党支部1次,北京理工大学先进实验室1次;支部成员中获国家杰出青年科学基金1人,北京市科学技术二等奖1人,首都科技领军人才1人,绿色矿山科学技术一等奖1人,北京市师德先进个人1人等,荣获各级奖励累计20余项。

国重支部始终坚持宣传和贯彻党的教育路线方针政策,团结师生力量,发挥党员先锋模范作用;同时,注重党支部能力建设,提升党支部的凝聚力和战斗力;并以国家安全重大需求为指引,以高效毁伤和先进武器弹药装备研发为主要服务对象,发挥国重支部战斗堡垒作用,推动实验室引领我国爆炸科学与技术发展,在科学研究、人才培养和武器装备跨越发展等方面做出了突出贡献。近年来,国重支部在学校党委及学院党委的领导下,深入贯彻学习习近平新时代中国特色社会主义伟大思想和党的十九大精神,深刻学习领会全国教育大会、全国高校思想政治工作会议精神;坚持科研学术与人才培养、师德建设相结合,坚持开展"两学一做"教育活动,切实履行"三会一课"制度;着力推进健全党支部组织生活规范化、工作制度建设完善化,坚持"开放、流动、联合、竞争"的原则,注重培养一流人才、努力营造一流文化、持续搭建一流平台、不断追求一流业绩,确保各项工作高效开展和运行。

一、特色做法

1. 坚持党的领导,机制建设"实"字贯穿

在党政师德师风方面,国重支部严格落实学院"书记抓书记",执行师

德三级把关机制，重实效。一是校党委、院党委、党支部"三级把关"，落实教育、宣传、考核、监督、激励、惩处机制，德能为先；二是理论武装制度化、培训实践常态化，做实"联动互查"机制。此外，国重支部经常在实验基地开展"不忘初心、牢记使命"主题教育活动，切实做好本职工作。

2. 北理工文化涵养，铸师魂"承"字为重

国重支部重视文化的建设与延续，传承红色基因，育师育人深融合。一是传承"红色基因"，打造"立报国之志、八十载一脉相承"品牌，持续实施"寻根计划"，前往革命圣地开展思想政治学习；二是组织"新体系青年教师参观实验基地"等主题活动，将"师德与政治素养教育"作为支部成员的"必修课"；三是支部成员主动请缨，加入抗疫第一线，为打赢抗疫持久战贡献自己的一份力量。

3. 引领尊师重教，师风表率"先"字领航

作为学校样板支部，承担人才培养综合改革任务，构建起以立德树人为核心的人才培养体系。一是邀请国内外知名专家来实验室开展高水平讲座；二是积极响应"三育人"先进个人和师德标兵评选等活动，立体营造尊师重教良好氛围，助力青年教职工成长；三是支部成员积极参与受疫情影响无法返校的毕业生离校行李打包活动，彰显支部成员遇困难不低头，为人表率的作风和态度。

4. 坚持第一标准，敬业爱岗"优"字着力

2020年在疫情的大环境下，国重支部成员积极推动教学与实验的进行，维持高水平的工作质量，尤其是实验室开放服务方面的实验量不降反增，通过调动基础资源和场地合理化分配，充分支撑和保障了各项等效全尺寸高价值目标毁伤评估及工业燃爆反演等大型试验任务。这体现了国重支部成员"有条件要上，没有条件创造条件也要上"的吃苦耐劳精神。

二、实践成效

1. 长效机制促进整体进步，三全育人优势凸显

通过建立"学校党委—学院党委—基层党支部"三级联动体系，构建以宣传教育、示范引领、实践养成与制度约束相统一的师德师风建设长效机制。支部获得北京理工大学先进基层党支部、北京理工大学机电学院优秀党

支部等荣誉。

2. 思政教育锤炼报国之志，红色基因锻造师魂

"红色基因"凝聚学科文化气质，持续激发教师内生动力，形成"立报国之志、八十载一脉相承"品牌。在"寻根计划""聆听师道"等系列品牌活动引领下，把思想政治工作贯穿教育教学、实验实践全过程，实现课程思政的全程育人、全方位育人。

3. 榜样力量激励教师前行，先锋模范层出不穷

引导教师"比师德、比育人"，涌现出众多爱岗奉献的先锋模范。比如，"北京市师德先进个人"获得者王成同志充分发挥"榜样的力量"，用实际行动践行爱党报国、敬业奉献精神。

三、探索启示

教工党支部凝聚力提升应当从3个方面入手。一是要坚持抓经常、抓具体、抓深入，调动教师积极性，一级带一级，层层抓落实。二是要敢于直面困难，勇于较真碰硬，面对工作难题，多想办法措施，少讲条件困难，以攻坚克难的勇气，确保各项工作决策部署落到实处。三是要统一思想，突出基层党组织的政治功能建设，提高政治引领力度，坚持用习近平新时代中国特色社会主义思想武装头脑。

筑牢战斗堡垒，做好"四个坚守"

计算机学院数字媒体与仿真研究所党支部

自2020年起，计算机学院数字媒体与仿真研究所党支部在新冠肺炎疫情之下，开展了以"坚守理想信念，坚守业务岗位，坚守思政育人，坚守科研创新"为主要内容的"四个坚守"主题活动。

一、特色做法

1. 加强理论学习，坚守理想信念

支部始终将政治建设摆在首位，大家通过集体学习和自发学习，认真学习了"习近平新时代中国特色社会主义思想"、"以主题教育为新的起点，持续推动全党不忘初心、牢记使命"重要讲话、十九届五中全会精神、习近平总书记关于疫情防控系列重要指示和讲话精神。认清复杂严峻的国际局势和常态化疫情防控形势，坚定政治立场，坚守党的理想信念，紧密团结在以习近平同志为核心的党中央周围。支部党员以科学态度、严谨精神、细致方案履行党的宗旨，在抗"疫"斗争中有义无反顾和共赴国难的决心和意志，在工作、生活各方面发挥了党员的先锋作用。

2. 面对疫情考验，坚守职责岗位

坚持党建工作与科研工作相融合、双促进的工作思路。支部参加了国家重大活动的科技保障任务，如春晚等。还将参加2022年冬奥会和百年党庆等的科技保障任务。团队所在支部连续11年参与中央电视台春节联欢晚会动态舞美仿真设计与实施运行的研发和技术支持。面对突如其来的疫情大考，春晚和元宵晚会的多个节目因疫情防控需要重新制作，时间紧任务重，在京人员少，支部坚守岗位第一线，为全国人民献上了一台令人振奋的文艺晚会。

3. 发挥科研创新，坚守服务初心

支部在学校"延安根、军工魂"红色基因的熏陶和培养下，解放思想，大胆创新，充分发挥在科研上的技术积累和创新能力，为北京理工大学建校80周年、疫情下的云毕业典礼提供了技术创新和服务保障。支部全程协调和参与了北京理工大学建校80周年大型晚会《光荣与梦想》的制作，精彩呈现了北理工砥砺奋进80载的"红色育人路"。支部为2020年毕业典礼研发了"智云"学位授予仪式平台，给毕业生们带来第一视角的360度全景学位云授予体验，让因疫情无法回到学校的毕业生也能聆听校长祝福，感受"云拨穗"，为毕业生打造了一个充满仪式感的学位云授予仪式。

4. 深耕课程思政，坚守三尺讲台

立足立德树人这一根本任务，构建全员、全程、全课程育人格局，将软件工程专业课程与思想政治理论课同向同行。立足国家战略，以培养具有行业背景的软件工程人才，解决自主产权数字芯困境。帮助学生树立专业认知的使命感，树立软件报国的理想和抱负。在课程中突出隐式思政教育，将思政理念融入教学内容，将团队承担的国家重要活动技术保障任务教学案例化，重点培养学生"坚毅的科学品质""技术的法律边界""政策的主流认知"以及"红色的爱国品质"，让学生理解国家科技体系安全和稳固的基础，激发学生的爱国及学习热情。

二、实践成效

"四个坚守"主题活动充分彰显了高校党支部的政治功能。2020年党支部充分发挥战斗堡垒作用，以提升组织力为重点，着力发挥政治引领、规范党的组织生活、团结凝聚师生、促进学校中心工作等方面的主体作用，党员先锋模范作用突出，师生思想政治工作针对性和亲和力强，在教学、科研、管理、服务等领域取得了优异成绩。

在支部的带领下，支部党员获2020年"北京市优秀共产党员"称号、第十五届"北京市优秀思想政治工作者"称号，预备党员转正1人。

数字媒体与仿真支部是一支以科研创新为核心的服务于国家重大需求的优秀科技创新团队，全面承担和参与百年党庆庆祝大会、2022北京冬奥会和冬残奥会、央视春晚、北京理工大学80周年校庆、2020年北京理工大学智云毕业典礼等技术研发与保障工作。在党支部带领下，在研究所的科研攻关和锐意进取下，连续2年年度科研经费总量全学院排名第一。

在支部的带领下,在育才育人方面,支部党员获"北京市青年教学名师"称号、主持认定"国家一流本科课程";支部研究生导师指导学生获得中国"互联网+"大学生创新创业大赛金奖、"挑战杯"中国大学生创业计划竞赛银奖,并获得"北京地区高校大学生优秀创业团队"称号,多名学生获得"北京市优秀毕业生"称号。

三、探索启示

党的十九大报告明确提出,要以提升组织力为重点,突出政治功能,把基层党组织建设成为坚强战斗堡垒。提升基层党组织组织力应按照重点突出、任务明确、特色鲜明和成效明显的基本要求,明确为谁培养人、培养什么人和如何培养人的根本问题,实现高校立德树人的根本任务。

党支部要充分发挥战斗堡垒作用,要严格落实"三会一课"和主题党日等制度,不断规范党组织生活,保证党内政治生活的严肃性;要强化党员党性教育,提升党员党性修养和综合素质;支部以课题组、实验室等为单位,全面实现了党支部引领业务工作的目标;要强化党员发展力度,严把党员入口关,在高层次人才、承担国家重大任务的人才中发展党员,构建规范并有支部特点的党员教育培养考核体系。

围绕中心工作,提升组织功能。提升在人才培养中突出政治功能的能力,把立德树人融入教学、科研和管理等具体工作,做到生动具体、润物无声,实现育人与育才相统一,切实扛起建设教育强国的重任。

抓好"四个一",立法有效益

法学院国际法研究所党支部

自2018年起,法学院国际法研究所党支部开展了以"每月组织一次理论学习,推动一项中心工作,解决一个实际问题,开展一项帮扶行动"为主要内容的"四个一"活动。

一、特色做法

1. 每月组织一次理论学习,筑牢理想信念的"压舱石"

始终将政治建设摆在首位。根据北京理工大学党委组织部提出的党支部开展组织生活指导意见,国际法研究所党支部紧紧以学习和贯彻党的十九大精神为主线,落实好用习近平新时代中国特色社会主义思想武装头脑,深刻领会加强党对全面依法治国领导的重大意义。重点学习了习近平在《求是》杂志发表的《加强党对全面依法治国的领导》《在新的起点上深化国家监察体制改革》等重要理论文章,学习习近平新时代"一带一路"倡议,深刻领会"一带一路"共商共建共享原则,立足党员的工作、学习岗位,开创发展新机遇、谋求发展新动力、拓展发展新空间;深入学习领会党的十九届二中全会、十九届三中全会、十九届四中全会精神;持续深入学习党章和党内政治生活准则,包括新修订的《中国共产党纪律处分条例》《中国共产党支部工作条例(试行)》;学习宪法修正案、监察法、政府工作报告和全国两会精神等,特别是学习对高等教育提出的新要求。

2. 推动一项中心工作,吹响聚力发展的"集结号"

坚持党建工作与业务工作相融合、双促进的工作思路,国际法研究所党支部龚向前教授为积极响应国家号召,2020年围绕新冠肺炎疫情防控、国家治理体系等方面积极开展应急研究和建言献策工作,为中央和相关部门提供决策参考。龚教授提交的咨询报告《运用国际法和实践经验,化危为机,积极应对"国际关注的突发公共卫生实践"认定》《关于依法采取有效措施防止疫情输入的若干建议》《中国法学会组织专家研究深入开展涉外法律斗争妥善应对反华势力滥用国际机制索赔追责》《关于对美国单方调查世卫组织的研判建议》《关于积极应对美国可能利用世卫组织大会对WHO和我国发起挑衅的建议》《依法采取有效举措防止新冠肺炎疫情反弹的建议》等，均得到中央领导同志重要批示，为我国疫情防控相关立法和政策制定工作贡献了智慧，受到了中国法学会的表扬。

另外，《中国社会科学文摘》2020年第7期转载了国际法研究所党支部李寿平教授发表于《法商研究》2020年第1期上的论文《人类命运共同体理念引领国际法治变革：逻辑证成与现实路径》。该论文同时由中国人民大学《复印报刊资料》2020年第7期全文转载。论文中阐明了人类命运共同体理念引领国际法治变革的逻辑基础，包括为国际法治提供新的国际法观和新的目标价值等。论文中探讨了人类命运共同体理念下现代国际法基本原则的创新以及现代国际法治理念和制度的创新；回答了人类命运共同体理念能否以及如何为国际法治变革提供新方案的重要问题；揭示了人类命运共同体理念在解决全球治理失灵和国际法治变革方面的引领作用；分析了人类命运共同体理念与现代国际法的交互影响关系；并对通过国际法治变革来构建人类命运共同体提出了建议，是人类命运共同体理念和国际法治研究领域的重要研究成果。

另外，在国际法研究所党支部杨成铭教授的带领下，李华副教授、连俊雅博士、魏求月博士等认真完成了中国贸促会"一带一路"国际上海仲裁指引、"一带一路"高科技合作风险管控法律问题分析等研究，为国家的"一带一路"建设贡献了智慧。

3. 解决一个实际问题，擦亮服务师生的"金名片"

倡导每个学期解决一件实事，一名党员就是一面旗帜的理念。因新冠肺炎疫情影响，法学院2020届毕业生无法返校。为落实学校《关于2020届毕业生行李打包的通知》要求，做好毕业学子行李打包工作，为他们寄去我们的牵挂、关怀与祝福，国际法研究所党支部本着"全体动员，服务学生"的理念，国际法研究所党支部全体教师积极参与，圆满完成了行李打包任务。在行李打包过程中，国际法研究所党支部全体教师严格落实会议精神，包联到每个学生,利用腾讯会议、QQ、微信视频等多种方式,与学生实时视频连线,保证学生的所有行李件件有落实。对于学生的计算机、手表、三方协议和各类证书等重要物品材料,教师们会提前单独询问并妥善保管,专人负责、专门邮寄。酷热与暴雨没有影响教师们打包行李的认真、细心与耐心,在连续几天的高强度体力劳动下,没有一位教师说累,更没有一位教师退出。在这个特殊的毕业季,国际法研究所党支部为2020届毕业生举行了一场特殊的毕业欢送仪式。

4. 开展一项帮扶行动,架起扶弱济困的"暖心桥"

支部工作既要有规有矩,也要有情有义。为了帮助法学院各位教师申请教育部社科基金,2020年10月28日,法学院党委主办,国际法研究所党支部承办了"聆听师道"主题活动。作为疫情好转后的首次主题活动,各位教师积极参与,分享心得、交流经验。本次活动由法学院国际法研究所党支部书记李华老师主持,李寿平院长分享社科基金申报和发表高水平文章的经验心得,杨宽老师、姜雪莲老师分别就申报项目获批心得与全体教师互动交流,周建华老师介绍申报流程和情况,最后张瑜书记对本次主题活动做全面总结。

除此之外,为促进法学院教师科研力量的整合,凝聚学院的研究方向和特色,在学院党委的统筹安排下,国际法研究所党支部于2019年10月9日组织开展了"学术方向与学术平台匹配五人谈"活动。本次活动为法学院"不忘初心、牢记使命"主题教育系列活动之一。座谈会由国际法研究所所长杨成铭教授主持,国际法研究所党支部书记杨宽首先对各位教师的参与表示感谢,之后王国语副教授、杨华权副教授、陈姿含讲师、付俊伟副教授及杨成铭教授均结合自身研究经历,围绕学术方向选择与学术平台匹配进行了主题发言。法学院党委书记张瑜、院长李寿平、各研究所所长、党支部书记及中青年教师近30余人参加了此次活动。

二、实践成效

"四个一"主题活动充分彰显了高校党支部的政治功能。在支部的带动下,多位青年教师快速成长为青年学术带头人。国际法研究所党支部杨宽博士成功获得了以"大规模小卫星星座的国际法规制及中国应对研究"为研究标题的教育部社科基金青年项目,并先后被选为国际宇航联合会"太空交通管理委员会"(IAF Space Traffic Management Committee)专家、加拿大麦吉尔大学航空与空间法研究中心兼职研究员、国防科工局国际组织人才库人才;魏求月博士成为工信部国际组织后备人才库专家,其撰写的《网络服务提供者侵权责任的障碍与解构》载于《中国高校社会科学》(CSSCI);连俊雅博士的《经调解产生的国际商事和解协议的执行困境与突破:兼论〈新加坡调解公约〉与中国法律体系的衔接》发表在《国际商务研究》。

三、探索启示

国际法研究所党支部抓党建要以提升组织力为重点,突出政治功能,把基层党组织建设得更加坚强有力;应不断增强党支部的组织优势、组织功能、组织力量,抓住关键环节,持续用力、久久为功。在具体实践中,坚持目标导向,以系统思维谋划推进,包括共同价值观、组织目标吸引力、成员思想作风等"软"指标。因此,提升基层党支部组织力是一项系统工程,不能"单打一"或"专注一点不及其余",必须聚焦党的十九大提出的新目标新定位新要求,树立系统思维。

另外,应坚持问题导向,以辩证思维聚力攻坚。增强问题意识、强化问题导向,是新时代国际法研究所党支部工作的一个鲜明特点。围绕高校教师党员的初心,如何践行为党育人、为国育才的使命,应根据每条问题破解推进,每项短板加以补齐,真正实现个个过硬、整体提升。

中共中央组织部、中共教育部党组颁布的《高校党建工作重点任务》指出:全面实施教师党支部书记"双带头人"培育工程,力争三年内使教师党支部书记普遍成为"双带头人"。我们应从价值认同、运行协同、制度保障三个层面重点发力,加强高校教师党支部书记"双带头人"培育工程建设,打造党建、学术深度融合的一体化基层党建工作新格局,发挥党支部书记"头雁效应",努力打造一支党性强、业务精、有威信、肯奉献的党支部书记队伍,发挥基层党组织阵地作用,提高党组织的领导力、组织力、凝聚力、向心力和感召力,从而实现党建工作"围绕中心,服务大局"的目标,有效提升党建质量,助推高等教育事业发展。

思想建设和业务两手抓，
走在大学英语教学改革前列

外国语学院大学英语党支部

响应学校"双一流"建设战略部署，瞄准拔尖创新人才培养目标，在学院党委和行政领导带领下，大学英语党支部近年来着力开展学术用途英语课程建设和教学实践，基于人才成长规律和学生学业需求，切实促进学生学术素养和交际能力一体化协同发展。2020年，党支部全员参与建设的"学术用途英语"课程入选"首批国家级一流本科课程"。与传统的以语言技能为主要内容的大学英语不同，该课程瞄准学术素养和交际能力培养，强调英语教学的"学术性"和"工具性"，注重科学精神熏陶、个体学习差异、内容动态调整、过程管理考核和实践环节检验。

一、特色做法

1. 深挖学术素养核心要素，着力打造课程思政新平台

紧扣课程思政这一育人主线，党支部全体党员群众在大学英语课程改革和内涵提升过程中不断解放思想、提升境界、创新方式，深挖学术素养核心要素，融入课内外教学实践，积极打造课程思政新平台。"学术用途英语"不只是简单的语言培训，而是人才学术素养和思想道德培育的重要组成部分。该课程教学材料和教学活动无处不体现着科技人员的优秀品质、科研方法的客观严谨、科学思维的逻辑缜密、科学研究的持之以恒和科技发展的时代使命。通过课堂研讨和潜移默化的影响，着力培养学生的爱国情怀、担当意识、科研精神和学术思维，实现思政教育与外语教育的深度融合。

2. 精准细化教学目标和预期成效，对接学生专业学习和科研实践阶段性特征

为切实提升课程教学实效性，党支部全体党员群众精准把脉学生专业学

习和科研实践的阶段性特征，积极构建多层级、模块化、复合式、弹性制的内容体系，动态调整教学目标及预期学习成果，既针对徐特立学院和各专业实验班贯通开设，也为其他书院和学院设置必修或选修课型，切实提升课程体系的灵活性与适用性。此外，党员教师积极引导学生阅读所在学科领域的科技文献，应用所学语言技能和交际技巧汲取、解析专业信息和学科知识，并通过小组研讨、写作练习和课堂展示等教学环节，描述、陈述乃至论述学术概念、观点和立场，从而构建语言能力训练和学科专业知识协同互促的有效路径。

3. 创新教育教学方式，打造线上线下双模式，强化自主学习和过程管理

因为2020年年初新冠疫情的爆发，学生无法按时返校，学校决定新学期将线下授课改为线上授课。还在春节休假期间的全体党员在党员兼教研室主任刘芳的带领下，勇挑重担，开创性地首次研究利用学校网络平台"乐学"进行新学期的网络线上授课。在危机困难时刻，党支部书记宋利辉，党员吴业军、毕晓宁齐心协力，精诚合作，克服手边缺少教材资料又不能返回学校等困难，努力学习相关计算机和网络技术，率先完成第一单元授课内容的网课录制工作。随后又指导教研室其他教师顺利完成其余各单元的网课录制工作，在开学时顺利上传了所有的网课资源。党员沈莉霞、刘洋、张晨花、罗勤在完成自己班级网络课程建设的同时，还帮助不能回中国的外教设计网络课程，指导外教熟悉"乐学"平台，使教学活动在疫情期间得以顺利进行，保证了大学英语教学的正常运转。以此为契机，党支部全体党员群众开始综合运用线上线下多种教学手段，充分调动学生学习积极性和自主性，强化自主学习和过程管理。课堂教学以学习小组为基本形式，文献阅读、写作文本及口头陈述均引入小组评议，创造有督促、有对比的学习环境。此外，支部全员充分借助最新教育技术和网络平台，如科大讯飞口语评测系统、批改网和iWrite英语写作评阅平台，引导学生自查口语和写作中的句式、语法和行文规范并基于即时反馈做出相应修改，解决学生课外学习无监督、缺反馈问题，有效拓展课程教学的时空界限并培养学生的自主学习能力。

4. 依托校内外多类型学术竞赛，检验教育教学实效

党支部全体党员紧密依托校内外多类型竞赛平台，检验教育教学效果，并为课程内容改进提供积极反馈。例如，党员教师积极引导学生结合专业学

习和科研实践撰写研究计划、研究论文和实验报告，参加中国学术英语教学研究会每年主办的大学生国际学术研讨会和5分钟科研演讲比赛。2020年，在支部书记宋利辉的指导下，北京理工大学本科生与来自全国30多个省市自治区的优秀选手同台竞技，最终荣获"外研社·国才杯"全国英语阅读大赛全国决赛二等奖，是多年来我校选手首次在该比赛的全国决赛中获奖。

二、实践成效

在支部党员的带动下，教研室全体教师积极投身到"学术用途英语"课程建设和教学实践中，"学术用途英语"授课的规模由最初的每年100人左右增加到现在的3 200人左右。授课教师一边探索新的教学模式，一边进行教学研究。党员张晨花获得"第五届迪文优秀教师奖"（课堂教学类）三等奖；宋利辉老师获得全国英语阅读大赛全国决赛优秀指导教师二等奖。

三、探索启示

大学英语教研室主要是教学单位，承担全校非英语专业本科生的英语教学工作。大学英语党支部应该在搞好理论学习和支部活动的前提下，积极支持教研室的教学工作。在面对改革或困难时，党员应该首当其冲、勇挑重担，给群众树立良好榜样，争做政治觉悟高、业务能力强的优秀教师，为学校教学质量的提升贡献自己的力量。

茂林修竹·蔚然成风

第五篇　党建引领激活力
　　　　——创新组织生活方式方法

第六篇　红色血脉永赓续
　　　　——传承"延安根、军工魂"，
　　　　　推动北理工事业发展

第七篇　躬耕不辍献赤心
　　　　——发挥党员先锋模范作用

Part 05 | 第五篇

党建引领激活力

——创新组织生活方式方法

让党建育人在这片"红数林"扎根结果

数学与统计学院党委

数学与统计学院党委贯彻学校"三全育人"改革精神,以国家基础学科拔尖创新人才培养为牵引,充分发挥学院特色,不断拓展育人空间,建设"红数林"学生成长社区,打造党建育人品牌。

"红数林"成长社区(图1)是数学与统计学院党委2018年创建的"一党委一品牌"项目,旨在以党的基层组织或师生个体为单位,开展以完成学业、提升能力、引领发展为导向的辅导咨询工作,强化党建育人成效。社区以"近距离、长时间、大范围、多角度"的育人模式,结合特色系列活动的开展,成为强化学生数学基础,提升全面育人能力,建强书院学院协同机制,锻炼"大思政"工作队伍的有效实践平台。

图1 "红数林"成长社区

一、特色做法

1. 喝"教授咖啡",品"数学精神"

每周三下午,在良乡校区疏桐园的活动室里,都会有一个教师和十几个学生在面对面地热烈交流，他们在轻松愉悦的氛围中探讨数学之美，这就是"红数林"成长社区的主打活动之一"教授咖啡"（图2）。"教授咖啡"活动每周一期，邀请数学学科专家教授以浸润式、小班化的形式，围绕数学专业学习、学科发展前沿等方面内容与学生面对面交流，作为数学课堂教学的延伸和支持，有力地促进了学生想象力、创造力和解决问题能力的发展，为领袖型、创新型和创业型人才成长提供了土壤。

图2 "教授咖啡"活动

每期活动的20个参与名额，会在5分钟内抢光，学生们对"教授咖啡"活动真心喜爱着。每期活动后的效果调查，也为活动的持续有效开展提供了支持。"我觉得参加'教授咖啡'活动，不仅使我了解了数学学科前沿的内容，也得到了发展方向上的很多启迪，更是对我整个大学学习思路的开拓。"一位多次参加"教授咖啡"活动的学生这样分享了他的感受。"教授咖啡"活动给教师和学生提供了宽松、自由的空间，充分、闲适的时间，平等、深入的交流，学生们在数学教授们的带领下分享知识、启迪智慧、碰撞思想、实现精神成长。

2. "近距离"沉浸，"长时间"解惑

为了更好助力书院制改革，2020年"红数林"学生成长社区正式进驻求是书院社区空间（图3），赋予生活空间教育功能。数学教师、数学学霸、竞赛达人走近学生生活，以小班精品课、研究式学习、1对1辅导为主要形式，将线下学习资源与线上学习平台有机融合，提供基于不同群体、不同习惯、不同需求的学习教育资源，为学生创造更多与名师高手面对面交流互动的机会。

图3 "红数林"学生成长社区正式进驻求是书院社区

"红数林"社区坚持开展日常答疑(每晚3小时)、"教授咖啡讲座"(每周)、讨论班观摩(每周)、课程串讲(每月)、数学文化节(每学期)等活动,为学生打牢数学基础;打造线上学习空间,开设"数学1分钟""每周一题"等活动(图4)。"数林之夜"每晚由任课教师、助教、学生党员提供数学答疑服务;"数林比武"吸引数学爱好者以赛促学、以学促用;"数院攀研屋"为考研学生提供温馨舒适的学习环境,营造良好学习氛围;"数林讲堂"汇聚知名教授、青年教师、优秀学长解答思想困惑、学业难题、发展困境。教师和学生党员骨干组成党员先锋队,教授博导、优秀

图4 "红数林"社区线上活动

青年教师、专业课教师组成专家导师队，国家奖学金获得者、北京市三好学生、数学竞赛获奖者、课程助教等优秀本科生和研究生组成朋辈领航队，保障社区工作平稳运行。2020年坚持疫情期间服务不断线，全年线上、线下参与活动人员共计20 000余人次。

3. "大范围"服务，"多角度"培养

社区面向全校所有学生开放，覆盖所有数学类课程，调动全院所有教师，为学生提供全方位大体量的学业指导服务。所有对数学学习有疑问、有困难，对数学竞赛想了解、想参与，对数学学科感兴趣、常关注的学生，都可以在"红数林"得到持续有效的帮助和指导。学院以"红数林"社区建设为载体，与中国科学院数学所、求是书院、教务部、组织部等单位和部门共建共享，有效拓展育人资源，整合组织力量，锻炼教师队伍。

以课前导学和课后解惑相结合做精学生学业指导工作，通过专业导学、需求分析、制作课程导图等形式指导学生做好课前预习，通过习题课、讨论班、串讲答疑等形式巩固课堂教学效果；以数学思维培养和竞赛能力提升相结合提升育人实效，通过开展竞赛选拔、团队培训、实战竞技等形式加强数学拔尖人才培养；以激发成才主动性和科学家精神培养相结合，促进学生思想进步，通过"思政要素"的有机融入，不断激发学生对数学的兴趣和热情，以及对科学研究的向往，培养学生攻坚克难、坚持不懈、学术报国的情怀。

二、实践成效

学院党委以人为本，集中资源和力量，搭建"红数林"学生成长社区大平台。坚持把立德树人作为中心环节，结合社区答疑、串讲、沙龙、研讨等丰富多彩的活动形式，不断加强对学生数学基础知识的培养，使学生形成数学观念知识和能力，深刻挖掘研究和理解数学精髓，弘扬数学家精神，传承数学"三代人"精神，进一步提高育人质量。在"红数林"学生成长社区内，全院教师坚持把思想政治工作贯穿教育教学全过程，实现全程育人、全方位育人，以"大思政"为依循，抓顶层设计，协同书院不断加强工作队伍建设，努力开创学院党建育人新局面。自"红数林"学生成长社区成立以来，参与社区活动人数累计达5 000余人次，受到了全校师生的广泛关注，数学与统计学院党委将继续聚焦重点、深耕细作,让党的精神在党员心中落地生根、长叶开花。

三、探索启示

科技强国,呼唤基础学科人才的茁壮成长;三全育人,汇聚拔尖人才培养的磅礴力量。"红数林"学生成长社区充分发挥了党组织的领导核心作用,引领带动育人资源的统筹整合,形成育人合力,把握育人基本准则,夯实育人组织根基,激发育人生机活力,提升党建引领育人实效,打造数学与统计学院党委党建育人品牌。为推进一流学院建设,搭建高校党建和思想政治工作大平台,教育引导全院党员、干部树立"为学生成长搭平台、为学校发展增光彩"的初心和使命。

让更多学生喜爱数学、学好数学、发展数学,是全体数学人的坚定使命!强基报国,北理工人在行动!

"真辩明红趴馆"互动式党课教学新模式

计算机学院党委

从2016年3月北京理工大学开展"两学一做"学习教育活动开始，计算机学院党委把握青年群体思想特征，依托计算机学院学生特点，主动作为，创新开展了"真辩明红趴馆"互动式党课活动，激发学生党员的学习热情，用辩论热点的形式拓展学生党员的视野，在思想交锋中加强学生党员的党性修养，将"做合格党员"的要求落到实处。

经过四年的发展，"真辩明红趴馆"的活动体系愈发完善，每次集中组织开展"真辩明红趴馆"互动式党课活动都将经过辩题征集、辩题筛选、辩题下发、活动开展、活动总结反馈、优秀辩题展示赛组织六个阶段。每年于6月、12月集中组织开展2次活动，致力于将"真辩明红趴馆"打造成为党员日常教育的特色品牌活动，将特色融入日常，形成计算机学院党员日常教育的新范式。

一、特色做法

1. 辩题征集、辩题筛选

学院党委于每年4月、10月开启新一轮的辩题征集活动，面向全体学生党支部征集和时政热点密切相关、思辨性强、有探讨价值的优秀辩题。学生党支部通过当月党员大会、党小组会等形式征集意见，并形成统一推荐稿。

近年来，一批优秀的，有助于帮助青年学子树立正确人生观、价值观，对于专业与未来发展有益的辩题被选入"真辩明红趴馆"推荐辩题之中，除了一些一直活跃在辩论赛场上的经典辩题，如"道义/利益对人际关系的影响更大""贫穷更容易滋生丑恶/富贵更容易滋生丑恶"等之外，将目光主要投射在当前更受党员同志关心的热点话题上，如2018年12月辩题推荐中的"中美贸易战争，对中国经济机遇大于挑战/挑战大于机遇"。2019年6月辩题推荐中的"996工作制度有利于互联网行业发展/996工作制度不利于互联网行业发展"。2019年12月辩题中的"人脸识别技术利大于弊/弊大于利"等，希望青年学生党员能够多关注时事，矢志报国，通过优秀辩题的引导，切合时政热点，反馈专业前沿，通过思辨交锋让真理越辩越明。

2. 活动开展模式

在四年多的探索中，学院党委完善了"真辩明红趴馆"的开展模式，由原来的在部分学生党支部中试点组织，到学生支部之间开展活动，再到师生党支部共建开展活动，取得了不错的成效，深化了对辩题的挖掘和探讨。学院党委希望进一步提升活动成效，一方面深入推进师生共建开展"真辩明红趴馆"活动，另一方面积极鼓励并帮助联系院外、校外党支部与学生党支部共建开展"真辩明红趴馆"活动。将"红色1+1"的工作开展推进到支部日常活动中，鼓励跨学科、跨方向的交流。

2019年12月，计算机学院29个学生党支部从学院党委遴选确定的11个推荐辩题中，选择本支部感兴趣的辩题展开辩论。软件理论研究生党支部联合软件安全研究生党支部一同对"宽松式管理对大学生是利大于弊还是弊大于利"这一辩题展开思想碰撞；2019级研究生第五党支部邀请学院机关党支部的党员教师们一同对"学者明星化是否有利于学术传播"这一辩题分享思考见解；2018级研究生第六党支部继续联系清华大学人文学院博士1党支部开展联合活动，针对"未成年人严重犯罪是否应该追究监护人的法律责任"这一辩题共同探讨交流。

二、实践成效

从根源上来讲，"真辩明红趴馆"党课教育体系能够做出成效，主要为了解决以下三个问题。

1. "三会一课"中对支部书记讲党课的要求对于入党年限较低的党支部书记来说压力较大，其自身存在对理论知识的把握程度不自信的情况

对于低年级支部尤其是本科生支部而言，2014年5月《中国共产党发展党员工作细则》发布之后，未满18岁提出入党申请的，党组织应肯定其入党要求，鼓励他们追求政治上的进步，并做好解释工作，请他们年满18岁后再向党组织正式递交入党申请书。这导致了在经过党组织的考察之后，一名在读

本科生要转正成为一名正式党员，符合担任党支部书记的基本资格时，已经是一名大三的学生了，此时面临着毕业和就业的双重压力。这个时候，我们对党支部书记提出希望他能讲一堂质量颇高的党课的要求，显得并不怎么明智。"真辩明红趴馆"党课模式合理规避了这一风险，将理论学习深入挖掘的内容分散到所有党员身上，并通过论辩达到思想升华的成效，既减轻了学生党员对传统理论学习模式的抵触，也提升了支部理论学习的成效，活跃了支部理论学习的氛围。

2. 当代大学生中普遍存在着一些问题，如较多关心自身利弊、爱国主义情怀和集体主义意识较为薄弱、对国家大事关心较少

习近平总书记在2018年五四青年节前夕赴北京大学与师生座谈时对青年大学生提出了"爱国、励志、求真、力行"四点要求，爱国居于首位。2019年中共中央、国务院印发了《新时代爱国主义教育实施纲要》（以下简称《纲要》），指出"爱国主义是中华民族的民族心、民族魂，是中华民族最重要的精神财富，是中国人民和中华民族维护民族独立和民族尊严的强大精神动力"。《纲要》着重提到"新时代爱国主义教育要面向全体人民、聚焦青少年"，也要"丰富新时代爱国主义教育的实践载体"，"真辩明红趴馆"与这一要求完美契合，我们推出的一系列辩题，如"纪念五四运动应该侧重爱国精神弘扬/纪念五四运动应该侧重投身祖国建设""留学归国是个人问题/留学归国是社会问题"等。通过对这些辩题的思辨交流，潜移默化地将爱国主义情怀和集体主义精神厚植于青年学生党员内心，这是十分有效且学生们乐于接受的形式。

3. 上级党委对基层党员理论学习成效难以把握，难以指导基层党支部开展理论学习工作

为了解决基层党组织理论学习薄弱这一问题，有非常多的政策或方法出台，如配置理论导师，定时检查支部工作手册，按时收集学习心得等，但这类工作常常会浮于表面，并不能真正直观地了解到党支部内部的学习现状。通过"真辩明红趴馆"三十分钟到一个小时的论辩时间，担任评委的上级党委领导或组织人员、老党员同志可以充分把握学生党员思想特点，定点突破，解决大部分学生党员心中所存疑惑，真正将指导开展理论学习做到实处。

近年来，随着"真辩明红趴馆"活动的一次次开展，学院党委也对学生的思想动态有了更清晰的把握。"真辩明红趴馆"展示赛的开展表面上是为了帮助新上任的党支部书记做好活动的组织开展工作，实则是在全体党员范围内组织开展的一次集中思想政治教育活动，这才是这个特色活动被称作"党课"的精神内涵。

三、探索启示

2019年10月，首次"真辩明红趴馆"展示赛在软件楼108报告厅召开，辩题为"青年学生职业生涯规划应以追求个人发展为重/青年学生职业生涯规划应以面向国家需求为重"，辩论双方选手由2019级研究生党支部推优选出。本次活动一方面帮助各党支部对于"真辩明红趴馆"互动式党课的组织开展有了新的思考和理解，另一方面也让在场观众对于青年学生的责任担当有了新的认识。

展示赛的召开对计算机学院"真辩明红趴馆"活动体系而言，是由互动式党课模式向党员日常教育特色模式迈进踏出的坚实一步。它将这种每年2次的集中党课模式赋予了新的生命。通过展示赛的模式，一方面扩大了活动的覆盖面与宣传面，一方面提升了活动的规范性与严肃性，进一步加强了支部与支部之间的交流联系，希望在日后将展示赛打造成为一个支部之间竞技的平台，将各支部的活动成效展示在全院甚至是全校师生面前。学院将原本每年4个月的活动频次提升至每年6个月甚至是每年8个月，从特色到日常，无疑见证着"真辩明红趴馆"这一互动式党课模式的蜕变。

北理梦，天桥情
——"天桥街道大学生社区主任助理"特色党建品牌活动

人文与社会科学学院党委

一、特色做法

"酒旗戏鼓天桥市，多少游人不忆家。"说到老北京，旧时天桥的繁荣风貌自然第一时间映入脑海。时过境迁，经过岁月的洗礼，许多老北京的风情景象早已不复存在，但老天桥依然保持了文化集散地的色彩，延续着往日的生机与活力。2007年7月，在这片富有魅力的土地上，北京理工大学人文与社会科学学院党委（以下简称"学院党委"）与天桥街道办事处结缘，在区校双方的共同努力下，"大学生社区主任助理"项目正式签约启动，由此踏上了14年赓续之路，也掀开了北理工人在"实践育人"思想指导下躬行求臻、打造精品的探索之路。

从天桥项目启动之初，区校双方就积极探索，围绕"育人"这一核心目标设计实施方案，使天桥项目能够成为一个特殊的载体，启发项目参与者由知到行、由行启知、知行合一；在探索的过程中，天桥项目也逐渐形成了多元立体的目标层次。天桥项目的目的在于"为学"，以天桥项目为依托，让实践团成员在参与项目的过程中将所学加以应用，用理论学习指导实践，用实践促进理论学习，让学习的效果得以检验，关于理论的真实认识也在实践中得以实现，从而完善理论学习；天桥项目的目的在于"求真"，天桥项目沟通理想与现实，帮助久居校园的学生获得关于社会的最本质、最真实的认识，在"三观"形成的重要阶段为学生们提供了一个接触社会的平台，为学生们提供了成长的素材；天桥项目的目的在于"实践"，通过体制机制的不断完善，将实践这样一个宏大的题目落到实处，弥补了校园教育在育人模式方面的不足，也就优化了天桥项目的育人效果。从过程和结果的关系来看，

"躬行笃践"是天桥项目的核心特色,这就强调项目成员要亲自参与,扎实践行,实践过程对于项目成员的意义甚至比结果更重要。图1为人文学院天桥实践团获校级青春盛典榜样团队荣誉称号。

图1 人文学院天桥实践团获校级青春盛典榜样团队荣誉称号

经过周密设计、发展完善,天桥项目一路走来在各个发展阶段都彰显了鲜明特色。

在初始探索期(2007—2009年),天桥项目主要是按照街道要求开展工作,深入基层承担大量的重要工作,比如2008年在奥运会期间,除担任城市志愿者外,还承担了大量的志愿者培训工作。

在机制完善期(2010—2012年),天桥项目以更加积极主动的姿态开展工作,在拓展项目内涵、完善管理措施等方面做了大量的工作,天桥项目也日益走上正规化发展的道路,提出了督导制度等一系列重要制度,天桥项目的实践育人功能也进一步完善,学院党委作为实施单位,提出了"共建区校指导合力的构建机制、选拔过程教育功能的促进机制、宣传工作激励因素的形成机制、交流平台辐射效应的拓展机制、预期成果带动作用的挖掘机制",并最终基于天桥项目形成了"多层次、立体化社会实践活动模式"。

在创新发展期(2013—2015年),学院党委围绕"实践·学术·创新"阶梯化实践育人模式这一核心内容,在招募途径、专业结构、人员比例等方面都进行了创新化探索。

在成熟稳定期（2016—2019年），学院党委深化合作，先后同天桥街道挂牌建立"大学生社会实践教育基地""大学生党员教育实践基地"，打破专业限制与院级壁垒，突破暑期限定与实践模式，选拔输送全校各年级、各专业学生，同天桥街道开展日常服务、疫情防控、公开课程、社会实践、党员教育等多方面、多维度合作，创新大学生教育区校结合模式，取得了标志性进展。

二、实践成效

经过四个阶段的充分发展，天桥项目逐渐发展成为一个方法丰富新颖、内容灵活多样、效果多效合一的实践项目，为高校通过区校合作、社区合作等实现大学生党员"三全育人"局面提供了良好范式。在街道层面，学院党委每年暑假期间面向全校招募优秀大学生组建本年度社会实践团，利用党建带团建的模式，增进学生党员、学生团员同社区党员、社区团员的交流，配合天桥街道团工委开展"社区青年汇"等相关党团活动。14年内，天桥项目实践团先后向社区输送400余位优秀大学生，累计服务社区居民达10 000余人次，年均为街道提供服务5 000余小时。在社区层面，学院党委每年向天桥街道下辖的"天桥小区社区""留学路社区""永安路社区"等8个社区选派学生党支部，同社区党支部一道开展为期一年的"红色1+1"党支部共建活动。2013级研究生第二党支部，2014级本科生第一、第二党支部，原人文学院马克思主义专业党支部等均曾前往天桥街道各社区，开展社区服务、参与社区活动、教授专题党课、开展志愿服务等。

三、探索启示

14年来，学院党委通过"天桥街道大学生社区主任助理"品牌项目，已探索形成新时代党建育人、实践育人新模式；通过构建"大学生社会实践教育基地""大学生党员教育实践基地"，实现学校和街道双方协同搭建大学生社会实践、大学生思想政治教育、大学生党员教育平台，收获了丰硕的成果。截至目前，依托天桥项目共形成调研报告百余篇；在期刊发表学术论文和杂文随笔等文学作品累计百余篇；由北京理工大学出版社公开出版发行实践成果集两本；为"世纪杯""挑战杯"等学术科技竞赛输送项目几十余项；在北京市级、校级各层次各类型评奖评优中先后获得各类奖项；创建了学生实践培训基地，并以课程实践体系为基础尝试普及化推广。现在，天桥项目已经成为学院社会实践工作和实践育人工作的切入点和重要基础。天桥项目育人模式架构示意如图2所示。

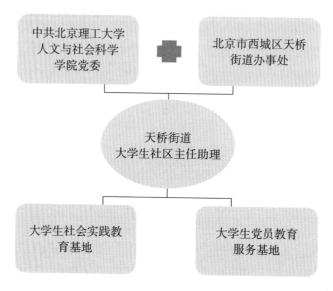

图2　天桥项目育人模式架构示意

在未来，学院党委将持续输送优秀学生党员、团员，继续前往社区，深入群众，鼓励知行合一、学以致用的同时，努力为居民服务、为社区服务，担起社会大任，争做时代新人。

党团小组展特色，党员教育开新局

法学院本科生党支部

北京理工大学法学院历来重视党建工作的高效与有序开展，在党建活动中高举中国特色社会主义伟大旗帜，以习近平新时代中国特色社会主义思想为指导，全面学习贯彻党的十九大、十九届二中和三中全会精神，传承学校红色基因。北京理工大学法学院本科生党支部在法学院党委的带领下，具有跨校区与覆盖人数广等优势，将"党团小组"系列活动作为党支部的创新型主打活动。党团小组系列活动作为一项旨在充分发挥党员能量，为学生发展而服务并践行党员先进性的工作，其顺利开展将为具有不同需求的学生带来个性化的支持和帮助。

一、特色做法

北京理工大学法学院各党团小组是由包括教工党员、特长学生以及骨干党员组成的团队，具体包括司法考试党团小组、出国党团小组、考研党团小组、保研党团小组、服务低年级学生党团小组、就业党团小组以及民族生党团小组等7个小组。党团小组是法学院党建工作重点之一，所有党员、预备党员及入党积极分子都应当加入，结合学生们的需要，切实开展相应的服务工作。

1. 司法考试党团小组

国家法律职业资格考试对于法律学科专业学生的重要程度不言而喻，法学院本科生党支部针对学生的需求，秉持服务学生的理念而组建司法考试党团小组，于每年司法考试成绩公布后，邀请已通过司法考试的学生作为主讲人，举办专门的分享会，进行经验的分享与交流，树立标杆与榜样，力图为即将步入司考道路的学生提供有效的信息支持。

2. 出国党团小组

随着时代的不断发展，社会日益多元化，法律行业对于视野更广、语言能力更强的专业型人才的高需求也日益突出，出国成为法学院学生选择的一条重要出路。本科生党支部根据这一发展特征，组成出国党团小组，针对学生在出国前的"零消息来源"以及"盲目选择"等问题，举办专门的座谈会，邀请教师以及已获得国外高校录取通知的学生针对性地提出解决意见，例如，出国之前应当做好院校考察，结合自己的兴趣点和优势选择院校和专业，详细介绍LLM（法学硕士）、SJD（法律科学博士）、JD（法律职业博士）的区别以及优劣，并最终让学生明白留学不是目的，最终的目的在于就业，以出国作为人生的新平台并付出不懈努力才可能走得更远。

3. 考研、保研党团小组

面临大学期间重要转折点，不少大三学生对未来的规划和发展方向陷入迷茫，而考研究生已经成为当代大学生选择如何结束本科学生生涯的重要路径。本科生党支部组成考研、保研党团小组，针对选择考研学生的院校选择、复习规划和选择保研前的成绩要求、素质能力要求进行梳理，举办专门的经验交流会，与处于迷茫期的学生进行分享，力图让大家明确自身目标，切忌盲目跟风。

4. 服务低年级学生党团小组

本科生党支部开展党团小组活动的目标宗旨为服务学生，低年级学生普遍入学不久，存在学习、生活、人际等各方面的困惑和问题。因此组建服务低年级学生党团小组，党支部不定期组织党团小组成员走访低年级学生群体，深入了解低年级学生群体的思想状况，有问题解决问题，在解决问题的过程中加强思想政治工作的建设，不断培育和践行社会主义核心价值观，传承学校红色基因。

5. 就业党团小组

为帮助法学专业学生明确求职方向，提升学生求职技巧，帮助学生们更好地把握职场、实现职场目标，法学院就业党团小组专门举办经验交流会，邀请已经在职的和即将走向工作岗位的学长学姐作为主讲进行经验分享。例如，2015年5月10日晚，北京理工大学法学院在7号楼108教室举办了"求职有法——求职经验交流会"就业党团小组经验交流活动，该党团小组活动主要围绕求职经历经验分享以及求职疑难问题解答来展开。

6. 民族生党团小组

作为一个民族生众多的学院，法学院非常重视发挥民族生党员的"德学楷模"作用。本科生党支部成立民族生党团小组，依靠"德学楷模"来帮助和带动各民族学生努力学习专业知识、全面提升综合素质。民族生党团小组成立后，先后举办了少数民族学习经验交流会、法学院少数民族学习红宝书编撰等活动，以学生喜闻乐见的形式切实转化"榜样的力量"，促使更多民族学生"见贤思齐"，从而营造促进各民族学生团结共进的良好氛围。

二、实践成效

首先，本科生党支部开展的党团小组系列活动，是对"两学一做"学习教育活动的深入贯彻与落实。"两学一做"学习教育不是一次活动，而是要覆盖每个党组织和党支部。本科生党支部积极响应号召，认真完成自学、集体学习等，在贯穿全年的学习中规范言行、坚定信念、提高觉悟；坚持边学边做，深化本支部的创新型特色活动，以"党团小组"丰富学习型、服务型党组织内涵建设，进一步扩大外延，推动党支部的党建工作进一步发展。

其次，"党团小组"系列活动特色鲜明，能够紧扣时代脉搏，符合自身特点，贴近师生党员思想、工作和生活实际，并且在师生当中产生了热烈的反响。自"党团小组"系列活动开展以来，法学院师生之间、高低年级之间、党组织与团组织之间、党组织与群众学生之间的交流和联系日渐紧密，交流日渐频繁，该系列活动已经在全院形成品牌效应。

最后，"党团小组"系列活动已经在全校范围内产生一定的影响力。"党团小组"系列活动曾多次邀请校领导参与并讲话。校领导对"党团小组"系列活动中与会教师和高年级学生代表的经验交流进行了充分肯定，并表示"党团小组"系列活动使学院活动更加丰富多彩、更有特色，应该发挥好党团小组的作用，引导学生们发挥特长、健康成长。

三、探索启示

法学院本科生党支部举办"党团小组"系列活动的经验就在于"贴近同学生活，发挥服务力量"。

只有不断深入了解学生们的现实需要,与群众学生打成一片,才能针对问题提出解决办法,才能更好地发挥党员的先锋模范带头作用,这就是不断培育和践行社会主义核心价值观的具体体现,这就是开展"不忘初心、牢记使命"主题教育活动的完整诠释。

实理论，求创新，做好基层战斗堡垒

光电学院2018级光工1班党支部

自2018年起，光电学院2018级光工1班党支部以"做活动、立品牌、求传承"为核心主题，开展了一系列特色党日活动。

一、特色做法

1. 紧抓学习，理论立根基

支部始终将政治建设摆在首位，突出理论学习的关键地位，创新多种理论学习模式。支部在落实党员责任区的基础上，安排支委担任支部"理论学习小导师"，划分理论学习责任区，以多样的风格和不同的解读角度夯实理论学习成果，督促支部成员在理论学习中"身在心在"。"理论小导师"同时也负责监督理论学习成效，为增进学习效果提出意见和建议。与此同时，支部长期坚持分享党课心得，积极调动支部成员的参与积极性，多管齐下筑牢理论学习根基。

2. 校企互助，薪火共相传

支部巩固校企互助平台，充分彰显战斗堡垒作用。3年以来，支部与北京北方长城光电仪器公司党支部进行共建，双方维持良好的沟通交流，开展包括参观、座谈、讲座、专题党日等形式的系列活动。活动在促进支部成员了解相关专业的就业信息、专业发展的同时，也营造了军工报国的爱国主义氛围。在共建互助中传承"延安根、军工魂"的红色基因，充分发挥党员先锋模范作用。

3. 以"体"载"学"，创新勇争先

支部尝试突破传统理论学习和党日活动的模式，用创新点亮党建工作。读书分享会、理论导师指导分享、主题知识竞赛、"缅怀先烈 致敬英雄"故事分享……支部引导党员在学习榜样的同时用榜样的故事感染身边同学；支部举办以"学风大讨论"、五四运动为主题的知识竞赛活动,化知识的学习于每次抢答和讨论之间;支部抓住改革开放40周年、国庆70周年等契机,鼓励党员走出校园参加展览、讲座活动,在百花齐放中感受40年沧桑巨变、70年风雨历程。

二、实践成效

"做活动、立品牌、求传承"主题活动不断夯实党支部的政治建设,彰显党支部的政治功能。在支部带动下,党员们的理论学习深度稳步提升,充分地激发了大家的主人翁意识;借助校企交流平台,支部成员对本专业的认识更加深化,更加明晰了科技报国的深刻意义和远大理想,体会到了军工文化在新时代高等教育中迸发出的蓬勃生机。该系列活动有幸获得了北京市"红色1+1"活动优胜奖表彰和北京理工大学光电学院2019年"最佳党日活动"的称号。

在日常工作中,支部不仅注重活动的开展形式,也强调活动内容的翔实,将活动落脚于提升党支部的凝聚力。活动开展过程中充分覆盖了党员和团员群众,不断提升党支部的吸引力,起到了良好的党建带团建的作用。在疫情期间,支部深入贯彻落实习近平总书记关于疫情防控的重要指示精神和学校、学院党委的相关部署,充分发挥组织优势,团结发动支部各党员落实好各项疫情防控措施。支部多名成员参与社区防疫志愿服务工作,用实际行动践行党员义务,彰显先锋模范作用。返校之后,支部党员严格落实学生安全点对点责任制,进一步细化党员责任区,充分发挥党支部战斗堡垒作用,为党员群众筑起坚强的后盾。

三、探索启示

支部从加强党支部规范化建设、创新支委会协调机制、挖掘党日活动意义深度入手,建设朝气蓬勃的学生样板党支部。严把党员发展关,进一步规范化、严格化入党积极分子管理,完善"党员E先锋"信息管理等情况;完善考勤制度,做到"次次活动有考察,回回发言有记录",提高党员、入党积极分子参与组织生活的主动性。强化支委责任意识,明确支委会分工,落实支委会会议精神,创新协调机制。在理论学习中,支委会带头充分交流，读原文，悟原理，挖掘理论学习深度，把握活动内容、方向。在活动筹备中，支委会做好前期调研，确保活动形式的创新性，在保证理论学习质量的同时，充分调动党员参与活动的积极性。受到疫情影响，一段时间以来的活动多以讨论和交流为主，形式较为单一。对此，在疫情防控常态化的形势下，支部将集思广益，挖掘更有意义、贴合实际的特色化活动。同时，注重支部的日常总结反思和党员、群众的反馈，结合支委会或支部的充分讨论，发挥党员集体智慧，不断查缺补漏，举一反三，以期百尺竿头，更进一步，建设质量过硬的学生样板党支部。

推动"党建+"模式 打造工作新亮点

自动化学院检测博士党支部

自动化学院检测博士党支部认真学习贯彻习近平新时代中国特色社会主义思想,认真学习习近平总书记关于新型冠状病毒肺炎疫情防控工作的重要指示和讲话精神,贯彻落实"共克时艰,战'疫'党旗红"主题党日活动,同时结合学校"五色"主题党日,巩固"不忘初心、牢记使命"主题教育成果,充分发挥基层党组织的战斗堡垒作用和党员先锋模范作用。自2020年起,本支部立足实际,创新推动"党建+"的工作模式,开展了一系列"党建+"活动,努力探索党建创新品牌,打造党建工作新亮点。

一、特色做法

1. "党建+科创"

习近平总书记说过,"我们比以往任何时候都更加需要强大的科技创新力量"。高校学生组织是党在高校的后备军,博士研究生党员要充分发挥先锋模范带头作用,在大学生群体中引领科技创新。为此,支部立足实验室基础,坚持党建工作与科研学习相融合、双促进的工作思路,树立"党建引领,科技创新"的理念,探索"党建+科创"的工作模式,倡导"党群+博硕"的团队组合方式,形成党员创优争先的良好科创竞赛氛围。

2. "党建+团建+班建"

十九大报告明确提出要把基层党组织建设成为宣传党的主张、贯彻党的决定、领导基层治理、团结动员群众、推动改革发展的坚强战斗堡垒。支部按照"坚持党建引领,以党建带团建、促班建"的工作思路,探索党支部、团支部和班委会的协同工作机制。党支部积极引导学生党员在日常学习、生活以及班级事务管理等活动中做出表率,鼓励党员同志积极担任团支部委员和班级委员;同时,为促进党支部、团支部和班级的充分互动,采取"党日活动""团日活动"相结合的形式,积极开展"党团班"共建相关活动,为党支部建设、团支部建设和班级建设贡献党员的力量。

3. "党建+疫情防控"

2020年新冠疫情突然袭来,给我国经济社会的发展带来前所未有的冲击。为贯彻习近平总书记关于防控新冠疫情的重要指示精神,落实国务院关于新型冠状病毒肺炎疫情的防控部署和学校党委疫情防控的相关要求,支部强化党建引领,构筑疫情防控"红色堡垒",加强对疫情防控工作的正确宣传和引导。一是党支部坚持"学'习'不间断,战'疫'不放松",充分利用"学习强国"平台、"党建云"平台、微信群等新媒体方式,定期组织支部党员集中学习,认真学习和交流习近平总书记关于新型冠状病毒肺炎疫情防控工作的重要指示和讲话精神;二是坚持"党员引领疫情防控"的思路,在支部"党员卫生责任区"的基础上,建立"党员疫情防控责任区",要求带领同学做好责任区内的卫生和消毒工作,督促同学佩戴口罩,对同学进行心理疏导,宣传正确的防控理念,引导同学自觉抵制互联网中传播的与疫情相关的谣言;三是开展"共克时艰,战'疫'党旗红"主题党日活动,组织观看《战"疫"一线党旗红》公益专题片、央视疫情防控系列宣传片等,强化支部党员的责任心和使命感,以促进党员在疫情防控中发挥先锋模范作用。

4. "党建+环保"

2020年5月,修改后的《北京市生活垃圾管理条例》正式执行,受新冠疫情影响,学校从2020年11月开始逐步推动学校的垃圾分类工作,为响应学校后勤的号召,检测博士党支部联合检测博士团支部和班级共建,一方面开展垃圾分类回收知识讲座,观看垃圾分类回收宣传片;另一方面在支部卫生责任区的基础上,建立"垃圾回收责任区",要求党员发挥模范带头作用,带领和引导团员和周围同学积极主动地进行垃圾分类回收,为学校环保工作贡献力量。

5. "党建+纪念抗美援朝"

为纪念中国人民志愿军抗美援朝出国作战70周年,支部开展了"缅怀最可爱的人"系列党日活动。首先,共同观看"中国人民志愿军抗美援朝出国作战70周年大会",并学习了习近平总书记在"中国人民志愿军抗美援朝出国作战70周年大会"上发表的重要讲话;其次,为开展革命传统教育,缅怀先烈，铭记历史，支部组织党员观看爱国题材电影《金刚川》，追忆抗美援朝，致敬最可爱的人；最后，利用"支部书记讲党课"的活动，由支部书记带领全体党员回顾和学习"抗美援朝"的伟大历史，引领党员弘扬伟大的抗美援朝精神，雄赳赳、气昂昂，投入全面建设社会主义现代化国家的新征程。

二、实践成效

"党建+"的工作模式，充分彰显了党支部的政治功能，发挥了党建引领作用，在支部的带动下，支部党员努力创优争先，在各方面均取得了优异成绩。2020年，支部党员先后参加"'华为杯'中国研究生数学建模竞赛""中国研究生机器人创新设计大赛""Mathorcup数学建模竞赛"和"世纪杯"等多项学科竞赛，获奖共计3人次；个人获奖和荣誉共计19人次，其中北京理工大学优秀博士毕业生1人次、优秀研究生标兵1人次，优秀研究生干部1人次，优秀研究生1人次，优秀党支部书记1人次，优秀党员1人次；国家奖学金2人次，学业奖学金11人次；支部先后被评为学校"样板党支部"和学院"先进党支部"。

同时，"党建+"的工作模式，推动了党支部、团支部和班级的互动交流，党建带团建、促班建，有力地促进了党团班的共同进步；另外"党建+"的新模式，还避免了党支部活动单一枯燥的现象，充分调动了党员的积极性，增强了党员的责任性和使命感，有效地发挥了党员的先锋模范带头作用。

三、探索启示

"打铁还需自身硬"，让党建工作自身实起来、硬起来，才能有效地发挥党建工作的引领作用。推动"党建+"工作模式，要结合支部实际，找准结合点，精准发力。检测博士党支部作为博士研究生党支部，要牢牢抓住科研学习的工作重心，使党建与科研学习相结合，党建引领科研学习，科研学习促进党建，在此基础上利用"党建+"的工作模式全方位辐射，充分发挥基层党组织的战斗堡垒作用和党员先锋模范作用，让党支部在新时代散发熠熠光彩。

"稳毕业、促就业、防疫情"三管齐下，精准解决毕业生党支部问题

化学与化工学院2018级硕士第六党支部

2020年，是太不平凡的一年。疫情打乱了原本的学习生活节奏。在学校党委及化学与化工学院党委的坚强领导下，2018级硕士第六党支部全体成员在家中度过了2020年上半年，支部原本制定的"样板党支部活动"也随之延期。居家期间，支部成员严格遵守学校、学院规定，非必要不外出、不聚集，定期汇报身体情况，并积极向灾区捐款。

自2020年9月返校之日起，2018级硕士第六党支部开展了以"稳毕业、促就业、防疫情"为主要内容的党日活动，结合当前疫情形势、毕业以及就业情况，开展了一系列活动。

一、特色做法

1. 就业交流分享会，让同学们就业有信心

2021届高校毕业生就业形势复杂严峻，就业工作任务艰巨。为贯彻落实党中央、国务院"稳就业""保就业"决策部署，2020年9月22日晚，2018级硕士第六党支部在工业生态楼527会议室召开了就业交流分享会，出席会议的还有学院就业指导教师张春娟。

张春娟老师向同学们介绍了目前整体的就业情况，指出了简历制作以及投递、择业标准、职业生涯规划等问题。同学们也就自己不同的情况提出了疑问，张春娟老师都一一作答。会后，许多同学都对就业有了更进一步的认识。张春娟老师表示这是她第一次参加党支部举办的就业交流会，对此次活动给予了充分的肯定。

2. 毕业帮扶会，让同学们毕业有耐心

化学工程专业有其专业特殊性，毕业论文内容与化学实验有关。受疫情

影响，研二下学期，支部全体成员在家中度过了7个月的时间，没有进行实验，毕业任务艰巨。

为了更好地贯彻落实教育部、北京市关于做好毕业生毕业工作的相关文件和会议精神，进一步加大对支部成员经济困难毕业生、就业困难毕业生的帮扶力度，全力促进未就业毕业生充分就业，2020年12月11日，2018级硕士第六党支部召开了就业帮扶会。会上，支部成员分别提出自己毕业面临的压力以及困难，对于支部内能解决的如化学试剂以及分析仪器的借用问题，支部成员通过讨论形成解决方案；对支部内部无法解决的问题，形成书面内容积极向学院反馈。

3. 心系一线送温暖，让同学们防疫有恒心

为全面贯彻落实习近平总书记提出的"坚定信心、同舟共济、科学防治、精准施策"的总要求和"要把人民群众生命安全和身体健康放在第一位""疫情防控要坚持全国一盘棋""广大党员干部要冲到第一线"的"三个一"思想，积极响应学校、学院党委号召，2021年1月19日，2018级硕士第六党支部组织开展"送温暖、防疫情"活动。此次活动，为坚守在防疫一线的保卫处同志送去了暖贴、耳罩、洗手液等用品，并制作了防疫宣传横幅，悬挂在良乡校区门口。支部成员聆听了保卫处工作人员的日常工作内容，对于他们在寒冬季节仍坚守自己的岗位，支部成员表达了深深的敬意。

二、实践成效

"稳毕业、促就业、防疫情"主题活动充分彰显了基层党支部的政治功能。在支部的带动下，支部成员对毕业、就业、防疫有了更深层次的认识。目前支部成员达成就业意向的人数占比达到80%，多数同学的毕业实验压力得到很大程度的减轻。面对疫情，保卫处防疫人员始终坚守岗位，寒风肆虐，在特殊的时期里，2018级硕士第六党支部为他们送去保暖抗寒物资，代表了支部对他们的敬佩和感激。病毒可以隔离距离，却隔离不了爱和温暖。

三、探索启示

2020年，新冠肺炎疫情席卷而来，停产、停业、延缓开学使毕业生的毕业、就业雪上加霜。目前，新冠肺炎疫情全球蔓延之势不减，化学与化工学

院2018级硕士第六党支部高度重视本支部成员毕业生就业问题，通过开展一系列活动，做到疫情防控和毕业生就业多手抓，突出党支部的政治功能，把基层党组织建设成为坚强的战斗堡垒。古人云："人而无责，于世何益。"一名党员就是一面旗帜，2018级硕士第六党支部要始终坚守初心，勇担使命；在党中央的坚强领导下，在学校和学院党委的共同努力下，要始终坚持发挥先锋模范作用，虽然不能奋战在抗击疫情的第一线，也应当竭尽所能，从维护人民群众的利益出发，凝聚起众志成城、全力以赴、共克时艰的强大力量，打赢这场疫情防控阻击战！

点亮党建"五颗星",建设学习服务型支部

自动化学院智能信息处理与控制教工党支部

自2018年起,智能信息处理与控制教工党支部开展了以政治学习、师德师风、人才培养、学科发展、中心工作等为主要内容的"点亮五颗星"活动。

一、特色做法

1. "红色记忆",开展红色主题学习活动,坚定党员初心使命,点亮"东方星"

支部党建工作始终将政治建设摆在首位,通过开展多种形式的理论学习与参观实践活动,坚定党员的理想信念,不忘初心、牢记使命。支部组织学习传达党的重要文件,理论学习活动采用支委领学文件、党员谈心得体会、领导总结点评的方式进行认真学习。2020年6月11日,党支部书记李原采用线上媒体形式上了一堂主题为"向毛泽东学管理"的微党课,分享了在学习毛泽东思想过程中对党的群众路线的理解,并结合自己的实际介绍了在科研工作和人才培养中如何实践党的群众路线。2020年12月19日,组织支部全体党员在线上参观中国国家博物馆,以"参观'复兴之路',牢记初心使命"为题开展主题党日活动。通过这些学习活动,党员从革命历史和社会主义建设成就中学习思考,增强"四个意识"、坚定"四个自信"、自觉做到"两个维护",提高了政治觉悟。

2. "师德传承",教师现身说法,传承师德师风,点亮"北斗星"

支部坚持不懈地加强师德师风建设,立师德,传师道,铸师魂,传承"延安根、军工魂"红色基因。为了提高教师立德树人的使命感,帮助青年教师成长,支部邀请了教学名师为大家现身说法,从教学工作实际来分享如何提高教师自身的师德师风和业务水平。2018年3月28日,邀请了自动化学院

退休教师、教学督导专家李庆常教授，为大家做了"智于学·慧于思——北京理工大学自动化学院专业发展历程"主题发言，让大家深刻领会了自动控制学科发展的光荣传统和历史使命。2019年9月10日，邀请了北京市教学名师彭熙伟教授，探讨从自身实践和青年教师成长的角度如何凝练总结教学成果，做好人才培养工作。

3. "匠心育人"，师生对面谈心声，春风化雨助成长，点亮"启明星"

紧紧抓住培育社会主义建设者和接班人的根本任务，党员教师引领学生担复兴大任，做时代新人。支部近3年每年都组织一次和学生支部的联合党日活动，目的是为师生提供交流心声的平台，发现和解决学生学习、生活、发展中的困难。2018年5月31日，支部组织师生一起到南开大学计算机与控制工程学院开展联合主题党日活动，座谈交流人才培养和学科发展的经验，并参观周恩来邓颖超纪念馆，教师和学生一起学习，一起分享体会。2020年4月29日，针对新冠肺炎疫情期间学生居家不能返校的实际情况，邀请学生党支部6名党员一起举行联合党日活动，提供师生交流谈心的机会，发现和解决了一些疫情期间学生远程学习的实际问题。

4. "创新融合"，开展联合主题活动，交流融合促创新，点亮"智慧星"

促进学科交叉融合，实施创新驱动发展，服务国家重大战略需求。为了拓宽思路，支部采用了"走出去"的形式，和企业研究所党支部开展联合主题党日活动，交流学科研究成果，融合产学研，探索校企联合创新的途径。2018年4月27日，支部赴航天科工集团二院二十三所，与伺服系统室党支部共同举办了"创新融合"主题党日活动。2019年9月18日，支部赴联想研究院开展调查研究，与中共联想控股股份有限公司第一委员会（联想集团分党委），共同举办了"不忘初心、牢记使命"主题党日活动。联合支部活动交流了党建经验做法，了解了行业发展前沿和企业用人需求，使校企合作向深度、广度拓展，将充分发挥学科支部、党员在实施创新驱动发展战略中的战斗堡垒和先锋模范作用，努力创造新的成绩，为学校"双一流"建设贡献力量。

5. "党员先锋"，发挥党支部战斗堡垒作用，支持学校重大中心工作，点亮"定盘星"

坚持党建工作与业务工作相融合、双促进的工作思路，在学校的重大中心工作面前，党支部对党员进行号召和动员，通过党员先锋带头作用，引领各项工作的开展。在新冠肺炎疫情期间，支部全体党员坚持日报告制度，认真排查统计，开展防疫工作，无漏报和瞒报情况，圆满完成抗击疫情任务。2020年3月，组织硕士研究生在线上进行入学复试，强化了党组织的领导力量，要求参加复试的教师以高度的政治觉悟和责任心来落实各项要求，确保复试工作公平、公正。2020年7月，组织党员为毕业生开展"行李云打包"服务，在党支部的号召下，所有党员不辞劳苦，在炎炎夏日为学生打包行李。2020年11—12月，组织党员参加"自动化专业工程教育认证"和教育部"第五轮学科评估"，党员克服年底教学任务重、科研任务集中等各种困难，积极承担和支持学校工作，助力学校"双一流"建设。

二、实践成效

"点亮五颗星"主题活动充分彰显了高校党支部的政治功能，围绕思政建设、立德树人、人才培养、学科发展、研究创新等高校中的多维工作内容，提供有力的支持。在支部的带动下，近两年有5位青年党员入选人才计划，快速成长为青年学术带头人；获得了2篇中国自动化学会优秀博士论文；建设了2门优质课程；获得了2项科技奖励。张金会老师入选国家"万人计划"青年拔尖人才；崔灵果老师获得"北京理工大学教学名师"和第三届"迪文"优秀教师奖；戴荔老师入选中国科协"青年人才托举工程"；翟弟华老师入选中国电机工程学会"青年人才托举工程"；"特立博士后"张元的论文《网络化系统拓扑结构失效的一般可检验性与可分离性》获评"2020年度博新计划十大创新成果"；夏元清教授在博士生培养工作中获得"中国自动化学会优秀博士学位论文奖"和"中国指挥与控制优秀博士学位论文奖"；获批北京高校优质本科课程、教育部来华留学研究生英语授课品牌课程；第八届吴文俊人工智能自然科学奖；中国指挥与控制学会科技进步一等奖。支部树立了只争朝夕、追求卓越的工作风气，师生关系和谐，各项工作开展顺利，充满了正能量。

三、探索启示

在基层党建工作中，我们深刻体会到了党支部作为党的基层组织，是党和群众联系的重要桥梁和纽带，是党的工作力和战斗力的基础。党的十九大报告明确提出，要以提升组织力为重点，突出政治功能，把基层党组织建设成为坚强战斗堡垒。在组织和开展"点亮五颗星"的活动中，我们感受到高校基层党员高度的责任心和巨大的创造力，无论是落实上级党组织的工作任务还是开展支部自发的主题活动，无论是承担琐碎细致的学生工作还是探索学科研究前沿，党员们都表现出优秀的政治素养和很强的创新能力。我们有信心通过不断丰富组织活动形式，进一步落实和规范基层党支部制度，使党建工作取得更大的进步。

做好特色专题 提升组织凝聚力

设计与艺术学院本科生低年级党支部

自2018年开始,设计与艺术学院本科生低年级党支部坚决学习贯彻习近平新时代中国特色社会主义思想,学习宣贯全国教育大会、全国高校思想政治工作会议、十九届五中全会等重要会议精神和习近平总书记系列重要讲话。在学校党委和学院党委的领导下,带领全院师生开展理论学习,结合专业特色,积极组织各项专题活动,不断加强组织建设。

一、特色做法

1. 师生共学共做行

通过"师生共学共做行",开展主题党日活动,充分发挥师生党员的先锋模范作用,推动全员思政,将思政与教学工作充分融合,将树立文化自信、培养工匠精神、传承优秀民族文化等符合设计学科特色的思政元素全面融入课程思政教学体系,促使学生提升专业自信与道路自信。

2. 建设"画说""后绘有期"系列品牌

"画说"和"后绘有期"项目是设计与艺术学院低年级党支部创办的两大主题教育活动。活动先后以"习近平七年知青岁月""知艺学子与国庆70周年""不忘初心、牢记使命""抗疫系列:风雨同舟、致敬逆行者、期盼春天、宅家守护"等主题展开创作。低年级党支部这两项主题教育活动选择了时事热点和主题中最与学生贴近的角度作为切入点,以小作品、小视角呈现大观点、大主题,取得了良好的宣传效果。

3. 积极组织开展专题活动

在各项专题活动开展过程中,各环节成员上行下效。在党支部的指导下,学生们积极配合,通力合作,充分发挥和展示学院专业特长,遇到问题迎难而上,尽全力完成每次专题活动,争取使主题教育活动形成从举办、参与到呈现的良性循环，最终取得有目共睹的优秀成果。

二、实践成效

设计与艺术学院本科生低年级党支部在学院党委的指导下，利用网络平台开展活动与建设，继续深入推进"师生共学共做行"，努力拓展新范式。开展"共学回信精神、同担复兴大任""'绿色'匠心育人"等主题党日活动，努力开展师生支部共建、线上线下共建，发挥师生党员先锋模范作用。邀请教工党支部优秀党员教师，带领学生筹备、举办"Design AND"等高水平系列学术讲座、"特立论坛"学术活动，帮助学生提升学业、拓宽视野的同时，不断提升理论自信和道路自信。2020年疫情防控期间，本科生低年级党支部线上不停学，通过组织师生共同学习《习近平给北京大学援鄂医疗队全体"90后"党员的回信》等，提高低年级党支部的思想认识水平，在疫情期间发挥党员的先锋模范作用，参与社区志愿服务。返校后，低年级党支部组织开展线下"疫情下的青年思考"主题党日活动，师生共同分享疫情感悟，提高支部党员的思想认识，增强凝聚力。

"画说"活动旨在通过绘画等艺术形式，传播积极向上的正能量。"后绘有期"旨在用更加容易接受的方式，分享设计与艺术学院、知艺书院学子围绕时事和活动主题的点点滴滴。活动开展以来，设计与艺术学院低年级党支部秉持着创办这两项活动的初心，按照上级的安排部署，精心组织，统筹兼顾，协调推进，取得了不错的成效。

2018年，设计与艺术学院低年级党支部以学生风采、活动纪实、专业特色、思想动态"四位一体"，推出"后绘有期"活动，新媒体推送12期。2019年，低年级党支部在学生党员和新生中开展"画说"——《习近平的七年知青岁月》主题读书创作活动，以绘画创作的方式，展现读书感想，得到中国教育新闻网等媒体的关注和报道；以学生风采、活动纪实、专业特色、思想动态"四位一体"，推出"后绘有期"活动，新媒体推送4期，线上展览4期，取得了良好的宣传效果。2020年，低年级党支部组织学生党员积极参与线上活动，"画说·全力抗疫"，以设计绘画展现设计学子与新冠肺炎疫情做斗争的坚决心态以及对身边奋战在一线工作者的尊重与赞扬，提高支部党员的思想认识；"画说"系列之"共绘'80'"结合校庆80周年，以手中画笔为北京理工大学庆生，绘出设计与艺术学院学子的时代担当；结合时代热点，推出"后绘有期"活动，新媒体推送4期。

根据校党委、学院党委的工作部署，低年级党支部通过党日活动、集体学习、党团共建等形式积极开展专题活动。

2018年，依托学生党支部，在学校中心花园开展"不忘初心 重'走'延安路线图"特色党日活动，得到《人民日报》和人民网等多家媒体的关注和报道，取得了良好的教育和宣传效果。2019年，积极鼓励和支持党员参加志愿服务和文体活动。多名支部党员参与数字表演与虚拟仿真技术、澳门"莲花绽放"游行彩车设计、群众游行方阵、国庆联欢表演、国庆志愿服务等任务，以实际行动为祖国70华诞献礼，并积极参与"知艺学子与国庆70周年不得不说的那些事"绘画作品征集活动，以画作凝存参与盛世大典的记忆。其中，陈圣年等5名本科生的作品《红色基因，血脉传承》被学校选中，赠予了"庆祝中华人民共和国成立70周年"纪念章获得者、参与了开国大典群众游行的91岁老校友匡吉。2020年，组织支部师生共学"回信精神"、观看十九届五中全会学习视频并开展讨论。2020年恰逢北京理工大学建校80周年，支部多名党员、积极分子参与到校庆节目中；在学院党委、团委的指导下，以学校80周年校庆为契机，开展"绘校园井盖""80剪纸"等特色活动及宣传，发动学生党员、入党积极分子发挥专业优势积极参加活动，取得了良好的宣传实效。此外，低年级党支部根据学校党委以及组织生活意见，开展"使命在肩，奋斗有我"主题教育活动、"时代新人说"活动、暑期红色育人实践活动、"桶前值守"专项行动，组织积极参与"'12·9'大合唱"等思政教育活动，扎实开展德育开题、中期、答辩活动，鼓励学生参与北京卫视大型中华民族传统文化传承创新类节目《上新了·故宫》等，不断加强对师生意识形态的正面引导。

三、探索启示

在学校党委和学院党委的领导下，本科生低年级党支部将进一步强化理论武装，学习贯彻习近平新时代中国特色社会主义思想；进一步推动师生支部共建，做好"师生共学共做行"和思政进课堂；将党建与专业相结合，通过优秀党员教师的带领，增强低年级党支部的凝聚力，在提升专业素养的同时，提高思想认识，厚植爱国主义情怀。

努力创新，结合专题活动，推动党建特色化、品牌化深入人心。例如，2020年疫情防控期间，"画说·全力抗疫"线上活动，以设计绘画展现抗疫的艰巨；"后绘有期"项目开展了"宅家防疫"专题，以有趣的漫画形式科普防疫知识。今后本科生低年级党支部会继续将专业特色与时代热点相结合，丰富活动内涵，不断追求更好的学习效果。

Part 06 | 第六篇

红色血脉永赓续

——传承"延安根、军工魂",推动北理工事业发展

宇量广深共话航天事，航海梯山同做航天人

宇航学院党委

"习近平总书记指出，伟大事业始于梦想、基于创新、成于实干。作为宇航学子，作为中共党员，我将坚定信念、勇于追梦、敢于创新、奋勇拼搏，传承'航天精神'，努力为航天事业发展贡献力量。"学生党员卢少兆在参加系列活动后说。

一、特色做法

近期宇航学院开展了"航天人进党团支部讲航天事"系列活动，将"使命在肩 奋斗有我"主题教育活动与"航天精神"教育相结合，组织23个党支部和41个团支部深入学习习近平总书记"五四寄语精神"和给参与"东方红一号"任务的老科学家的"回信精神"，邀请航天院所一线科研人员、校友代表为学生党员、团员讲述科研经历，鼓励大家争做新时代"航天人"。

"顺应时代、奉献报国，实现人生价值；踏实做事、持续努力，重视奋斗过程！"中国航天科工集团第四研究院四室副主任孙均政总结分享了自己从事航天事业的亲身感悟，与大家共勉。他介绍了技术归零、管理归零、"三类三带"质量归零工作法，从专业方面给大家带来了一堂生动的实践课。在与一院战术武器事业部人力资源处党支部、体系室党支部开展的共建交流活动中，一院战术武器事业部代表季金佳为大家介绍了陈福田院士的事迹，用老一辈航天人的故事激励学生们做航天事业的追梦者。"陈福田院士用平凡而伟大的一生演绎了一个航天人对航天梦、强国梦的执着追求。作为当代青年航天人，需要向前辈们学习，肩负使命，勇于担当，努力成为科技报国人才。"学生党员王茹瑶参加共建交流活动后充满信心地说。

中国兵器装备集团人力资源联合党支部代表、宇航学院毕业生付志栋为学生们带来了以"使命在肩，奋斗有我"为主题的讲座，与学生们探讨了就

业择业观,鼓励大家在奋斗中实现人生价值。航空工业信息技术中心系统工程应用中心党支部代表、宇航学院毕业生郭佳讲述了新冠肺炎疫情防控期间,积极参与单位志愿服务经历,鼓励大家要坚定信念,甘于奉献。交流期间,两位校友鼓励大家要牢记初心使命,练就过硬本领,在专业领域持续深耕,用实际行动和科研成果为实现中华民族伟大复兴的中国梦贡献力量。"付导和郭导的讲述让我倍感亲切。我们要把握当下,做好准备,将个人的发展主动融入时代浪潮,实现人生价值。"学院团员陈麟齐在参加活动后坚定地说。

二、实践成效

"每个人的人生注定短暂,但如何让平凡的人生放射伟大的光芒,如何扎根社会主义祖国的怀抱,是我们作为新一代青年应该思考的问题。我们要勇于肩负国家富强、民族复兴的使命,努力成为一流人才报效祖国。"学生党员汪洋在参加活动后谈道。"航天人进党团支部讲航天事"系列活动的开展使学生们备受鼓舞,大家在党支部的微信群里展开了热烈的讨论。"非常感谢学院为我们搭建的交流平台,让我感受到优秀共产党员在追求真理、追求卓越过程中的扎实努力和不懈拼搏,使我深切地体会到了共产党员的责任和担当。我会在今后的学习和科研生活中,努力学习、担起责任,以认真负责的态度做好每项科研任务。"学生党员孔馨婉表达了自己的决心。

"航天精神是初心、是使命、是担当,是所有'航天人'的共同追求。希望通过共建活动,能够不断丰富支部共建的形式和内容,激发党支部的创造力、凝聚力、战斗力,发挥学生党员先锋模范作用,切实增强学生思想政治教育实效。"学院副书记、副院长张忱在共建交流总结时表示。结合学科特色、开展共建活动、将"航天人"请进党团支部,是宇航学院在主题教育活动中的一项重要举措。学院通过系列活动,同讲航天人奋斗故事、共话航天人报国志向,在交流共建中持续引领学生深刻理解"航"的精神内涵,不断坚定学生航天报国的远大理想。

三、探索启示

弘扬"航天精神",培养矢志科技、本领过硬、勇于创新、追求卓越的航天航空事业领军领导人才，是宇航学院人才培养工作的重要使命。学院将牢记习近平总书记关于"发展航天事业，建设航天强国"的动员令，进一步将"航天精神"融入思想政治教育，将培养拔尖创新人才与强化爱国担当相结合，激励学生牢记使命，锤炼过硬本领，服务国家战略，将提升思想政治教育工作实效落到实处。

传承红色基因，树牢"军工"党建标杆

机电学院党委

北京理工大学是新中国第一所国防工业院校，1954年创建的机电学院，是学校军工特色最为鲜明的学院。多年来，学院党委始终坚持党的领导，充分发挥政治核心作用，用"红色"领导学院治理，凝聚师生力量，深化改革发展，聚焦建设一流学科、培养一流人才、打造一流科技、营造一流文化，为推动学院事业高质量发展提供坚强的思想和组织保障。

一、特色做法

开展"校企党建零距离"，打造"党产学研"共融

机电学院党委开展"党建校企零距离"品牌活动。活动主要结合机电学院兵器学科的专业优势，依托有合作关系的军工单位，从党建文化共享、党史理论共学、党性氛围共营、党员骨干共培、党员科研业务共融等方面开展支部共建活动，进一步提升党建工作水平，丰富党建工作内涵，充分调动广大党员的积极性、主动性、创造性，继续在人才培养、科学研究等方面加强交流与合作，搭建产学研平台，充分利用双方的优势，形成优势互补，建立长期合作关系，共创协同发展的双赢局面。目前，已有力学系支部、探测系支部、特能系支部、水下无人所支部及相对应专业的学生支部分别与兵装重庆红宇精密仪器有限公司、吉林江机特种工业有限公司、兵工山东特种工业集团、航天遵义梅岭电源有限公司等企业开展了丰富的党建活动。

2017—2020年，机电学院党委拟定了《机电学院"校企党建零距离"支部共建活动办法》，与企业党委以"校企党建零距离"为主题，共同制定具体合作方案，开展系列共建活动。如2018年7月，能源与动力工程系党支部组织实践团与贵州梅岭电源有限公司进行座谈，贵州梅岭电源有限公司党委书记、董事长陈铤对公司的航天三线建设历程，航天历史与航天文化进行介

绍。在座谈会上，实践团同志结合自己的研究方向、项目中遇到的困惑以及未来就业意向等方面，与公司研发技术人员、人力资源负责人等相关领导开展广泛交流。通过参观公司陈列室、锂电池中试线和梅岭新区的生产车间，学生们对"特别能吃苦、特别能战斗、特别能攻关、特别能奉献"的载人航天精神有了更加深刻的理解。2019年7月，力学系党支部赴重庆红宇研究所党支部开展交流活动，与研究所党支部副书记及其他支委就如何在青年中开展党建工作进行了亲密友好的交流，并参观了研究所支部的党建工作室，组织师生党员和群众与重庆红宇研究所党支部共同开展了"不忘初心、牢记使命"主题党日活动，前往杨尚昆故居、杨闇公烈士陵园及杨尚昆陵园参观，并在杨尚昆故居开展了全体合唱《我和我的祖国》快闪活动，在杨闇公烈士陵园举行了重温入党誓词和入团誓词的活动。2020年，与安徽东风机电科技有限公司共同举办落实习近平总书记视察安徽指示党建活动，与中国船舶系统研究院强化党建合作，反向推进科研发展……

二、实践成效

机电学院党委积极开展"四有好老师、四个引路人""弘扬爱国奋斗精神、建功立业新时代""担复兴大任、做时代新人""不忘初心、牢记使命""众志成城，中国加油"网络主题教育活动和"厉行节约，反对浪费"等系列主题教育活动；举办"强国兵器"大讲堂，开展"两弹一星"精神专题报告会，选树"兵器四代人"，凝练富有学院特色的"兵器精神"，布置完成兵器人物爱国奋斗展览，打造"兵器长廊"文化阵地和国防特色爱国主义教育基地；组织新入职教师、青年教师赴东花园爱国主义教育基地、狼牙山红色教育基地交流学习，将"延安根、军工魂"融入今后的教学、科研和育人中，致力打造一流学科、培养一流人才、营造一流文化、追求一流业绩。举办《丁儆传》新书发布会暨学术座谈会，大力塑造师生、校友价值共同体。结合历代兵器人矢志军工、忠党爱国的动人事迹，在学院范围内开展"兵器精神"大讨论。面向全体师生启动院训征集，持续深入探索兵器学科所体现的国防精神、军工文化。充分利用"机电新青年"新媒体平台和《红快递》"两学一做"专刊，占领网络阵地，弘扬主旋律，传播正能量。

三、探索启示

传承"延安根、军工魂",胸怀"国防情、强国梦"。时代在前进,传承"红色基因"的方式也要与时俱进,我们应着力构建红色基因传承的科学化体系,把传承"北京理工大学精神"等"红色基因"融入日常工作、生活之中,切实将革命先烈的伟大革命精神、光荣革命传统在实践中得以充分展现。与时俱进传承红色基因是新时代、新形势、新要求下的必然要求,在机电学院党委的坚强领导下,全院师生脚踏实地,开拓创新,传承红色基因,磨砺军工品格,一切为了党和国家的需要,砥砺奋进,创造辉煌。

致力做"中国电池"的能源支部

材料学院2019级硕士第三党支部

北京理工大学材料学院2019级硕士第三党支部以"着力阵地建设、着眼思想引领、着重联系实际、着手创新创业、着注实践助贫"为主线,以提升支部组织力为重点,发挥党支部战斗堡垒作用,立志当一块"高能量、高效率、长循环"的"中国电池",形成具有影响力和创新精神的新型模范基层党支部。

一、特色做法

1. 着力阵地建设,精准锻造"红色电芯"

习近平总书记多次强调:"要把红色资源利用好、把红色传统发扬好、把红色基因传承好。"支部紧扣"守初心、担使命,找差距、抓落实"的总要求,深入贯彻习近平新时代中国特色社会主义思想,牢记"四个意识"、坚定"四个自信"、坚决做到"两个维护",积极开展"不忘初心、牢记使命"红色主题教育活动,赴北大红楼、中国人民抗日战争纪念馆、白洋淀、雄安新区等15地开展爱国主义教育参观研学活动。理论导师吴锋院士讲述党的历史和光荣传统,重温入党誓词,分享入党初心,坚定政治信念,传承党的优良作风,精准锻造能源人的"红色电芯"。图1为党支部参观中华人民共和国成立70周年大型成就展,图2为党支部开展主题教育活动,参观北大红楼。

支部落实基层组织共学,引导党员自主学习,提高政治素养。2020年与退休教师党支部共建,通过支部书记讲党课、"聆听师道"等方式带领党员集中学习理论原著,与衡水中学共建学习习近平总书记给北京大学援鄂医疗队全体"90后"党员的"回信精神",发挥主观能动性,交流研讨分享,形成思想汇报56篇,开展集中研讨7次,形成"领学自学双管齐下,理论实践双向开花"的学习模式。

第六篇　红色血脉永赓续
——传承"延安根、军工魂",推动北理工事业发展

图1　党支部参观中华人民共和国成立70周年大型成就展

图2　党支部开展主题教育活动,参观北大红楼

2. 着眼思想引领,精心践行"金色使命"

"一生中看过最绚烂的烟火,定格在中华人民共和国成立70周年那夜的天安门前。"国庆联欢志愿者李宇斯深情回忆,身穿金色演出服的他向广大同学讲述青年党员的爱国情怀(图3)。

为巩固中华人民共和国成立70周年庆祝活动教育成果,发挥党员的先锋模范带头作用,强化学生党员的责任感和使命感,支部组织5名参与活动的党员组建庆祝活动主题宣讲团。在学院内组织"不忘初心践使命,爱国传承广覆盖"系列主题活动,开展多角度、多层次的爱国主义教育宣讲活动11场,覆盖1 200余人。支部党员积极探讨、参与、策划、制作相关主题短视频,以"新模式+新角度+新媒体"引领青年爱国主义思想,辐射10万余人次。图4为党支部进行主题宣讲。

图3　党支部党员李宇斯宣讲中

图4　党支部进行主题宣讲

3. 着重联系实际,精诚肩负"蓝色担当"

2019年年末新冠疫情爆发,习近平总书记发表《协同推进新冠肺炎防控科研攻关,为打赢疫情防控阻击战提供科技支撑》等一系列重要讲话,强调要把新冠肺炎防控科研攻关作为一项重要而紧迫的任务。

为落实疫情防控要求,支部多次组织线上共学讲话精神活动,组织开展"使命在肩 奋斗有我"暨"担复兴大任 做时代新人"主题教育活动(图5)、"初心向党 奋进当时"主题党日活动等。党支部书记张洪允号召支部党员与祖国同频共振,践行共产党员"为人民服务"的宗旨,利用所学积极投身防疫科研项目。在张洪允的带领下,支部党员勇挑重担,攻坚克难,参与完成重庆市第一批应急科技研发专项项目——"基于新型滤材的可重复使用口罩的研发"(图6),实现智能缓释消毒层滤材开发,延长口罩的使用寿命,申请相关国家专利3项,构筑起疫情防控的坚固防线,为抗击疫情提供重要科技支撑。张洪允激动地说:"小小的蓝色口罩,带着新材料新科技的力量,为防控病毒提供了有效的支撑,让我也能真正参与一线抗疫工作,发挥学生党员的作用。"

图5 党支部举行"使命在肩 奋斗有我"主题教育活动

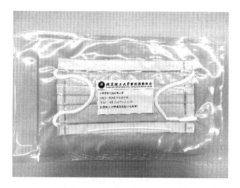

图6 基于新型滤材的可重复使用口罩

二、实践成效

1. 着手创新创业，精妙激发"绿色能量"

"当你把一只只绿色电池，呈现给日新月异的祖国，是否已为她，倾注了全部的身心？"这是理论导师吴锋院士在一次党课上深情朗诵的一首诗，他勉励党员为祖国的高科技大厦，添加"绿色"砖瓦。

党员的创新创业成绩是党员创新实践能力的重要体现之一。支部充分利用学校平台及学院创新创业实践基地，积极开展"双创"工作，邀请"双创"项目团队优秀指导教师及优秀学生分享创新创业经历。在学院"双创"指导教师委员会以及学科专业教师的指导下，在党员的互相督促和支持下，支部组织了多支"双创"项目团队。支部成立以来，共有18人次参与"挑战杯""互联网+"等多项国家级创新创业大赛，获国家级奖项4项，省部级奖项4项，校级奖项10项。郝宇童等人推出水系混合锌离子电池，在2020年第六届中国国际"互联网+"大学生创新创业大赛中一举夺金（图7）。支部党员参与了包括国家"973计划"项目——新型高性能二次电池的基础研究、国家重点研发计划"新能源汽车"试点专项在内的多项重大科研项目，所在课题组也获得2020年中国发明协会发明创新奖二等奖等多项奖励。图8为党支部党员进行科学研究实验。

图7　中国国际"互联网+"大学生创新创业大赛金奖团队　　图8　党支部党员进行科学研究实验

2. 着力实践助贫，精耕播撒"青色种子"

在2020年这一脱贫攻坚的决胜之年、全面建成小康社会的关键之年，支部成立多个社会实践团，在实践锻炼和基层历练中播撒"青色种子"。"理展红图"社会实践团（图9）紧随习近平总书记考察的脚步，深入全国最大易地生态移民安置区——宁夏红寺堡，开展脱贫攻坚专项实践活动。通过互联网技术赋能，帮助当地农户销售因疫情滞销的产品；探索"产业扶贫助力教育扶贫"的"扶贫+扶智+扶志"新机制，为当地中学筹集价值1.3万元的书籍，共计400余册，并建立图书角；以此为契机主办两地学子党团共建活动，吸引300余人参与线上交流，500余人观看直播。党支部社会实践扶贫新模式受到社会各界广泛好评，得到人民网等13家各级官方媒体的宣传报道。"理展红图"社会实践团获北京市"首都大学生暑假社会实践优秀团队"荣誉称号，邢飞获得北京理工大学暑期社会实践"优秀指导老师"称号，张宇清获得"优秀实践团员"称号。

在院校两级党委的支持下，党支部立足群众路线，助力"六保六稳"工作，成立"关注留守儿童"社会实践团（图10），致力"要让留守儿童感受到社会主义大家庭的温暖"。支部每年暑期深入山西省吕梁市方山县、四川省彭州市小鱼洞镇、宁夏回族自治区吴忠市红寺堡区等多地开展社会实践活动，走访各地政府，建立翔实完备的农村留守儿童信息台账，一人一档案，实行动态管理、精准施策，探寻留守儿童群体存在的问题，寻求解决方法以及改善留守儿童现状的措施。实践团成员为留守儿童的成长发展做出了努力，书写了北理工党员学子"胸怀壮志，明德精工，创新包容，时代担当"的优秀品格。这一实践活动受到多家媒体的报道（图11），邢飞获北京市"首都大中专暑假社会实践先进个人"荣誉称号（图12）。

图9 党支部党员在"理展红图"社会实践团　　图10 党支部党员在"关注留守儿童"社会实践团

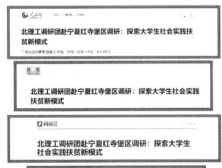

图11 人民网等13家各级官方媒体报道　　图12 党支部党员邢飞在陪伴留守儿童

三、探索启示

锻造"红色电芯"、践行"金色使命"、肩负"蓝色担当"。培养矢志科技、本领过硬、勇于创新、追求卓越的"能源人",立志当一块"高能量、高效率、长循环"的"中国电池"是材料学院人才培养工作的重要使命。通过一系列特色活动的开展,党支部的战斗堡垒作用得到进一步加强,凝聚党员干事创业的氛围更加和谐,总体育人质量不断提升。今后支部也会积极向优秀党支部学习,学习借鉴党建经验,真正有效推进支部建设,力争为祖国建设和学校、学院"双一流"建设做出新的贡献。

"大国之眼"时代担当,强军报国战斗堡垒

信息与电子学院研究生雷达第七党支部

北京理工大学信息与电子学院研究生雷达第七党支部现有中共党员32人,包括正式党员29人,预备党员3人。支部党员从事雷达系统与信号处理、卫星导航等相关研究,矢志传承北理工"雷达三代人"精神,勇挑"精工"担当,服务于国家高精尖军工建设战略需求,为国家贡献青春力量。党支部理论导师为中国雷达研究领域著名专家毛二可院士和北京市优秀党务工作者薛正辉教授。近三年来,支部党员累计获北京市三好学生、优秀毕业生等省部级荣誉9人次,校级优秀党员、优秀学生等校级荣誉60人次,国家级科创竞赛获奖20人次,研究生雷达第七党支部也被评为北京理工大学"样板党支部"。

一、特色做法

1. 思想建设培根铸魂,"党旗工程"铸就信仰底色

研究生雷达第七党支部所在学院及教工党支部于2019年获批"全国党建工作标杆院系""全国党建工作样板支部"。党支部在上级党组织及教师的正确引导下,不断创新思想建设模式,强化军工报国使命担当,筑牢坚强战斗堡垒。支部党员瞄准科技前沿和国家重大需求,胸怀壮志,做立志立德的追梦者;明德精工,做追求极致的奋斗者;创新包容,做视野宽广的开拓者;时代担当,做爱国奉献的践行者!

党支部坚持思想建设,将理论学习植根于思想上。支部党员认真学习习近平新时代中国特色社会主义思想,扎实开展"不忘初心、牢记使命"主题教育活动、"赤色"理论学习主题党日活动,严格执行"三会一课"制度,推进"两学一做"学习教育常态化制度化,不断加强思想引领,形成了"领学自学双管齐下,线上线下共聚精神"的理论学习氛围。每月23日为支部

"学习日",支部组织开展了20期"中国共产党为什么能"系列读书活动,引导支部党员品读经典,锤炼党性;每月18日为支部"榜样日",邀请院士、退休教师党员讲述北理工"雷达三代人"铸就"大国之眼",坚守科研报国初心的故事,引导支部党员矢志国防,储蓄科技报国新动能。党支部成立"雷达人·微讲述"党课小组,以"忠党爱国,矢志军工"为主旋律开展党课及理论宣讲20余次,线上线下覆盖1万余人(图1)。图2为疫情期间支部党员居家理论学习。

图1 "雷达人·微讲述"党课小组专题讲述　　图2 疫情期间支部党员居家理论学习

纵深推进"红色1+1"支部共建,党支部与中国政法大学民商经济法学院研究生1808班党支部开展了主题为"科技与法的双'剑'合璧"的"红色1+1"党支部共建活动,就"依法防控"和"科技战'疫'"进行了深入讨论,坚定了支部党员将专业学习融入国家需求的信心与决心。

2. 制度建设扎实高效,"落地工程"带动传承发展

党支部始终坚持做好制度建设,将制度传承植根于实践中。党支部把制度建设摆到突出位置,推进《中国共产党章程》的"再学习"制度,每年6月、12月,对照党章、党规开展深入学习,强调政治站位和党性修养。党支部结合支部实际情况和建设特色制定了《研究生雷达第七党支部工作细则》(以下简称《细则》,如图3所示)。《细则》对党支部的建设思路、重点举措和工作细节进行详细记录,解决以往"一届支委一个工作思路"导致党支部建设缓慢的问题。同时,传承工作经验,包括党组织转接、活动开展流程等,提升党支部的建设成效。

图3 《研究生雷达第七党支部工作细则》

3. 文化建设浸染熏陶，"塑心工程"打造先进典范

党支部始终重视文化建设，将文化自信根植于阵地引领中。党支部以提升组织力为重点，全方位多角度丰富文化建设。

一方面，注重提升党组织生活质量和支部活跃度，创新性开展支部党员喜闻乐见的时政知识竞赛（图4）、"致信·塑心坊"、羽毛球比赛（图5）等活动，提升支部党员的向心力；一方面，以"积极心理，幸福人生"为服务理念，积极开展心理健康教育主题党日活动，引导支部党员及周围群众关注心理健康问题，邀请学校心理健康教育与咨询中心教师开展"心理关爱"专题心理沙龙，制定《研究生雷达第七党支部网格化管理方案》，积极打造身心健康和谐发展的成长环境。另一方面，注重意识形态阵地建设，充分利用"党建云"平台及学院公众号党建栏目"E党专栏"等对支部的重大活动和特色活动进行宣传，充分发挥支部的示范带动作用，营造学做先进、争当先进的浓厚氛围。

图4 支部举办"战疫杯"时政知识竞赛　　图5 支部举办"初心杯"羽毛球比赛

二、实践成效

1. 科技报国时代担当，"领航工程"汇聚创新能量

党支部始终强化科技报国，将人生理想植根于爱国力行中。党支部传承北理工"延安根、军工魂"红色基因，服务国家科技战略前沿，用"雷达人"脚踏实地的干劲和丰硕的科技创新成果助力国防建设，同心共筑强军梦。

支部党员秉承"薪火传承，雷达报国"的红色接力棒，以毛二可院士科技团队为榜样，充分发挥强军报国的战斗堡垒作用。支部党员在中国探月工程嫦娥五号任务中，保障了嫦娥五号上升器与轨道器和返回器组合体成功实施交会对接（图6）；在北斗卫星导航系统任务中，为北斗系统设备研制提供了有力保障；在参与国家自然基金委重大科研仪器研制项目中，研制了高分辨率多维协同的新体制雷达测量仪，开创了我国天基成像测量星上处理、实时分发的新模式，为维护国家安全提供了关键信息支撑。

图6 支部党员参研嫦娥五号上升器与轨道器和返回器组合体

支部党员还发表了高水平的科研论文，积极参与高水平科创竞赛。两年来，支部党员中累计有20余人次获得全国大学生电路创新创业大赛等国家级创新创业竞赛奖项（图7）。矢志科研，以民族复兴为己任；兢兢业业，将大国重器掌握在自己手中。

2. 志愿服务知行合一，"先锋工程"奉献青春年华

党支部始终致力志愿服务，将服务意识根植于党员心间。"到祖国最需要的地方去、到人民最需要的地方去"是支部党员努力践行的响亮口号。支部党员积极投身社会实践，在服务国家重大活动、响应抗疫号召、教育扶贫中成长为担当民族复兴大任的时代新人。

图7　支部成员在全国集成电路创新创业大赛、全国大学生FPGA创新设计竞赛中获奖

支部党员积极参加2018年中非合作论坛北京峰会、2019年国庆70周年庆祝活动（图8）、2019年世界园艺博览会、"一带一路"国际合作高峰论坛、第22届国际软博会、中国人民抗日战争纪念馆义务讲解等大型志愿服务活动，获得多方好评，展现了北理工学子良好的精神风貌。疫情防控期间，支部党员在祖国各地主动亮明党员身份，站在抗疫前线。支部党员王明伊、朱盼盼、马长安、赵诗琪等积极参与到武汉市、河北省、山东省、山西省的社区抗疫中，李子叶主动承担了实验室的日常消毒任务，充分展现了"一个党员一面旗帜"的先锋模范作用。党支部积极响应国家号召，以"青年服务国家"为宗旨，默默奉献自己的力量。支部党员窦博文带领支部赴山西省方山县、北京市郊山区开展支教及关爱自闭症儿童等志愿服务，在教育扶贫一线发挥作用，为留守儿童构筑关爱港湾。图9为支部党员组建方山县扶贫支教团。

图8　支部党员参加国庆方阵　　　　图9　支部党员组建方山县扶贫支教团

三、探索启示

党的十九大报告明确提出，要以提升组织力为重点，突出政治功能，把基层党组织建设成为坚强战斗堡垒。支部党员秉承"薪火传承，雷达报国"的红色接力棒，以毛二可院士科技团队为榜样，充分发挥强军报国的战斗堡垒作用，通过开展多种特色支部活动，以提升组织力为重点，增强党支部为人民服务的能力，扎根于人民，服务人民，着力发挥政治引领作用，规范党的组织生活工作，使党支部充分发挥战斗堡垒的作用，力争为祖国建设和学校、学院"双一流"建设做出新的贡献。

一代材料一代装备，立志国防再创新篇
——开展"高能力量"主题活动

材料学院高分子材料系党支部

自2015年起，高分子材料系党支部开展了以"把牢政治方向、围绕国家使命、着眼立德树人、服务教工学生"为主要内容的"高能力量"主题活动，打造"高能"支部，发挥"高能"作用，为祖国建设和学校"双一流"建设做出贡献！

一、特色做法

1. 把牢政治方向，提升支部组织力、凝聚力、向心力

支部认真学习贯彻习近平新时代中国特色社会主义思想和党的十九大精神，把牢政治方向，扎实开展"不忘初心、牢记使命"主题教育活动，严格执行"三会一课"制度，按质按时召开民主生活会，使支部真正成为推动科学研究、人才培养、服务师生的战斗堡垒。

支部将制度建设贯穿始终，不断完善各项规章制度，先后建立和健全了支部党员大会、党日活动、以课题组为单位的党小组、每月固定时间召开支委会和党员大会等制度，提高党员的理论学习能力；并将参会情况与年底考核、党员评议等挂钩，对会议记录、决议、表决等材料和支部档案做出了具体规范，真正做到组织形式规范、组织生活规范。

支部将党日活动和教学科研结合起来开展创新党建。开展"道固远，笃行可至——师德传承""聆听师道——青椒沙龙""致知力行、继往开来——红心结共建"等活动，邀请老党员讲述他们那一代的报国情怀，促进党员加强党性修养、增强专业自豪感和使命感。在老党员的感召下，支部近年发展了4名党员。与北化集团支部合办"创新融合、军工材料人"和"学习强国"知识竞赛等活动。这些创新党建活动，使支部党员在点滴中传承"延

安精神"、发扬"军工情怀"。

2. 围绕国家使命,在科研攻关中发挥党员先锋模范作用

支部党员战斗在含能材料教学科研一线,承担了大量军工科研项目,年均到校科研经费1亿元以上。党员同志围绕国家使命,以"把科研成果写在尖端武器上"为己任,发扬先锋模范作用,牵头承担难度大、时间紧的科研攻关任务,取得了突出成果,达到了国际先进水平,并应用于装备型号。

在高能量密度材料研究中,党员庞思平带领团队成员,深入375厂,不分昼夜、埋头苦干,国内首次成功实现大批量制备某材料。在某软体研究中,党员杨荣杰亲自出海,克服了晕船、暴晒等困难,终于突破了某项技术;在高能固体推进剂研究中,党员罗运军在严寒酷暑的恶劣室外环境下克服了重重困难,通过外场试验,首次将某新型材料应用于高能固体推进剂中,大幅提高了固体推进剂的性能。

在老党员的引领和指导下,年轻党员已成长为新一代延安精神的传承者和践行者。青年党员束庆海成长为"973首席",青年党员陈煜成长为北京市科技新星,青年党员夏敏获中国兵工学会青年科技奖。他们表示,在这样的支部学习、工作和成长,一定会牢记军工使命,拼搏努力,接好老一辈科技工作者的接力棒,不忘初心、牢记使命,让延安精神薪火相传。

3. 着眼立德树人,在教书育人中培养企事业军工人才

支部全体党员认真学习贯彻全国高校思政工作会议精神,坚定科技报国理想信念,把立德树人作为工作的中心环节,在教书育人中培养人才,加强"三全育人"培育理念,将军工精神潜移默化地融入教学,使学生树立为祖国建设、为国防军工发展而奋斗的理念。

支部针对大一新生开展思想教育和入学专业教育,安排优秀党员担任学育导师,从学业学术到思想生活,多维度开展教育引导工作;在大二学生中实行"德育导师制",让教师党员与学生"朝夕相伴",进一步深化了学生对专业的了解,加深了对党的认识;与本专业研究生支部开展共建及"香山革命纪念馆1+1+1"等主题党日活动。在这样的点滴工作中,支部为培养"胸怀壮志、明德精工、创新包容、时代担当"的青年学子奉献着自己的力量。

为了开阔学生视野和培养优秀人才,支部邀请了多名院士做学术报告,2018年李永舫院士以"天道酬勤——我的人生和科研感悟"为题、2019年韩

布兴院士以"绿色化学与绿色碳科学"为题和2019年阎锡蕴院士以"纳米酶:肿瘤治疗新策略"为题的学术报告,吸引了近200名学子和学术大牛们面对面交流。几十年中,支部培养了大量人才,如北化集团副总郑宝明、兵工集团青年科技带头人张维海等,他们战斗在国防一线,已成为军工企事业单位的领军人才。

4. 服务教工学生,在点滴工作中参与校院系各项工作

支部的战斗力主要体现在调动党员的积极性,发挥党支部的整体优势和作用,全面参与学校、学院和高分子系的各项工作中。支部在点滴工作中发扬党员的先锋模范作用,服务全体教师、学生。

为了提升高分子系的人才建设水平,支部引进了3名"四青人才",2019年又全职引进1名"优青"、培养了1名"青年拔尖人才",2020年培养了1名"青年长江学者",为高分子系的"双一流"建设注入更有竞争力、活力的高水平学术力量。同时,以党员的先锋模范作用影响和吸引着系里优秀的青年教师加入党组织,2018—2020年,支部连续发展了4名青年教师加入党组织,其中2名是"四青人才"。

支部积极参与校院系的各项工作。在历年的保密资格审查认证中,支部思想上高度重视,行动中坚决落实,为学校顺利通过保密认证做出了贡献。在"某二期条保""小山口基地建设"等工作中,支部积极组织教师调研设备、撰写材料,顺利获批,并已开始建设。2020年高分子材料与工程专业的工程教育认证、一流专业申报等工作中和材料学院"军工征程、点亮北理"80周年校庆活动中,党员同志都深度参与。以上工作表明,党员同志们在点滴工作中践行了"延安根、军工魂"的优良传统。

二、实践成效

"高能力量"主题活动充分彰显了高校党支部的政治功能。在支部的带动下,多位青年教师快速成长为青年学术带头人。党员束庆海成长为"青年长江学者",党员梁敏敏为"优青";三个课题组获国家奖,党员庞思平团队、杨荣杰团队和罗运军团队分获国家技术发明奖和国家科学技术进步奖二等奖。2020年系科研经费到校1.115亿元。党员陈煜指导学生在"互联网+""挑战杯"等全国比赛中多次获一等奖。

三、探索启示

提升基层党组织的组织力应当牢牢把握住师生思想政治教育主线,以把牢政治方向来带动教学、科研及人才培养。坚持发挥党员先锋模范作用和支部的战斗堡垒作用,脚踏实地、扎实推进,努力取得更好成绩,为祖国建设和学校、学院"双一流"建设做出新的贡献。

校企党建零距离，党产学研共发展

机电学院无人飞航工程系党支部

近年来，机电学院党委在学院各支部中发起了"校企党建零距离"品牌创建活动的倡议，活动结合兵器学科的专业优势，依托有合作关系的军工单位，从党建资源共享、党建理论共学、党性氛围共营等方面开展工作，力图打造"党产学研共融"的新局面。

无人飞航工程系党支部积极响应倡议，依托自身的教学科研优势，分别和山东特种工业集团有限公司、安徽东风机电科技有限公司等，从学生的实习培训到科研项目的合作开发两个方面，深入开展了"校企党建零距离"创建活动，取得了很好的成效。

一、特色做法

1. 和山东特种工业集团有限公司合作开展本科生的实习培训活动

山东特种工业集团有限公司目前是无人飞航工程系的签约实训基地。2008年，双方便签订了实习培训协议，每年接待弹药工程、安全工程等专业实习生60～120人，实习培训效果得到师生的充分认可。2013年，双方又签订了"卓越工程师培养计划"协议。2016年，双方再次签署合作合同，共同投资建设了弹药工程与爆炸技术专业"协同育人实践教学基地"。该基地入选中国高等教育博览会"校企合作双百计划"，成为全国推广的校企合作典型案例。

在本支部一线教师党员的带领下，弹药工程与爆炸技术专业的大三学生们，每年都会在暑假期间前往山东特种工业集团有限公司，开展为期3周的实习培训活动。精心设计的实习培训活动内容丰富、形式多样。在车间现场学习过程中，工作人员会向学生们介绍全弹体的生产过程和工艺，弹体每个部件加工的关键定位、关键尺寸和关键工艺等；还会让学生们亲自动手拆装真实的弹体，让学生们对弹体的功能和使用进行实地考察和讨论。通过合作方式解决某个弹药的复杂工程问题，熟悉实际弹药产品的设计、加工和改进的工作流程，全面提高了学生实习期间的学习效率和设施利用率。

2. 和安徽东风机电科技有限公司开展科研项目合作

一直以来，机电学院和安徽东风机电科技有限公司有着悠久的合作历史，学院先后有马宝华、姜春兰、冯顺山、王海福、莫波、李杰教授等研发团队与其在多个技术领域开展深入合作。早年，马宝华教授团队的某型迫弹引信、某炮兵子母弹中的子弹药产品就是与该公司合作研制的，已投产多年并为该公司带来了良好的经济效益。

近年来，本支部的教师党员冯顺山、姜春兰和王海福教授3个研发团队与该公司在先进武器装备研发方面开展了密切合作。姜春兰教授团队与其合作研制了打击机场跑道目标的多型子弹药产品，该产品使用的是姜春兰教授2015年获得国家技术发明奖二等奖的创新研究成果，为该公司带来了良好的技术发展和经济效益。

配装于某弹道导弹的某型子弹药是打击航母及大型舰船的有力手段，是本支部冯顺山教授团队和该公司多年合作的创新研究成果，具有极高的战略意义和使用价值，该项目于2019年年底由设计定型转入生产，预期会给该公司带来良好的经济效益。

配装于某型巡航导弹和某型弹道导弹的两型子弹药产品，采用的是本支部教师党员王海福教授团队2016年获得国家技术发明二等奖的创新科研成果——含能毁伤元技术，相较前几代产品在毁伤机理和效能上得到了很大提升，对该公司的科研发展具有重大意义。

鉴于双方在科研方面长久且持续性的合作关系，2019年11月，本支部和该公司科研部党支部组织了一次"校企党建零距离"共建合作交流活动。双方就"校企党建零距离"共建合作签订了意向协议书，并举行了共建合作的揭牌仪式（图1）。通过此次活动，双方一致认为，将来应该多以党支部交流为媒介，进一步加强校企科研合作和人才培养，同时以多种形式促进双方党支部的合作共建，实现产学研同发展的目标。

图1 本支部与安徽东风机电科技有限公司签署"校企党建零距离"意向协议书

二、实践成效

在和山东特种工业集团有限公司合作开展实习培训活动过程中，系党支部书记王芳老师和水下所党支部书记陈放老师对活动细节进行了多轮沟通讨论，并积极组织本支部年轻党员教师参与到此项工作中，实习培训取得了良好效果，得到了学校和学院领导的充分肯定，也为2021年"弹药工程与爆炸技术"的工程教育专业认证提供了丰富的支撑材料。

通过和安徽东风机电科技有限公司的持续性合作，高校提供前沿理论创新，工厂提供生产和试验条件，优势互补，共同推进科研项目顺利开展。2015—2020年，我系教师共获得3项国家技术发明奖，其中姜春兰教授团队1项，王海福教授团队2项。2020年，冯顺山教授团队完成技术成果鉴定1项，这也是具有获得国家技术发明奖潜质的项目。可谓成果丰硕，成绩喜人。图2为2019年暑假实习，带队的本支部党员李健、陈放老师和实习学生合影；图3为2019年暑假实习，学生参观车间。

三、探索启示

校企合作共建是一种优势互补的睿智举措，党支部在其中发挥了一定的组织协调作用，为取得合作共赢局面提供了助力剂，也夯实了基层党组织作为坚强战斗堡垒的作用。下一步本支部将把党建资源共享、党建理论共学、党性氛围共营进一步深入细化,探讨更多样的交流和合作形式。

图2　2019年暑假实习,带队的本支部党员李健、陈放老师和实习学生合影

图3　2019年暑假实习,学生参观车间

支部共建促创新,党建学科双发展

信息与电子学院微波技术研究所党支部

信息与电子学院微波技术研究所党支部,有正式党员25人,覆盖微波技术研究所和应用电磁技术研究所。党支部一贯积极宣传和贯彻党的路线、方针和政策,认真学习习近平总书记系列讲话精神,积极组织和参与各项院校和各级党组织安排的活动,尤其是在2020年疫情防控和为毕业生行李打包活动中,充分发挥了党支部的战斗堡垒作用并表现出党员的先锋模范作用。本支部近年来一直加强支部共建和以党建促学科发展,逐渐形成支部特色,在今后也将继续发挥作用,做到党建和学科双发展。

一、特色做法

1. 积极开展支部共建,有效创新主题活动

近年来,本支部除了常规的理论学习,还组织了多种形式的党建活动,包括参观、座谈和支部共建等活动。其中,比较有特色的就是支部共建,通过支部共建,搭建平台,促进党建和学科的双发展。支部共建活动分成两条线来进行,一条是横向支部共建,主要是和校外单位的党支部联合组织;另外一条线是纵向支部共建,主要是面对本专业、本学科的研究生支部和本科生支部。

在横向支部共建中,通过组织横向共建活动,可以实现党组织优势互补,通过党建促进学科发展,充分发挥基层党组织和一线教师推动发展、加强合作、取长补短、凝聚人心的作用,努力构建"资源共享、优势互补、互相促进、共同提高"的党建工作新形式。通过共建真正实现相互交流、相互学习,打造学习交流平台,加强日常主动联系和交流,通过共建,在拉近彼此距离的同时,找差距、找目标、找措施,促进支部和党员整体能力的提升,同时提高基层党组织的凝聚力、号召力和战斗力。

2019年5月，本支部和学院招生宣传中学——天津新华中学高二党支部进行了支部共建，深入参与了中学支部党员政治生日活动，并对学生创新能力培养进行交流，深入探讨专业兴趣培养问题。2019年6月25日，与中国科学院国家天文台射电党支部共同开展了"联学共建"交流活动，首先带领天文台同志参观了微波技术专业教学实验室、太赫兹芯片与系统验证实验室，在活动现场进行了深入广泛的交流，然后一起前往北京理工大学校史馆参观，学习延安精神和老一辈共产党人的拼搏精神。在"不忘初心、牢记使命"主题教育活动期间，本支部与后勤集团服务公司党支部先后联合组织2次特色党日活动，这也是支部共建活动的一种体现。

对于纵向支部共建，教工党支部以相对稳固的形式分别与学生党支部结对联系，开拓工作思路，通过这种新的模式和平台，发挥了教工党员教书育人的先锋模范作用，增进了学生对学院教学、科研工作的了解，达到了师生互动、促进和谐、共同发展的目的。通过教工党支部与学生党支部结对共建的活动平台，可以扩大实验室、研究所等科研场所对学生的开放程度和共享范围，开阔学生视野，让学生共享优质的教学、科研、人才资源，这也更有利于实现学校培养高级复合型人才的目标。

2019年9月6日，本支部联合研究生党支部去天津参观了平津战役天津前线指挥部旧址陈列馆、天津平津战役纪念馆，然后与天津空港经济开发区8358所一室党支部就党建进行了交流，研究生直接面对研究所，了解人才及专业技术需求，对参加活动人员未来的科研工作有非常大促进作用。2019年10月25日，本支部组织研究生党支部部分党员及入党积极分子参观了北京展览馆庆祝中华人民共和国成立70周年大型成就展，充分利用这次机会加深理解共产党人为党的事业奋斗的意义，研究生们收获很大。

2. 以党建促学科发展，推进立德树人贯彻落实

通过支部建设，重点做好意识形态工作，团结研究所教师和学生，发挥党员的先锋模范作用，保证教学、科研、师德师风建设、立德树人等各项任务的完成。具体表现为：

（1）在今年疫情到来之际，本支部通过微信平台和各位指导教师、研究生们一次次落实学校关于学生管理的各项规定，无报批不能返校，同时通过线上平台保证教学、科研的正常进行。

（2）本支部通过党员谈话，及时了解掌握师生思想状况，有针对性地做好思想政治工作，维护本单位和谐稳定，充分发挥政治核心和战斗堡垒作用。

在研究所范围内，针对研究所专业发展方面的情况和本科生、研究生教学中存在的问题，本支部会定期组织全所教师召开教学讨论会；2019年10月21日，针对本专业研究生专门组织了思政教育活动，将以往由导师来进行的思政教育活动改由支部牵头来进行；推进本科俱乐部成立，推进本专业"双创"发展；协调人员，安排好未来3年本科班主任的人选，初选好2019年和2020年学育导师；协调"国家级一流本科课程申报"工作，以及本支部与所务会一起针对学科发展涉及的方方面面开展推进工作等。这些都体现出以支部建设为基础，对学科发展的推动作用。

本支部覆盖微波技术研究所及应用电磁技术研究所，共有5个团队，平日的联系纽带就是党支部。本支部所组织的活动，面向专业所有教师，让每个人都参与进来，同时也努力解决群众工作生活中的实际问题，强化师德师风和教风学风建设。

二、实践成效

本支部通过和校外单位党支部、研究生党支部组织共建活动，有效地创新了支部建设活动形式，增加了支部党员的凝聚力，开阔了视野，也带动了研究生党员快速成长。今后，本支部将进一步发挥积极作用，和共建支部保持密切联系和交流，联合组织一些针对性强的学习活动，提升党建质量，进一步激励党员在教学科研中发挥先锋模范作用，切实实现资源共享，优势互补，让党员得到锻炼、受到熏陶，推进基层党建与学科发展、学校"双一流"建设深度融合。

前文提到的由支部组织的共建活动，除了党建交流，更多的是对技术和双方需求的交流。通过共建了解对方的优势，加强合作、取长补短、凝聚人心，同时在学科建设上也能做到"资源共享、优势互补、互相促进、共同提高"。

三、探索启示

党支部的建设是一个长期的工作,日常要坚持用习近平新时代中国特色社会主义思想和党的十九大精神武装党员头脑、指导实践;也要结合学科、教师和学生情况,以"四有好老师""四个引路人"为目标,提升教师党员业务能力,找到最适合自己的道路,以支部共建为特色推进党建,并以党建为平台促进学科发展。今后本支部也会积极向优秀党支部学习,学习借鉴党建经验,真正有效推进支部建设。

传承红色基因,创新党建工作

计算机学院图像计算与感知智能研究所党支部

习近平总书记曾反复强调,要"把红色资源利用好,把红色传统发扬好,把红色基因传承好"。这为高校党建工作教育指明了道路。同时,结合学校是中国共产党创办的第一所理工科大学、新中国第一所国防工业院校的自身特点,自2020年起,图像计算与感知智能研究所党支部开展了"传承红色基因"的创新党建活动。

一、特色做法

1. 依托"支部主题党日活动"等载体,挖掘学校红色基因

支部结合学校"又红又专"的背景,积极开展相关主题党日活动。支部在加强政治和意识形态建设方面,结合学院党委在落实"两学一做"专题教育长效机制,认真举办党支部专题党日活动、理论学习会、教职工理论学习会等活动方面的要求,坚持持续学习,提高广大党员思想政治觉悟。支部利用学校丰富的红色文化资源,实行老中青教师文化传承、理论学习与红色实践相结合的方式,重温学校80多年的"红色育人路",用红色情怀夯实"四个服务",增强党员政治意识、大局意识、核心意识、看齐意识,提高党员自我修养和道德品格。

2. 压实育人责任,提高教师业务能力

发扬老区办学传统,学校用血脉里流淌的红色基因精心培养浇灌着未来的参天大树,并把"德育"放在突出重要位置。支部认真落实立德树人根本任务,坚持用红色基因立德树人这一初心传承,坚持服务中华民族伟大复兴这一价值取向,走好"红色育人路",坚持将红色教育与人才培养相结合,把"学生的利益和发展放在第一位",强化以学生为本的理念,把一切为了学生健康成长作为教育工作者的首要追求。将立德树人贯穿学生成长发展全

过程，将立德树人贯穿教育教学全过程，融入课程、教材、课外活动、社会实践等各个环节，形成全时性的育人机制。创新性地组建多种形式学术论坛，并制定"高年级带低年级"的滚动培养制度，将良好的学习风气和氛围传播给下一届学子，有力保障拔尖人才培养的可持续性。同时，营造"个人融入团队，团队成就个人"的氛围，使团队、集体和奉献价值观深入人心，使教书育人、学术追求成为一种自觉的价值取向。

习近平总书记在全国教育大会上指出，"教师是人类灵魂的工程师，是人类文明的传承者，承载着传播知识、传播思想、传播真理，塑造灵魂、塑造生命、塑造新人的时代重任"，"坚持把教师队伍建设作为基础工作"。在学校思想政治理论课教师座谈会上，习近平总书记强调，"办好思想政治理论课关键在教师，关键在发挥教师的积极性、主动性、创造性"。这些重要论述，为新时代加强教师队伍建设指明了努力方向，为做好新时代立德树人工作提供了重要遵循。敬业价值观是教师最重要的道德规范和职业操守。由于教师具有"传道、授业、解惑"之职责，承担着"教书"与"育人"的双重任务，支部教师加强育人责任建设，强化育人的主体意识和育人责任的担当，以"有理想信念，有道德情操，有扎实知识，有仁爱之心"的"四有好老师"标准激励自己。支部教师用爱培育爱、激发爱、传播爱，通过真情、真心、真诚拉近与学生的距离，滋润学生的心田，使自己成为学生的好朋友和贴心人，自觉在本职工作中对学生实施直接或间接的思想政治教育和价值引领，全时贯穿、全过程育人。

二、实践成效

"传承红色基因"主题活动充分彰显了高校党支部的政治功能。在支部的带动下，骨干教师得到进一步历练。通过系列活动支部教师业务理论知识和实践工作能力得到进一步提升。实现全员全过程全方位育人，育人质量迈上新台阶。教师争做青年学生的知心人、学生工作的热心人。每周定时和学生交流、探讨，对学生进行严格的学术和科研能力训练。支部党员同志及时了解学生的思想动态，关心学生成长和学习中遇到的困难和问题，营造研究所良好的科研和人文氛围，在这种氛围的带动下，大部分研究生能在计算机科学知名期刊/会议，尤其是中国计算机学会推荐A类期刊/顶级会议上发表论文。除了学术指导，党支部成员能够关心研究生的生活，通过自己的言行，培养他们积极乐观的态度、团队协作能力和良好的表达能力。

三、探索启示

教育是党之大计、国之大计。我们党创办和领导了这条红色育人路，教育工作者要始终与党和国家同向同行，始终与时代脉搏同频共振，始终与中华民族根本利益休戚与共。在这条红色育人路上，要坚持党对教育事业的全面领导，扎根中国大地，在中华人民共和国建设和改革发展中枝繁叶茂，在实现民族伟大复兴的征程中砥砺前行，要具有丰富的时代内涵和鲜明的中国特色。红色精神是党建工作的不竭力量之源，要立足实际，擅于发挥身边红色资源的作用。红色文化中流淌着红色精神，高校要不断给正处在"三观"确立关键期的青年以红色教育，讲解红色文化，让红色基因代代相传。中国大地拥有丰富的红色文化资源，把红色文化资源研究好、利用好、传承好，是增强党员理想信念教育实效性的有效渠道之一，高等学校肩负着义不容辞的责任和使命。为此，高校有必要认真思考如何挖掘并利用好本土红色文化资源，把红色文化育人作为高校学生党建工作的特色元素，进而创新理念、内容、载体，打造党建工作的本土"红色阵地"，从而切实增强党员理想信念教育的针对性与实效性。

推动支部党建工作，发扬支部专业优势
——开展"红色1+1"支部特色共建主题活动

信息与电子学院研究生对抗第三党支部

信息与电子学院研究生对抗第三党支部以党的先进理论思想为指导，坚定理想信念，不断开拓创新，在开展支部工作的过程中充分发挥专业优势，结合专业优势与校友企业骁龙科技党支部开展"红色1+1"活动，推动党支部建设。

一、特色做法

1. 强化思想引领，筑牢信仰基石

思想建党是制度治党的前提和基础，影响和规定着制度建设的方向。当前思想建党面临的最突出问题，就是一些党员理想信念不坚定，虽然组织上入了党，但思想上并没有完全入党，甚至完全没有入党。其中的一个重要原因是思想建党被忽视，特别是党内生活和思想政治工作不能主动回应，不能有效解决党员的困惑和诉求，缺少吸引力、号召力、凝聚力。大力弘扬我们党思想建党的优良传统，从党员队伍的思想实际出发，有针对性地加强党性教育、道德教育、法治教育、廉政教育，引导党员廓清思想迷雾、坚定理想信念、矢志为党奋斗。

2. 抓好支部建设，稳固发展路线

支部积极完成院党委下达的各项任务，严格做好发展党员的相关工作，邀请积极分子参加支部理论学习活动，充分发挥党员先锋模范作用；落实"三会一课"制度，通过开展辩论会等多种形式加强支部党员的理论学习；按时完成主题党日、党建导师指导支部理论学习、院领导和教工党支部联系学生党支部等一系列活动，并在此基础上结合专业优势与校友企业骁龙科技党支部开展"红色1+1"活动。支部注重理论与实践相结合，注重活动开展的多样化、教育性，注重支部党员在活动中的参与感。在理论课学习上，支部通过辩论会的方式就某些话题进行讨论，互相批评、互相促进，在积极活泼的氛围下完成党课的学习。此外，在保证党课质量的基础上，支部组织党员与积极分子参观中国人民革命军事博物馆，还组织了党建导师指导支部理论学习活动，和院领导教工党支部开展共建，举办了一同参观毛主席纪念堂等活动。

3. 发扬专业特色，推动支部工作

支部结合专业优势在"一支部一活动"中建立了具有可发展性和生命力的支部特色活动。支部同信息与电子学院共产主义学习实践会联系，通过了解他们在日常工作中存在的困难，利用支部在计算机编程方面的优势，制定切实可行的活动实施方案；利用支部党员闲暇时间，通过建设信息与电子学院党建平台，为共学会在录入党员信息方面提供便利，为学院的党员和积极分子在信息查询方面提供便利，为共学会在举办党史党章趣味竞答赛等一系列活动中提供技术支持。党建平台现在的注册人数达585人，累计服务达5 000余人次。今后，支部仍将为党建平台提供一系列的功能扩展与服务支持，从而更好地为学院的党建信息工作服务。

4. "红色1+1"活动

与北京骁龙科技有限公司党支部联合开展"红色1+1"活动，丰富了组织生活的内容，扩展了组织生活的形式，提高了党支部成员的积极性和主动性，提高了基层党组织的凝聚力。此外，双方在科研创新和党支部建设等方面进行了全面深入的交流，通过多次的线上和线下交流增进了企业支部与学生支部在日常工作和支部建设方面的认识；通过对科学技术研究、创新创业、五四精神和"不忘初心、牢记使命"等多个主题的共同探讨产生了新理解、新感悟，为后续开展更加深入的支部共建活动提供了宝贵的经验和教训。

二、实践成效

支部的成员积极发挥先锋模范带头作用，在学习和工作中均有突出表现。在过去的两年时间里，支部成员获得2017—2018年度优秀研究生标兵1项，获得2019—2020年度优秀硕士毕业论文2项，3人获得2018—2019年度

"五四"优秀团员荣誉称号，1个宿舍获得2017—2018年度优秀研究生宿舍。在竞赛方面，有多人在安全领域竞赛和机器学习领域竞赛中获奖，其中1人获得2018年ISCC（全国大学生信息安全与对抗技术竞赛）"信阳杯"二等奖，3人获得ISCC-GRD（全国研究生信息安全与对抗技术竞赛）二等奖，1人获得2018年全球（南京）人工智能应用大赛优胜奖，多人获得研究生电子设计竞赛华北赛区一、二、三等奖，2人获得研究生电子设计竞赛全国三等奖。

三、探索启示

为建设新时代下的优秀党支部，争当"党建工作样板支部"，支部以北京理工大学信息与电子学院的实际情况和网络安全的专业特色为出发点，通过开展多种特色党建活动，以提升组织力为重点，增强了党支部为人民服务的能力，着力发挥政治引领作用，规范党的组织生活工作，使党支部充分发挥了战斗堡垒作用，促进了党员同志增强"四个意识"、坚定"四个自信"、做到"两个维护"，从而构建扎根于人民，服务于人民的新时代"党建工作样板支部"。

但我们也意识到，样板支部的建设远远不止如此，在2021年，支部也将继续以建设样本支部为契机，构思更多特色党建活动，培养更多一流水平研究生，加强支部思想政治教育，增强支部凝聚力。

"党情润童心"党建工作品牌项目

附属小学直属党支部

附属小学直属党支部在"党情润童心"党建工作品牌建设过程中，始终坚持以习近平新时代中国特色社会主义思想为指引，以落实立德树人根本任务为出发点，牢记"为党育人，为国育才"的初心和使命，坚持在党建工作中融入基础教育特点，从小抓起，传承红色基因，以党情浸润童心，构建优质基础教育平台，为北京理工大学的"双一流"建设提供有力的保障，努力培养社会主义合格建设者和接班人。

一、特色做法

1. 传递核心价值观，凝聚核心力量

附属小学直属党支部包含附属小学和幼儿园两个部门的党员群体，作为学前教育和基础教育的协同育人单位，形成了以"一切为了北理娃"为核心的价值理念，"一切为了北理娃"就是一切为了学生的发展，将立德树人作为核心目标融入育人工作的点点滴滴。"党情润童心"正是这一价值理念的生动体现，以党的建设团结带领党员在教育学生的工作中走在前、干在先、讲奉献、重实效，帮助党员教师提升思想，为学生做好表率。党员教师在育人工作中的先锋模范带头作用得到进一步增强，营造出同心同德、携手并进、干事创业的氛围。

2. 树理念重学习，强化思想引领

将思想政治建设作为促进党员党性修养、提升党员意识的"磨刀石"。支部在开展常态化"三会一课"的基础上，还举办了系列符合支部党员工作特点的活动，全面提升党员的思想政治水平。举办"支部委员读书班""青年党员读书班"，开展学习交流；开展延安现场学习教育活动，党员们每天记录学习心得体会，在学习现场一次次湿润了眼眶；在房山区霞云岭乡党员齐声唱响《没有共产党就没有新中国》，重温入党誓词，让初心与使命在心中澎湃；在2020年疫情防控的特殊情况下，组织党员录制"云宣誓"视频，在铮铮誓言下履行党员抗疫防控责任。思想政治建设的良好开展，有力地保障了党支部战斗堡垒作用的发挥，有力地促进了党员先锋模范作用的发挥。

将师德师风建设作为引领教师队伍发展的首要目标。组织教师签订师德承诺书，让每位教师认清责任与义务；编制《德润心田》教师职业道德建设校本研修手册，引领教师常学常新；组织新任教师到"杜丽丽烈士纪念馆"参观，在现场举行教师宣誓活动；在日常管理中，落实"师德一票否决"制。3名党员获得市级师德先进表彰，发挥出示范作用。

3. 传承红色基因，以党恩滋润童心

培育社会主义建设者和接班人要从小抓起，为少年儿童扣好人生第一粒扣子是基础教育义不容辞的责任。支部将党建工作与学生德育工作相融合，以传承北京理工大学"延安根、军工魂"的红色基因为依托，把培养少年儿童爱党、爱国、爱人民的感情放在首位，在少年儿童心中播撒共产主义的理想和信念。

围绕"党建引领队建"的思路，引领少先队员高举队旗跟党走。组织新队员入队前的教育活动和隆重的入队仪式，党员教师代表庄严地为小学生系上红领巾，使学生们体会到胸前红领巾的深刻含义。举行"学习新思想 做好接班人""我向习爷爷说句心里话""不忘初心跟党走""天安门国旗进校园""争做新时代的好队员""大手拉小手 共庆祖国七十华诞""师生同游校史馆"等丰富的思想教育活动，让学生感党恩、跟党走，融入新时代。

二、实践成效

讲奉献重成效，以行动温暖童心

附属小学直属党支部是党团结师生的核心，是党在附属小学、幼儿园中的战斗堡垒，在履行好党员本职工作的同时，通过开展党员志愿服务，引导广大党员增强党性意识、责任意识，服务师生，密切党群关系，践行社会主义核心价值观，为学生的成长树立榜样。

开展志愿服务，缓解家长接孩子难问题。小学生下午3点半放学，为许多家庭接孩子带来了现实的困难，为了缓解这一问题，让家长安心工作，学校开设了"课后一小时"课程。但在"课后一小时"课程结束后仍存在部分家长因工作原因无法按时接孩子的情况，部分党员教师主动承担了再次托管的责任，继续监护学生至家长来接，既缓解了学生在校的焦虑，也有效解决了家长的困难。

开展志愿服务，为学生成长保驾护航。结合冬季卫生防病要求，开展"清洁卫生 保卫健康"——党员志愿服务活动，对全校进行"无死角清洁"大扫除，由支部委员带头，全体党员参加，以实际行动践行初心使命，共同守护学生健康；在2020年4月初疫情防控工作中，16名党员自愿到校开展"送课本传爱心"——党员志愿服务活动，为近千名学生分装本学期的图书，有力地支持了有序、无接触的教材发放工作，保障了学生在线学习的顺利开展；为服务理工大学社区，发挥幼儿园幼教的学科优势，举行"幼教服务进社区"——党员志愿服务活动，年均开展近10次，帮助社区居民科学育儿。

三、探索启示

附属小学直属党支部不断将党员经常性、先进性教育形成长效机制，围绕学校教育教学的中心工作开展各项党建活动，注重将常规工作打造成有新意、有亮点的特色活动，引导党员立足岗位发挥党员先锋模范作用。丰富青年教师培养路径，不断加强教职工队伍建设，近几年，在引进优质师资力量，有效提高教师研究能力、提升教育教学水平，促进学生综合素质提升等方面均有显著成效。通过"党情润童心"系列工作的开展，附属小学直属党支部的战斗堡垒作用得到进一步加强，凝聚党员干事创业的氛围更加和谐，总体育人质量不断提升。

Part 07 | 第七篇

躬耕不辍献赤心

——发挥党员先锋模范作用

"平凡"的雷达专家 打造中国人自己的"千里眼"
——信息与电子学院毛二可

信息与电子学院党委

个人简介： 毛二可，男，1934年1月生人，1956年毕业于北京工业学院（现北京理工大学）雷达系雷达设计与制作专业，现为中国工程院院士，国家级有突出贡献专家，我国雷达领域著名学者，北京理工大学信息与电子学院教授、博士生导师。曾获全国优秀共产党员、全国先进工作者、北京市劳动模范、北京市教育系统先进工作者、北京理工大学懋恂终身成就奖等多项荣誉称号，2007年当选中国共产党第十七次全国代表大会代表。

半个多世纪以来，毛二可同志始终紧密围绕国家重大需求，针对空天地海复杂环境中目标检测、成像、识别、跟踪等难题，首创了多种雷达系统新体制及实时信号与信息处理新算法，多项成果达到世界领先水平，实现了雷达"看得清""测得准""探得远""响应快"，满足了防空反导、载人航天与探月工程等国家战略需求，大幅提升了我国星、机、弹载雷达探测性能与反应速度，为我国国防建设和武器装备技术的发展和进步做出了重大贡献。

毛二可同志作为我国雷达信号处理的奠基人，在20世纪80年代，率先开展全数字化的动目标信号处理技术研究，突破了强杂波环境下雷达动目标检测世界难题，使中国雷达信号处理从模拟时代跨越到数字时代；自主研制出具有国际先进水平的新型雷达动目标显示装置等核心部件，广泛应用于我国多型机载火控雷达，实现了复杂环境下雷达"看得清"的目标，为大幅提升我军战场侦察和精确打击能力做出了重大贡献。成果获1987年军用电子学领域国家级最高奖（国家技术发明奖二等奖）。

毛二可同志作为我国全时空雷达的开创者，在20世纪90年代，率先提出用雷达技术解决精确打击武器矢量脱靶量大范围、高精度测量这一世界性难题，使我国矢量脱靶量测量范围和精度比国外高10倍以上，实现了雷达"测得准"的目标。该技术应用于我国多型重大导弹武器的试验鉴定，并成功推广应用于神舟、天宫历次交会对接，"是靶场试验脱靶量测量技术的革命"。成果获2013年国家技术发明奖一等奖。

毛二可同志作为我国新一代雷达的先行者，率先提出复杂信号新波形，解决了远距离微弱目标探测难题；发明了"虚拟单节点处理"新技术，解决了强约束下高速率、大容量数据的高效实时信号处理难题；研制出系列新型空间雷达增程信号处理系统，对嫦娥二号三级箭体探测距离达到14万千米，达到国际先进水平，实现了雷达"探得远"的目标，"这是我国非合作方式跟踪目标达到的最远距离"。成果获2011年国家技术发明奖二等奖。

毛二可同志作为我国星上信息处理的引领者，率先提出将传统天基成像处理由地面转移到星上的新思路，解决了星上体积、重量、功耗严格约束下的实时信号与信息处理难题，带领团队成功研制全球首个星上雷达成像处理系统、星上图像目标检测处理芯片及系统，成果应用于我国12型16颗卫星；突破星地数据传输瓶颈，开创了我国航天成像遥感星上处理、实时分发的新模式，实现了卫星成像遥感"响应快"的目标。成果获2018年国家技术发明奖二等奖。

同时，毛二可同志在自己研究成果的基础上，带领团队服务于国家创新驱动发展战略及产学研体制创新，与北京理工大学共同组建了专门从事成果转化的学科性公司，打造出中关村乃至全国知名的高科技创新型企业和高校科技成果转化的成功案例。

高素质创新人才培养的践行者

毛二可同志不仅在雷达领域做出了重大贡献，还创建了"构建大团队、形成大平台、承担大项目、产生大成果"的高校基层科研单位运行管理模式，形成了"凝聚人、培养人、宽容人"的育人方法，为我国国防、科技、教育等领域培养了一批高水平人才。毛二可团队现有教师60人，其中高级技术职称27人，形成了一支包括"长江学者""国家杰青""万人领军""973首席"等优秀人才的富有凝聚力和战斗力的科研创新团队。团队已累计培养博士生近300人，硕士生超过1 000人，学生中产生2位院士，以及大学校长、将军、军工集团总经理等几十名高层次领军人才，在先进雷达、无人侦察、军用电子对抗、空天遥感、5G通信、自动驾驶等领域做出了卓越贡献。

党的事业矢志不渝的追求者

毛二可同志始终秉承党的优良传统和共产党人的政治品格与优良作风，他对党忠诚、无私奉献，将学校为他配备的"院士办公室"让给青年教师和博士生使用，每天骑着自行车往返；他刻苦钻研、潜心学问，以80多岁高龄坚持奋战在教学科研工作第一线，是无愧于时代、无愧于党和人民的优秀科教楷模。毛二可及其团队求真务实、勇于创新的科学精神，不畏艰险、勇攀高峰的探索精神，团结协作、淡泊名利的团队精神，与时俱进、争创一流的先锋精神，在北京理工大学以及全国教育战线引起了强烈反响。2006年，原国防科工委、中共北京市委教育工委发出了向毛二可同志学习的号召，并举办了北京高校纪念建党85周年暨毛二可同志先进事迹报告会，北京市58所高校师生参会。"毛二可院士及其创新团队先进事迹"宣讲团分赴原国防科工委、北京市委、高等院校等展开宣讲。校内师生创作的音乐剧《毛二可》、歌曲《无悔的蜡烛》等一批歌颂其事迹的文化艺术作品，在校内外引起了强烈反响，感召一代代北理工人传承红色基因，投身国家建设。

打造"中国红色电池"
为党的事业奋力储能
——材料学院吴锋

材料学院党委

个人简介：吴锋是国际欧亚科学院院士、亚太材料科学院院士、中国工程院院士，我国新能源材料学科带头人，北京理工大学求是书院院长，北京理工大学能源与环境材料学科首席教授。国防科技工业"511人才工程"人选、中国电池行业特殊贡献专家、曾获国际车用锂电池协会（IALB）终身成就奖、国防科工委高校优秀教师等多项荣誉称号，是致力于打造"中国红色电池"为党的事业奋力储能的新能源材料领域领军人才。

四十春秋能源情，"高能量"践行党的事业

吴锋坚定不移地贯彻党的基本理论、基本路线、基本方略，牢固树立"四个意识"，自觉在思想上、政治上、行动上同以习近平总书记为核心的党中央保持高度一致，坚决维护党中央权威和集中统一领导，把"四讲四有"作为基本标尺，积极发挥党员先锋模范作用。20世纪80年代以来，吴锋40余年如一日，默默奉献，拼搏进取，始终奋战在我国高科技能源与材料领域第一线，从一名默默无闻的年轻教师成长为我国绿色能源和电池领域大师级专家。

吴锋院士是我国镍氢电池研究的开拓者。在我国"八五"和"九五"期间，作为"863计划"重大项目"镍氢电池生产关键技术与成果转化"和"镍氢电池产业化开发"的负责人，他受国家科委委派，主持创建了我国第一个"863"镍氢电池中试基地和第一条镍氢电池自动化生产示范线，带领团队

攻克了镍氢电池产业化的一系列关键技术难题，实现了产业化关键技术的集成，加速了我国镍氢电池产业化的进程，使中国镍氢电池产业迅速赶上世界水平。前国务委员、国家科委主任宋健同志评价道："吴锋主持的项目以镍氢电池的工程化技术为重点，探索一条中国高技术产业化的路子，是一件具有现实意义和历史意义的大事。"

吴锋院士是我国锂离子电池研究的倡导者。"七五"期间他作为责任专家组织了我国"863"全固态锂电池及相关材料的研究，为我国新型锂二次电池及其关键材料的发展提供了技术储备和人才储备。1990年他又通过调研接受了查全性院士和吴浩青院士的提议，不失时机地建议将锂离子电池研究列入了"863"计划，这对发展我国锂离子电池和相关材料的研究和产业化具有至关重要的意义。

吴锋院士是我国高能量电池体系的奠基者。他率先提出采用轻元素、多电子、多离子反应体系实现电池能量密度跨越式提升的学术思想，研发出高比能二次电池新体系与关键材料并得到国际同行的高度评价。国际电池材料学会(IBA)理事会主席R. Brodd博士评价："（吴锋）基于多电子反应原理发展新型高容量电极材料的开创性思想将成为发展高比能电池的指导性原理。"

吴锋院士是我国绿色回收技术的引领者。吴锋提出采用绿色化学技术，将环境友好的天然有机酸成功用于废旧电池材料回收和资源化再生，锂和钴的浸取率分别高达96%和99%。对我国可持续发展做出了重大贡献。意大利罗马高技术回收中心主任L.Toro对此评价为："这是一种经济高效、无污染的回收技术。"

学高身正为人师，"高效力"引领党的人才

吴锋院士是"学高为师，身正为范"的教育家。吴锋院士道德品行高尚，始终坚守立德树人的初心，形成了"融爱国情于师生情，融家国情于科研行"的育人理念，为我国国防、科技、教育等领域培养了一批顶尖人才。吴锋团队是汇聚了包括长江学者、973首席等优秀人才的富有凝聚力和战斗力的科研创新团队。团队已累计培养博士生近300人，硕士生超过1 000人，培养出中国汽车技术研究中心动力电池领域首席专家、金发科技集团、长安集团高层等几十名高层次领军领导人才，在我国诸多重大领域做出了卓越贡献。

吴锋院士是孜孜不倦、辛勤耕耘的践行者。前些年吴锋院士劳累过度，患心脏病住院，与死神擦肩而过，可他的身体一有所好转，又惦念着召集学生进行课题讨论，并担任了求是书院的院长，以自己的实际行动立德育人，成为1 400余名本科生的护航人。在求是书院知行讲堂上，他为学生们朗诵了自己所创作的诗歌："教书须育人，真情实意。力创新奇添绿色，甘呈心血润桃李；耕一方净土在校园，孕生机。"鼓励本科生以新思维创造新模式、新模式创造新生活。

吴锋院士是春风化雨、潜移默化的思想者。他不仅是简简单单地传授知识，而且对学生的思想、生活都非常的关心。他热心为毕业生的工作和出国深造牵线搭桥，受到学生们的衷心爱戴。他推荐学生李宁2016年去美国劳伦斯-伯克利国家实验室从事博士后研究工作，推荐学生谭国强2014年去美国政府最早建立的国家实验室——阿贡国家实验室从事博士后研究工作。

吴锋院士的学生谨记吴老师的教诲，学成后纷纷回国到北京理工大学作为中坚力量从事新能源领域的研究，为国家解决"卡脖子"技术问题奉献青春和力量。李宁2020年5月回国到北京理工大学材料学院任职预聘副教授、特别研究员。谭国强2019年3月回国到北京理工大学材料学院任教授，作为研究骨干曾先后参与国家科技部"973计划"、美国能源部EERE和UCLA-Dynavolt中美国际合作项目等。

传承红色育人路，"高亮度"展示党的风貌

北京理工大学是中国共产党创建的第一所理工科大学和新中国第一所国防工业院校。1981年，吴锋研究生毕业后分配至北京工业学院（北京理工大学前身）化工系应用化学研究室任教。多年来，吴锋始终秉承党的优良传统和共产党人的政治品格与优良作风，对党忠诚、无私奉献，不计较个人得失，为党的事业鞠躬尽瘁。

吴锋自1987年被国家科委选聘为国家"863计划"功能材料专家组最年轻的专家，走进新材料领域以来，加在他身上的担子越来越重。1993年2月，他参加了时任国务院总理李鹏同志主持召开的政府工作报告征求意见座谈会，作为主要发言人之一，他提出把"增强全民族的科技意识"加入政府工作报告中，他的建议得到了重视和采纳，这句话最终被写入了政府工作报告。

20世纪90年代初,国家高技术新型储能材料工程开发中心正式在广东中山成立,其主要任务是通过科技攻关,以掌握绿色镍氢电池进行产业化开发的关键技术,从根本上突破该领域发达国家对我国实施的技术封锁。党的事业和国家的需要永远都是第一位的,他把妻子和年幼的孩子留在北京,自己毅然踏上了南下的征程,10年间来回奔波于学校和广东中山,为国家高科技事业殚精竭虑,日夜操劳,落下了一身的病痛,但取得了令世人瞩目的成绩。到21世纪初,我国镍氢电池、锂离子电池等绿色电池及其相关材料的生产技术和生产能力已位居世界前列。

吴锋院士始终把理想和信念锁定在"对党忠诚,积极工作,为共产主义奋斗终身"的崇高誓言上,落实在立德树人、科技报国的一言一行之中,将个人的成长书写在新能源材料科研与人才培养的历史答卷中,为党领导的中国建设、改革事业,为推进党的建设的新的伟大工程做出了一名科研工作者的杰出贡献,以无私的奉献与不懈的努力表达了一个理工赤子对祖国的无限热爱。

新时代的优秀党务工作者
——信息与电子学院薛正辉

信息与电子学院党委

个人简介：薛正辉，男，1970年3月生人，1995年3月参加工作，2007年6月加入中国共产党，北京理工大学教授、博士生导师，担任信息与电子学院党委书记。他履行职责、勇担使命，兢兢业业做好党委书记；爱岗敬业、执着追求，一丝不苟做好党务工作；牢固树立"四个意识"，坚定"四个自信"，践行"两个维护"。担任学院党委书记以来，做到了思想认识再进步、工作方法再推新、党建成果再增加、学院事业再上新台阶，时刻以一名优秀共产党员的标准严格要求自己，时刻体现着一名优秀党务工作者的政治本色。

把牢方向，引领思想，学院发展的"导航员"

薛正辉同志担任党委书记以来，注重发挥学院党委统领学院各项事业发展的政治核心作用，以党的建设高质量推动学院事业发展高质量。他坚决执行党的方针政策，紧跟党中央的步伐，带头学习、带头落实，每月组织形式丰富的理论学习传达思想，每年主持召开党委会和党政联席会40余次，就事关学院发展的党政教育、学科规划、师德师风建设、教师队伍建设、学生培养等问题多次研讨，是办院方向的把关人。他积极推进学院文化建设，身上强烈的使命担当意识使他坚持解决了学院搁置十余年的院史撰写工作，系统梳理了建院65年来一个大学院的光荣与梦想，从而凝聚师生力量，传承北理红色基因，凝练了学院文化、学院精神，鼓舞了师生的精气神。他特别重视新生、入党积极分子的思想引领，每年都为学生上好"开学第一课"，他的党课次次掌声雷动。

严谨求实，善于创新，党建工作的"排头兵"

薛正辉同志总是走在党建工作制度创新和形式创新的最前面，新建的10余项党建制度使得学院党建工作迸发出蓬勃的活力，已然成为兄弟院系学习的榜样。他以建设服务型党组织为目标，以提高党员的归属感和幸福感为出发点，把"严"与"实"结合在一起，将制度建设贯穿于党委工作的各个环节，以制度保障党建工作程序，以创新激发党建工作活力。

为了增强教师党员和学生党员的共建交流，提高学生支部组织生活质量，他新增"党建导师制"，组织院士、教授等优秀教师担任学生支部的党建导师，打通了教师支部和学生支部的共建渠道，每年指导党支部约300个，年均开展党建导师理论指导活动100余次。党建导师制获北京高校青年教师思想政治工作优秀项目，并被《光明日报》专题报道《党建导师制：开创高校党建新思路》。

为了提高党支部建设水平，他新筹备"一党委一品牌 一支部一活动"特色活动，新吸纳国家杰青等高层次人才积极加入党组织，全院43个党支部近千名党员在他的带领下，支部活动质量和数量都得到提升，学院党委品牌活动和支部亮点特色在学校艺术馆展出时，前来参观的同志给予了高度评价。

为了解决党建工作平台不足的困难，他牵头新建"党建工作室"、"双带头人"支部书记工作室、思政工作室、"三全育人"试点单位建设工作且成效明显，做到顶层设计与具体实施相结合。主题教育期间，中央指导组领导来学校观摩了学院3个师生党建工作室共建活动，给予高度评价。

为了促进党建工作制度化常态化，他主持新建党委工作制度和党务管理制度，包括评优制度、党员教育管理考核制度、思想政治工作制度、师德师风建设制度、党政领导联系师生制度、党员培训制度、二级党校制度等，新建"青年教师联谊会"，打造特色教师思政教育品牌，《信息与电子学院党员教育管理考核细则（试行）》具有首创性和执行性优势，在学校受到广泛好评。

团结班子，关心职工，师生群众的"知心人"

薛正辉同志和院长紧密配合，协调内外、强化班子，总是主动帮助年轻的班子成员攻克工作难点,共同解决师生关心的事情。"有困难就找薛书记"已经成为学院师生的共识。他的电话随时为每一个有需要的人接起,他总是急群众之所急、想群众之所想;他总是发扬基层民主,始终融入师生中去,是关心学生成长的热心人、引路人;他始终坚持两个校区的值班制度,定期与学生交谈交心,永远把学生的思想政治教育放在重要位置上,主动指导学习有困难的学生,尽力帮助家庭有困难的学生,密切关注学生心理健康状况,学生也总是愿意跟他袒露心声。在国庆70周年服务保障工作中,他心系师生,经常前去慰问和关心,看到大太阳下晒着的学生们,他也跟着一起晒,跟着一起训练。他总是惦念着离退休老先生的健康状况,代表学院前去探望。他的嘴角总是挂着微笑,用实际行动温暖着每个师生。

爱岗敬业,甘于奉献,忘我工作的"永动机"

薛正辉同志总是在办公室挑灯办公,党务行政工作和教学科研工作"双肩挑",不知疲倦、活力满满是大家对他的普遍印象。他总是记忆力惊人地记得每一项工作的进度安排,别人还未规划他早已先人一步开始。在疫情防控期间,他总是每天最早到教学楼里,为教职工测量体温,总是最晚走,坚守在每一次值班岗位上;他第一时间组织成立学院抗击疫情工作小组,保证党委工作、教学科研工作、学生工作有序稳步推进,坚持师生理论学习不断线,传达习近平总书记的最新指示精神,通过网络宣传、电话交流、线上互动,激发了师生战胜疫情的信心,疏导师生焦虑情绪,使师生感受到了党组织的温暖。他总是积极响应党中央的号召,发动全院之力,帮助山西省方山县人民医院完成了"高水平特色疼痛科"建设,研发"智能养牛参数采集系统",对方山的医疗、养殖业、农产品等领域起到了一定的帮扶作用,为方山县的脱贫摘帽贡献了力量。每当招生工作需要出差时,他总是背个旅行包说走就走,毫不推卸,在他的带领下,学院出色完成招生任务。他年均因招生工作出差60余天,是全校参与招生工作中出差最多的人之一,每次走访中学或开展讲堂活动都能展现北理风采,达到了招生宣传的效果。他时刻以高标准严格要求自己,牢记党员的初心和使命,在平凡的党务工作岗位上,常怀敬畏之心,就像一个坚硬的螺丝钉,扎根在学校和学院需要的每一个地方,永葆共产党人艰苦奋斗的顽强力量。

薛正辉同志作为学院党委负责人,党建成果遍地开花。近几年来,学院党委获批教育部第二批党建"双创"全国标杆院系,获评北京理工大学优秀基层党组织,获批学校"三全育人"思政项目,获批"党建工作室",获评"一党委一品牌 一支部一活动"优秀组织奖,获评北京市德育工作先进集体;1个教工支部获评全国样板支部,4个支部获评学校样板支部。

用科技的力量服务国家重大需求
——计算机学院丁刚毅

计算机学院党委

个人简介：丁刚毅，1985年12月入党，1993年6月参加工作，现任北京理工大学计算机学院党委书记。他是国内大型文化活动仿真设计领军者，他与他的团队常年活跃在国家重大活动的舞台上，奥运、冬奥、阅兵、国庆、春晚，他将自身学科发展与国家大事紧密相连，用科技的力量书写着数字媒体技术为国家服务的光辉篇章。

服务国家重大项目的先行者

2019年10月1日，著名导演张艺谋揭秘国庆联欢的幕后故事，一瞬间，"北理工科技立功！"被中央电视台、《人民日报》、新华社、《中国青年报》、共青团中央等重大媒体聚焦。而作为"科技立功"的背后人物，丁刚毅已经不是第一次出现在国家重大项目的视野中了。

2007年，丁刚毅作为项目负责人，带领近50人的科研团队承担了"北京奥运会开闭幕式全景式智能仿真编排系统"奥运科技项目，圆满完成了任务书下达的系统开发和奥运服务的工作。陈维亚副总导演评价该项目"使编导们告别了刀耕火种时代，是一次革命性的创新"；开闭幕式张和平部长这样评价该项目系统："这就是科技奥运"。

2009年，丁刚毅又带领团队承担了"首都国庆60周年群众游行和联欢晚会"的数字仿真设计、训练和指挥辅助系统开发和服务工作，采用多种数字表演和仿真手段协助导演组完成创意、编排、排练、表演各阶段的相关工作，最终保证了晚会顺利、成功地举行，实现了"隆重、喜庆、节俭、祥和"的总要求。

不仅如此，丁刚毅团队还承担了2018年平昌冬奥会"北京8分钟"项目，以及2010年至今每年春节联欢晚会的动态舞美仿真设计与实施运行的研发和技术支持。在2019年的国庆70周年庆祝活动中，丁刚毅作为几个指挥部的专家全面参与了历史上首次"中华人民共和国国庆庆祝活动"的创意设计工作，并带领北理工师生团队承担了游行、晚会、观礼人员服务、电视转播和集结疏散等多项关键任务，针对"十一"当天广场20万人的活动，进行了全流程的智能仿真设计，达到了"精精益求精、万万无一失"的要求，顺利完成了设计汇报、排练演练、现场辅助等核心任务。

在游行工作中，丁刚毅同志克服实际困难，组织上百人团队日夜不停，经过277天艰苦工作，通宵工作超过100天，完成27个版本仿真系统开发，在10万余高精度建模基础上，按照序幕、主体、尾声3个部分进行了系统开发与交互验证，对群众游行活动进行了全要素、全方位、全流程的三维仿真模拟，实现了自由生动的策划创意，为国庆游行活动策划、组织和现场指挥提供了高效、准确、完整的技术支撑。

致力基层党建工作的扎根者

他是一名普通的共产党员，他是一名重大任务中冲在前面的急先锋，他是学生眼中的"引路人"，他是科研团队中的领军者。在种种身份和荣誉面前，丁刚毅一直将党员干部身份置于所有工作的首位。作为北京理工大学计算机学院党委书记，自上任以来，面对诸多挑战，他迎难而上，致力于在学院内营造风清气正，向上向善的良好氛围，通过探索与努力，推动学院党建工作走向深入，强化基层党支部的先锋堡垒作用，助力青年党员师生成长为堪当大任的合格建设者和可靠接班人。

丁刚毅坚持做好从严治党工作，将"两个维护"落实到工作中行动上，将党的思想建设作为基础性建设，把学习贯彻习近平新时代中国特色社会主义思想推向深入。在党的各项建设工作中，他以身作则，培养了一批忠诚干净担当的高素质干部队伍。他深入基层寻找问题，致力于打造风清气正的政治生态，持之以恒地正风肃纪，严明党的政治纪律和政治规矩，履行好党管政治责任，并坚决履行党委书记的第一责任。

每年，丁刚毅同志定期与新发展党员开展座谈，了解新党员的思想动态,关心新党员的学习成长。在每年支部书记抓基层党建述职评议考核会上,他全程参与,并积极解决各支部书记在述职答辩中所提出的困难,鼓励本年度表现突出的基层党支部。同时,他积极在师生党员群体中组织策划"我来讲,我来听"学生党课评比大赛、"真辩明红趴馆"交互式党课模式、"五微一体"线上党建平台等党建特色项目,提升学院党建工作活力,助力青年党员成长成才。

甘为学科团队建设的奉献者

"建数字表演专业,就是为了这一刻报效党和国家,我们必须得拿出真本事,打赢这场硬仗!"丁刚毅同志的这句话,成为北理工数字仿真师生团队时刻牢记的战斗号令。

不管是在刚刚过去的国庆70周年庆典中,还是在2008年奥运、2018年平昌冬奥会的"北京8分钟",抑或是10年以来每年的春节联欢晚会中,丁刚毅永远身先士卒,用最高标准要求自己,用最严格的态度面对上级交付的任务。

数字表演与仿真技术北京市重点实验室副主任、仿真团队核心成员李鹏在回忆团队筹备国庆70周年庆典工作时,对丁刚毅的"较真"感到十分无奈,甚至时常为此引发争执,最厉害的一次,是关于游行人员的手部动作。当时任务进度很紧,上级等着审核最新修订版本,而且团队中多人已连轴转了数日,大家都想赶快提交。"但丁老师偏揪着人员挥手幅度不放,他觉得挥手幅度大了,也会影响行进速度,延长整个游行完成时间。为此,他要求技术人员重新设计算法,但其实后期验收时,基本没人会注意这一点。"李鹏回忆道。

他的这份严格,也慢慢感染着其他团队成员,也正是由于这样的精益求精,才造就了国庆70周年庆典的圆满落幕。丁刚毅认为,服务国家重大项目的过程是一次很好的爱国主义集中教育,通过参加国庆70庆祝活动的策划、演练和开展,120余名团队师生全面经历了一次深刻的爱国主义教育洗礼。参与活动的学生表示:从中国革命的壮阔历程到中华民族的自强不息,从改革开放的历史新时期到中国特色社会主义进入新时代,我们深深感受到中国共产党领导的祖国如此繁荣强盛。这或许才是团队参与国庆70周年庆典工作的最大收获。

丁刚毅同志曾获北京市先进工作者、北京市服务保障工作先进集体表彰；北京市国庆先进集体、游行和晚会突出贡献专家等荣誉表彰。

一位心理学教授的责任、使命、担当
——人文与社会科学学院贾晓明

人文与社会科学学院党委

个人简介：贾晓明，1982年6月加入中国共产党，1983年8月参加工作，现任北京理工大学人文与社会科学学院教授、博士生导师、中国心理学会临床心理学注册工作委员会主任委员、中国心理卫生协会大学生心理咨询专业委员会副主任委员等职务，曾获北京理工大学优秀共产党员等荣誉称号。

贾晓明是国内心理咨询领域的专家，从教30余年来，始终兢兢业业、德教双馨，不仅拥有丰富的教育教学与学术成果，更在社会责任与社会服务领域勇挑重担，为全国心理学行业全面发展做出了卓越贡献。

立德树人，坚守人民教师责任

贾晓明是学生心目中学识广博、指点迷津的"贾老师"，也是温文尔雅、平易近人的"贾女神"。她始终坚持德行与学识并重的教育理念，用言传身教的标杆模式，为学生的学习与成长提供引导与示范。

在30多年的从教经历中，她先后在校内教授大学生心理健康教育、研究生心理健康等公开课及多门专业课程，编著了《大学生心理健康》教材；录制的《心理学与生活——当代中国社会心理热点问题》获评教育部国家精品视频公开课；虽兼任多重社会职务，却始终不忘人民教师职责，坚持为本科生上课，每周召开一次课题组会，多年在学校心理咨询与健康中心为学生提供咨询与专业督导，以学生利益为首位，以教书育人为首任，始终同学生们心系一处，多次被学生们评选为"最喜爱的教师"。

在教育教学方法方面，她坚持探索学生培养的模式创新与学科建设，指导学生开展专业实习、建设心理与社会工作实验室、开办大学生心理热线，其教育教学成果在哀伤心理辅导、心理咨询等方面建树颇丰。曾担任科技部"十一五"国家科技支撑课题"网络心理咨询的技术规范和示范研究"项目负责人，先后出版了《当代中国心理咨询与治疗的探索与反思》《网络心理咨询理论与实务》等多本国内开创性心理咨询指导类专著。

研究生心理健康是北京理工大学研究生公共必修课，2020年上半年开设14个教学班，覆盖1 900余研究生。恰逢2020年新冠疫情特殊时期，更加彰显出该课程重要的教育价值与意义。贾晓明作为教学团队总负责人，组织教师在寒假期间精心准备，围绕疫情特点、抗疫时例，及时更新迭代课程内容，为居家隔离学习的学生们提供适时的心理指导。

博施济众，肩负心理学人使命

作为国内心理咨询领域的著名学者，面对此次新冠疫情带来的公众情绪波动及心理健康问题，贾晓明迎难而上、带头出击，带领心理学及心理咨询行业为全国抗击疫情心理健康咨询工作搭建规范、提供指导。

2020年1月23日，疫情全面告急，全国笼罩在新冠疫情所带来的生理与心理压力下，贾晓明牵头组织相关专家学者和一线人员迅速集结，开展研讨；

2020年1月25日，贾晓明迅速组织召开中国心理学会临床心理学注册工作常务委员会，制定了疫情期间心理援助的各项措施和行动；

2020年1月26日，作为国内心理学与心理卫生领域首个专业组织，贾晓明带领注册工作委员会面向全国发布了《抗疫心理援助倡议书》；

2020年1月28日起，贾晓明组织注册工作委员会200余位注册督导师面向全国提供免费督导，截至2月14日，她为注册督导师连续组织12场线上培训与督导，为全国数百个抗疫心理援助服务机构开展指导；

2020年1月31日起至今，贾晓明带领团队陆续制定心理援助系列工作规范，《抗疫援助热线工作指南》《抗疫心理援助的分级分阶段处置》等十余项工作标准的发布，为全国一线心理救援工作开展奠定坚实基础；

2020年2月5日，贾晓明在北京师范大学网络中心进行《心理援助热线的伦理问题》的讲授直播，收看量高达10万人次；同日，在湖北武汉方舱医院启动建设时，她带领注册工作委员会立即召开会议起草《武汉方舱医院心理援助及综合性心身医学管控方案意见书》提交给国家卫健委，最终方舱医院采纳其中多项心理援助意见，其团队向国家提出的"全国在清明节悼念逝去的医务工作者以及患者"等建议均被采纳执行；

2020年4月24日，贾晓明应美国心理学协会(APA)主席邀请，带领中国心理学会临床心理学注册工作委员会部分成员，向美国心理学同行传授了经验，得到了对方的高度评价与诚挚感谢，为推动中国抗疫心理援助经验国际化做出了努力。

疫情期间，她不仅带领团队开展心理援助行业建设，也亲身投入心理援助一线工作中，积极配合各地政府搭建心理支援服务平台，为支援武汉前线的医护人员和心理援助人员提供直接心理援助，在教育部华中师范大学心理热线专家工作组担任副组长并提供专业督导。其心系百姓、博施济众的事迹，受到《人民日报》、中国国际广播电台、学习强国等多家权威媒体的关注与报道。

大爱无疆，彰显共产党员担当

贾晓明曾告诫自己的学生"要相信，人间正道是沧桑"。她所秉承的忠于祖国、忠于人民的理想信念，感染带动着身边的每一个人。在国家大灾大难、社会难点痛点面前，贾晓明作为一名中共党员肩负起自身担当的大爱之心，始终同国家同频共振。

2003年SARS疫情暴发，贾晓明带领团队开办"非典心理援助热线"，开展疫情期间群体心理变化研究，研究报告为建立健全国家灾难及危机心理干预系统提供了重要依据。

2008年汶川地震突发，贾晓明多次前往灾区开展持续性心理援助工作，深入一线。其所带领的学生先后在绵阳市及北川安县（今为绵阳市安州区）设立社会工作救助站，团队在心理援助工作中的调查研究成果转化为学术论文，为我国灾后心理援助提供了新视角。

2016年起，贾晓明带领30多位学生组成的团队，开展了一系列面向失独老人的心理服务与学术研究，受西城区展览路街道委托开发"失独老人心理社会动态监测项目"，其工作经验及研究成果多次在国内、国际会议上宣传推广。

她是一个人民教师、一位心理学者、一名中共党员，她用自己平凡却又不平凡的事迹，向我们诠释了一位心理学教授的责任、使命和担当。

为国铸剑做先锋，矢志不渝军工魂
——机械与车辆学院崔涛

机械与车辆学院党委

个人简介：崔涛，男，汉族，1981年6月出生，2010年3月参加工作，2002年7月加入中国共产党，博士研究生学历。现任北京理工大学机械与车辆学院动力系统工程研究所教师，先后三次获得国防科学技术进步奖（三等奖）；2019年10月，被北京理工大学评为参与中华人民共和国成立70周年庆祝活动先进个人。2020年6月，被中共北京市教工委评为"北京高校优秀共产党员"。

在70周年国庆阅兵场上，轻型坦克隆隆地飞驰过天安门，短短20秒的光荣受阅背后是十年为国铸剑，渗透着以崔涛为代表的发动机研究团队十年砥砺前行付出的辛劳汗水，是一名科技工作者"打硬仗，打胜仗"将先进技术写在祖国尖端武器装备的行动证明。崔涛用他默默耕耘与奋斗践行着为党育人、为国奉献的使命与担当，从课堂到实验室，从高原到阅兵场，他三进热区，四上高原，舍小家，顾大局，艰苦奋战，为祖国的强大交上了自己的答卷。

坚定信仰，牢记使命潜心育人

崔涛热爱教育事业，坚持社会主义人才培养方向，深耕教育教学一线，注重教学研一体化，在平凡的教师岗位上兢兢业业、孜孜以求。自从事教学科研工作以来，崔涛思想上积极要求进步，主动向老教授请教经验，并在实践中不断总结完善，用实际行动践行"正己身，方施教"。他坚持理论与实际相结合，积极引导学生"学有所思，学有所得，学以致用"。

"努力成为新时代党和人民满意的好老师"是崔涛一直以来的追求。他对本科教育教学从不懈怠，将科研中遇到的问题与教学紧密结合，用生动的语言在内燃机电子控制技术课上为学生们娓娓道来，让知识学习由抽象变得具体，激发起学生积极思考的热情。在育人的道路上，崔涛坚持"以学生为本"，认真履职尽责，他主动帮助学生适应研究生阶段的应用技术研究，带着学生分析数据，反复打磨论文。当学生感到迷茫、踌躇不前时，他把自己的学习成长经历分享给学生，以身示范，教导学生提高自身能力必须从具体技术问题入手，在实践中运用所学解决问题。作为本科生班主任，他更像是学生的兄长和朋友，悉心辅导因成绩差而不敢告知家长的学生，耐心督促因积极性不够而退步的学生，帮助因未来方向不定而感到困惑的学生。也正是因为他的这份"师者仁心"，他所带的班级多人获得校级奖学金，一人获得徐特立奖学金，三分之一的学生毕业时投身国防军工事业。

踏实奉献，励志竭精矢志不渝

作为一名共产党员，崔涛主动作为，勇于担当责任，艰苦奋斗，踏实奉献，敢于直面各类科研挑战。10年间，崔涛在完成教学任务的同时，始终奋战在项目研制的第一线。轻型坦克的研究，要历经高寒高热极端条件下的试验测试。在零下40℃的寒区，他经常要摘下手套连接测试线缆，手指经常冻得失去知觉；在地表温度近50℃的热区，他为采集整车在山地行驶的准确数据，闷在车舱里随车在崎岖的山路上颠簸十几小时。高原性能是整车最为关键的指标，决定着研制的成功与否。

崔涛以一名共产党员的作为，彰显着北京理工大学肩负国家使命、坚守军工品质的深刻内涵。轻型坦克首次在海拔4 600米进行整车高原试验时，团队上下高原反应非常严重，偏又遇上发动机无法有效工作的情况，高原试验面临着巨大考验。崔涛白天忍受着高原反应，步履蹒跚地在多台装备间穿梭，反复拆卸清洗、复装部件；晚上加班加点与项目组分析处理数据。经过十余天的日夜奋战，装备终于恢复了正常运行，高海拔试验得以顺利开展。回想起当时的情况，他说："哪里最冷、哪里最热、哪里海拔高，我们的装备就必须在哪里做试验。装备在哪儿，人就跟到哪儿。第一次上高原，我们是能打硬仗、经得起考验的军工人。"

攻坚克难，勇担重任不辱使命

实现中华民族的伟大复兴，必须用强而有力的武器装备构筑属于我们的"中国力量"。崔涛始终以一名党员的使命担当严格要求自己，听党指挥，不惧艰难，勇于担当。在庆祝中华人民共和国成立70周年阅兵式中，崔涛担任某方阵发动机北理工保障队队长，负责轻型坦克等阅兵装备的现场技术保障。从承接任务开始，他便践行着"敢打硬仗、能打胜仗"的国防科研光荣传统，牢记"保军强军"的核心使命。作为团队的队长，他既要对使用中的问题进行指导，还要处理因炎热环境和操作不当带来的故障。特别重要的是，他所负责的方阵装备中，动力装置是唯一动态展示的部件，其稳定与否决定着轻型坦克能否顺利通过阅兵现场。他与团队成员一起舍小家顾大家，积极工作、任劳任怨，整个暑假都奋战在阅兵保障的第一线。

阅兵队列式与日常任务的执行要求有所不同，队列水平、垂直对齐、保持间距、起步一致等要求，发动机动力响应在1秒之内。为了保证顺利完成阅兵式任务，崔涛带领团队严格要求装备质量细节分毫不差；在早期训练中，针对阅兵队列式特点，他协同参试指战员分析调试装备，保证了装备性能与阅兵行进要求纹丝合缝；在入村训练中，针对高强度训练安排，他秉承积极严谨的态度，保证装备维护保养环节万无一失。在训练初期，曾出现某车辆因动力不足而冒烟的现象，崔涛带领团队制定了详细的排查方案，仅在半天之内就解决了几天内一直困扰着部队的问题。正是以崔涛为代表的党员坚守在技术攻坚克难的第一线，北理工的阅兵式保障工作得到了联合指挥部地面装备负责人的高度认可。

一个党员就是一面旗帜。崔涛坚定政治信仰，不负青春使命，始终将个人价值与国家发展并行。基于此，北京理工大学向他颁发了"国庆70周年阅兵庆祝活动科技保障先进个人"的荣誉称号。国庆阅兵结束后，崔涛受邀参加北理工宣讲团远赴湖南，他回顾了团队克服重重困难为铁甲雄狮铸就澎湃动力的艰辛历程，将国庆盛典背后的故事带给三湘学子，在三湘大地奏响爱国主义主旋律。他还受邀参加了北理工中华人民共和国成立70周年庆祝活动学校服务保障工作总结表彰大会、北理工"不忘初心、牢记使命"主题教育干部教育培训大会。全国高校思想政治工作网曾对他进行了题为《北京理工大学崔涛：他用红色基因铸就澎湃"动力"》的报道。

作为一名北京高校党员教师，崔涛忠诚于党的教育事业，坚持教育报国守初心，立德树人担使命，立足岗位贡献青春力量。作为一名青年科研工作者，他深知重大技术装备是国之重器,事关综合国力和国家安全。他投身于现代化技术装备研制，用一名共产党员的实干担当诠释爱国情怀，让科研育人与国家发展同频共振。

凝聚"推进"魂 润物细无声
——宇航学院王宁飞

宇航学院党委

个人简介：王宁飞，男，汉族，1963年5月出生，1996年7月加入中国共产党，博士研究生学历，教授、博士生导师。

获国家科技进步奖三等奖1项、国防科学技术进步奖二等奖2项、国防科学技术进步奖三等奖5项。学科优秀博士论文指导教师，担任国防科技专业某专家组特聘专家、兵工学会火箭导弹专业委员会第七届委员会委员、高超声速冲压发动机技术重点实验室学术委员会委员、《航空兵器》第十九届编委会委员、国防科技工业科学技术委员会导弹武器领域专业组成员、装发某专业组成员。

潜心研究 桃李芬芳

王宁飞教授主要从事固体火箭发动机总体设计与研究、燃气发生器的设计与试验、性能与结构的优化设计技术、内外流场的模拟与性能预示、固体火箭发动机特征信号评估、固体火箭发动机工程化应用、固体推进剂燃烧与流动的测试与模拟、固体推进剂结构完整性评估、固体火箭发动机可靠性与寿命预估技术等方面的研究工作，探索凝胶推进技术、微推进技术、固体液体混合推进技术。主要讲授硕士生的固体火箭推进基础及发展、燃烧理论基础及诊断技术、聚合物特性及装药结构完整性等课程。主持国家重点项目多项，获国家科技进步奖三等奖1项，省部级科技进步奖一等奖1项、二等奖1项、三等奖3项，享受国务院政府特殊津贴。发表学术专著一部，学术论文200余篇，其中SCI检索50余篇，EI检索150余篇。培养博士研究生20余名，硕士生30余名，其中张峤博士获得2016年航空宇航科学与技术学科全国优秀博士学位论文。王宁飞教授培养的学生大都投身国防事业,在航天院所的重要部门担任要职。

乘风破浪　扬帆远航

王宁飞教授立场坚定,思想进步,能够积极拥护党的领导,在思想与实践方面始终坚持贯彻党的路线、方针、政策。任职副院长期间,在组织院务工作的过程中,既能够有条不紊地合理安排分工合作,又能够以身作则,号召大家认真学习党的各种方针政策和习近平新时代中国特色社会主义思想等理论的科学内涵。王宁飞教授不仅要频繁出席各种院务、评审、学术会议,同时还要负责宇航学院的招生、教务工作,此外还要讲授本专业的研究生课程,对自己名下的学生进行专业指导,用日理万机来形容是毫不夸张的。但是王宁飞教授总能在百忙之中将工作与教学事务处理得十分妥帖,还能抽出时间主动约谈自己的每一位学生。作为宇航推进专业的学科带头人,王宁飞教授的专业知识储备量十分丰富,使他能够时刻站在学术动态前沿,高屋建瓴。他总是倾尽所有为每一位学生进行课题方面的指导,一起攻坚科研难题,而对自己不够了解的领域,则会与学生共同思考、探讨,并主动帮忙联系相关的老师。平时大家只看到王宁飞教授作为副院长被各种荣誉、头衔所包围的一面,而真正与他共事之后,才知道这些光鲜背后更多的是不为人知的辛劳与汗水。王宁飞教授是一位十分朴实的学者,尽管在很多人眼里他已经功成名就,但他自己却从未停止过学习的步伐,无论是科研还是育人,总能看到他办公桌上放着各式各样的学习素材,这也是他能够为整个推进课题组把握方向的原因所在,这在当下人心浮躁的学术界,实属一股清流。

蜡炬成灰　润物无声

王宁飞教授在宇航学院任职的这些年里,始终把学习放在十分重要的位置,认真学习党的政治理论,刻苦钻研业务知识,努力提高自身素质,力求能更好地指导课题组的学习工作。同时注重对时事政治的了解与掌握,使自己的思想能够与时俱进,始终与党中央保持高度一致,在广大师生中牢固树立了为人民服务的形象。即便王宁飞教授每天有着不计其数的工作需要处理,他每周仍能够按时阅读学生的周总结,对学生的研究工作进行合理的把关和指导,同时监督课题组各个方向的科研进度及项目完成情况。王宁飞教授不仅在专业知识方面对学生们慷慨解囊、毫无保留,生活上亦是如此。学生们平时出差、看病找他借钱,他总是二话不说先行帮学生垫付;他帮助家庭困难的学生垫付学费的例子也屡见不鲜,而且总是等到这些学生毕业有能力之后再行偿还。虽然王宁飞教授对待学生十分大方,但他自己在生活上却十分朴素,他过冬的外套就是那一件黑色长款棉衣,袖口露出的秋衣衣角都已经磨破脱线。在办公室陪伴他数年之久的木椅子,都已经裂开了缝,他却从未更换,很多学生都劝他换一把舒服一些的皮椅,他都以坐习惯了为由推脱掉。在王宁飞教授的悉心指导下,学生们都能够树立正确的世界观、人生观、价值观,课题组就像一个和谐的大家庭,在科研的道路上披荆斩棘,一路向前。

术业专攻　俯首耕耘

参加工作以来,王宁飞教授始终严格要求自己,在岗位上能够耐得平淡、踏实认真,真真正正做到了干一行、爱一行、钻一行,具有很强的责任心和协调能力。在科研工作中,他始终保持着端正的工作态度,不骄不躁,扎实肯干,并能够以党的纪律规范自己的一言一行。在教书育人的过程中,能够因材施教,循循善诱,对每一位学生都能够循序渐进地引导,对来自五湖四海有着不同背景的学生全部一视同仁,不论博士硕士,都能得到他的精心栽培。王宁飞教授在学术上对学生要求严格、不容含糊,在个人发展上却鼓励学生放开手脚、大胆去做,对于课题组想要出国发展的学生,他总是帮忙筹划准备,到了一年一度的招聘季,他又会忙里忙外四处张罗,为课题组的毕业生们撑起一片天。王宁飞教授尊重课题组的每一位领导和老师,团结每一位师生,能够主动接受来自各方面的意见,不断改进自己的工作,还能够认真开展批评和自我批评,虚心听取老师同学们的意见建议,始终保持着良好的工作形象,并积极维护着课题组的良好形象。

作为一名共产党员,王宁飞教授始终对自己高标准、严要求,以"全心全意为人民服务"为宗旨做好自己的各项工作。作为宇航推进技术的学科带头人,王宁飞教授在教育岗位上始终如一,孜孜不倦,他不仅是学生心目中传道授业解惑的导师,更是学生们前行道路上的一盏"灯塔",带领着广大学子在科研的道路上披荆斩棘,一路前行。相信在今后的工作中,王宁飞教授会一直保持学习的态度,严于律己,提高自己的思想政治觉悟和业务水平,把党的事业作为自己最大的职责和最高的使命,为共产主义事业不懈奋斗。

坚定信念传薪火，矢志报国立潮头
——宇航学院吴则良

宇航学院党委

个人简介：吴则良现任宇航学院2020级博士一班党支部宣传委员、北京理工大学学生科技创新团队"飞鹰"队队长，在校期间严格要求自己，认真学习贯彻习近平新时代中国特色社会主义思想，始终在思想上政治上行动上同以习近平同志为核心的党中央保持高度一致；刻苦学习，崇尚科学，成绩优异；积极参加社会实践、创新创业活动，成果突出；工作认真负责，关心同学，充分发挥了模范带头作用，在师生中形象良好。

坚定理想信念，牢记初心担使命

吴则良积极宣传党的先进理论和方针政策，配合党支部书记扎实开展组织生活，发挥党支部的战斗堡垒作用。他发挥党支部"理论学习大本营"的作用，组织开展集体学习，引导支部成员坚定理想信念、传承红色基因；注重采用多元化学习宣传方式，利用新媒体引导支部成员进行自学；在北京理工大学"共学回信精神，同担复兴大任"主题教育活动以及"'书记在线'党建微讲堂"等活动中担任主讲，分享他眼中的青年担当，实时观看直播人数破万，引发党团支部热烈讨论。

坚持科技报国，砥砺奋斗攀高峰

吴则良始终牢记"新时代中国青年的使命，是以实现中华民族伟大复兴为己任，树立远大理想，报效祖国"。研究生入学以来，他全身心投入科学研究，在导师指导下申报6项发明专利，在2019年作为中方学生代表参加"中国–瑞士"无人机创新交流周,向世界展示无人机发展的中国思路,获得了国际顶尖企业认可。

"先做第一,然后唯一"是吴则良一直以来牢记的格言。作为科研团队"领头羊",他积极探索"以国际高水平赛事促进基础理论研究与成果转化"的科研之路,带领团队瞄准国际无人系统和人工智能领域顶级的赛事——MBZIRC(穆罕默德·本·扎耶德)挑战赛,通过严苛挑战项目检验所学,提升团队战斗力。2020年年初,正值他和团队备赛的冲刺阶段,突如其来的新冠肺炎疫情使得团队面临核心成员无法返京以及物资保障无法到位的重重困难。"我是党员,也是队长,关键时刻我必须先迎难而上。"吴则良这么说道,他也做到了!春节假期仅休息了三天,他便返回试验场。他始终牢记为国争光的光荣使命,在做好抗疫防护的基础上,带领团队夜以继日,集中攻关,充分发挥了党员的先锋带头作用。在零下十几度的天气中,坚持每日10小时以上的室外飞行试验。呼啸的北风和纷飞的大雪没有阻挡团队前进的步伐,最终"飞鹰"队作为唯一一支代表中国的参赛队伍,战胜宾夕法尼亚大学、卡内基梅隆大学等科研强校,以唯一的满分成绩摘得MBZIRC 2020项目冠军。赛后,中央电视台、新华社、人民日报、北京电视台等数十家媒体对该赛事进行了深入报道,向世界展现了中国在智能无人系统领域先进科研水平和当代青年团结协作、艰苦奋斗、勇攀科学高峰的精神风貌。

"比赛夺冠不是终点,更重要的是思考如何把先进技术凝练成服务社会的成果。"基于"多机协同自主空中夺球"项目,他带领团队对技术进行凝练提升,创新研发基于柔网捕获的微小型无人机群防控系统"猎鹰"系统,解决了传统"低慢小"防控手段在城市环境下"难以防范群体目标""处置过程容易产生安全威胁"以及"效费比低"的短板。为了能够让产品更好地服务社会急需,他在学校支持下成立猎鹰卫科(北京)科技有限公司,现已与多家单位达成产品合同。在第六届中国国际"互联网+"大学生创新创业大赛中,他作为项目负责人和答辩人,向国内外百余位创投人展示了"猎鹰"系统的项目方案和商业规划,最终从全国147万个项目中脱颖而出,获得大赛全国金奖,展示了北理工学子"敢闯会创"的精神面貌。同年,他所带领的团队获评北京地区大学生优秀创新创业团队。

践行知行合一，科技研发惠三农

2020年是全面建成小康社会目标实现之年，是全面打赢脱贫攻坚战收官之年。为响应习近平总书记对科技人才"秉持初心，在科技助力脱贫攻坚和乡村振兴中不断做出新的更大的贡献"的号召，吴则良不忘"把论文写在祖国的大地上，把科技成果应用在实现现代化的伟大事业中"的重大使命责任，立志将所学无人系统相关知识与科技扶贫相结合，探索用科技创新成果服务脱贫攻坚。

2018年以来，吴则良随师兄师姐先后赴山西方山、河北阜平、福建浦城开展社会实践，调研农田病虫害防治情况。当地人民对于解放人力、提高作业效率与作业安全性的期盼使他印象深刻。他依托团队科研资源，参与开发基于自主路径规划的农林精准管理系统，该系统可在半小时内自主完成90亩农田的农药喷洒，相较于传统人工作业效率提高了180倍。2020年8月，他带领团队赴方山县胡堡村捐赠设备并开展使用教学实践。方山县政府对团队"发挥学科优势，凝练成果惠农"的做法给予肯定，并与实践团就"科技助力农业发展"达成深度合作意向。通过将科研成果服务于脱贫攻坚和乡村振兴，他更加明晰了青年学子的社会责任和时代担当。

传承红色基因，引领带动共成长

踏入北京理工大学以来，吴则良深受爱国奋斗、矢志创新的情怀所感染，传承"延安根，军工魂"红色基因，将共产党员的自我要求与北理工精神相结合，科研之余为广大师生服务奉献，锻炼担当能力。

读研以来，他带领同学参加高水平赛事促"双创"，参与指导低年级学生科技创新团队获国家级"双创"竞赛银奖1项、铜奖3项。同组师弟师妹在他的带领下，申报多项发明专利，并获得国家奖学金等荣誉。他积极开展朋辈引导，带领团队研究生帮助低年级本科生组建科创团队并持续提供理论实践指导。疫情期间，他坚持"抗疫党员冲在前"，在封闭试验场每天按时按次为团队成员进行体温检测与记录、环境设备消毒、餐饮取送等工作，时刻关注队员心理健康状态，积极与大家沟通并进行缓压疏导。2020年7月，吴则良作为北京理工大学招生宣传主力成员，展现了北理工学子执着追梦的昂扬姿态；9

月，作为新生代表在北理工研究生开学典礼上发言，分享个人对于"北理精神"与"青年使命"的思考与理解，号召同学们勇担使命，特立潮头。

新时代，唯有奋斗才是给祖国最好的回报。作为新时代北理工青年，吴则良一直在探索"个人命运与国家民族命运紧密相连，自身价值与服务祖国人民相统一才能实现最大的价值"的成长之路。未来，他将继续时刻严格要求自己，牢记初心使命，脚踏实地、勤奋执着、学习本领、探索创新，为实现中华民族伟大复兴的中国梦贡献自己的力量！

为中国"深空之光"璀璨长驻，用奋斗建功立业新时代

——化学与化工学院孙克宁

化学与化工学院党委

个人简介：孙克宁，长期从事能源电化学工程重大技术攻关，在能源的存储、转化与输运方面取得了系统性和创造性成果，主持国家"863计划"重大项目、国家自然科学基金项目、科技部国际合作项目、企业科研合作课题多项。获国家级奖励3项，省部级奖励8项。在Nat. Commun.、Adv. Mater.、Adv. Energy Mater.等期刊发表SCI论文400余篇，2014—2019年连续6年获爱思唯尔发布的中国高被引学者（能源类），主编学术著作2部、教材1部，获国家发明专利授权48项。

空间电源系统，顾名思义就是应用于航天器上的电池组件，被称为"航天器的心脏"，对保障航天器正常工作起着决定性作用。空间电源系统一旦出现问题，航天器将会彻底失去工作能力。空间电源系统如此关键，却也是航天器上最容易出现问题的部分，需要在空间特殊环境下高强度地工作以及更换困难是最大挑战。对于低轨道运行的航天器来说，电池组件需要满足8年的使用寿命，而对于在地球同步轨道运行的航天器而言，需要拥有18年以上的使用寿命。目前，在全世界范围内，电池技术依然是制约航天器总体水平的短板，我国同样缺乏自主研发、稳定可靠的空间电源系统。

2019年1月8日，北京理工大学化学与化工学院孙克宁教授团队的"高比能量锂离子电池关键技术及应用"项目，在人民大会堂被授予国家技术发明奖二等奖。获奖的背后，是团队历经20年的奋斗不辍。这个北理工团队用具有完全自主知识产权的创新成果，实现了中国空间电源系统在比能量和轻量化方面的突破，使中国空间电源系统的技术水平实现了跨越性提升。作为一

名老党员,团队负责人孙克宁教授很早就意识到了空间电源系统的重要性,带领研究团队攻坚克难20载,就是为了让我国在空间电源系统领域具有自主领先技术,为航空航天等国防领域的发展保驾护航。作为北理工的一名教师,也作为一名科技工作者,这位老党员一直在人才培养和学术创新工作中践行着自己的初心和使命。

把"一张白纸"写满精彩

"电源系统绝对不允许出任何问题!"2004年4月,西昌卫星中心发射现场,"两弹一星"元勋、时任中国探月工程总设计师的孙家栋院士这样坚定地说道。这让当时还是一名青年教师的孙克宁深受触动,他暗自立志要为中国的空间电源系统研究做出自己的贡献。

1999年,孙克宁开始涉猎空间电源系统研究领域,他深知国家的需要就是科学家的使命,这也是他专心投身该领域的初衷。"世界范围内专业做航天电源的公司很少,我国在航天电源技术方面还远远落后于国外。"孙克宁回忆道。

同年,孙克宁开始了航天电源的研究,而此时在他面前可谓是"一张白纸"。毫无借鉴和积累的探索注定是坎坷的,很快孙克宁就意识到镍氢电池存在比能量低、可靠性差等问题,无法满足航天器对高性能电源系统的需求。孙克宁并不气馁,又将目光投向性能更为优异的锂离子电池。2005年,孙克宁提出的空间电源系统研究获得立项,但仍然面对无成熟设备、无商业化材料和无工艺技术的种种困难。

2009年,孙克宁来到北京理工大学,成为化学工程与技术学科能源电化学工程方向的带头人。"北理工在化学化工领域研究底蕴深厚,发展至今研究基础非常好,而且学校对新兴产业研究领域非常重视,所以来到北理工后,我感到如鱼得水。"孙克宁这样介绍道。之后,在北理工的沃土上,孙克宁带领团队聚焦锂离子电池,针对电极材料、隔膜材料、制造工艺等方面深入研究,不断突破,形成了研究优势。

经过20年的潜心研究,孙克宁团队在空间电源系统领域已拥有完全自主产权的专利达23项,发表了50多篇具有国际影响力的论文,推动我国制造出"高比能、高可靠、轻量化"的空间电源系统,孙克宁也连续6年成为爱思唯尔发布的中国高被引学者（能源类）。

拼搏奋斗的"青年军"

"我们团队有个特点就是年轻，9名教师，平均年龄37岁，整体氛围非常开放包容。"孙克宁谈到自己的团队，充满自豪。在"点亮"中国航天器电源系统的攻坚中，孙克宁带领的这支"青年军"不仅充满干劲，也充满了创新思维。"仰望星空，要永葆好奇心。"这是孙克宁经常与团队分享的理念。

"我觉得北理工务实的品质非常吸引我，所以毕业之后我就来了，并且在团队里找到了志同道合的伙伴，让我觉得很有施展空间。"团队中的青年教师王振华，2009年博士毕业于哈尔滨工业大学电化学专业，来到团队从事航天电池研究已经有10个年头了。

作为最早的团队成员，王振华亲历了团队获批化学电源与绿色催化北京市重点实验室，获得电化学关键技术与化学电源教育部创新团队、教育部奖、国家奖等一个个成绩。但成绩斐然的背后，却是一路的拼搏与奋斗。

"测试电池和测试别的东西不太一样，为了及时测量出电池的性能，初期有些研究只能靠人工随时跟进检测。人要跟着机器走，机器运转到什么时候停止我们就要跟进测试。吃住在企业，凌晨三点去测电池参数，早上七点钟继续工作也是常有的事。"王振华这样谈道。

做出中国人自己的航天电源，孙克宁的研究绝不仅仅只是理论上的突破，他心中要的是实实在在的产品。带着这样的理念，团队从理论基础、技术路线到产品研发，每一步都考虑工程化需要，这也对团队提出了更高的要求。

空间电源系统的组装必须在固定空间内完成，一旦上天，就"决不能出错"，这严苛的标准就是对空间电源系统的基本要求。面对严苛的标准，电源工程化却又只能面对尺寸、能量、重量等最宏观的要求，这始终是对团队极大的考验。

"不实验不相信，不验证不科学"，这是孙克宁团队中师生们常常挂在嘴边的话。正是凭借这股"钻劲儿"，团队从"零基础"开始，自己搭建设备、合成材料，开始探索航天器电源的"中国制造"。"既然我们研究的是国家的技术短板,那就一定要克服困难,一定要做好!"

培养学生有"两把刷子"

"知全局,明亮点。知需求,明方向。知难点,明细节。知能力,明途径。"这是孙克宁对学生们的要求。在科研上不断取得突破的孙克宁,始终将培养出优秀的学生作为团队成绩的重要组成。他还要求学生们必须具有两把"刷子":一是瞄准国际前沿,创新基础研究;二是对接国家需求,注重工程应用。

"我是2014年进入团队读的博士,2015年开始选择将锂离子电池高容量正极材料作为自己的研究方向。"提及为何选择来到孙克宁团队,博士生卢丞一坦言,"标签清晰,方向明确,孙老师一直致力于电池研究,一直深耕能源领域。只有长久不移的研究才能把科研做深做大,而盲目跟风则没有前途,孙老师给我们树立了学习的榜样。"

卢丞一的研究主要是高性能锂离子电池正极材料的开发,旨在提高锂离子单体电池放电比容量和循环倍率性。得益于导师孙克宁的悉心指导,卢丞一收获不小。

"磷酸铁锂电极材料因其相对较高的安全性被广泛应用于锂离子电池中,但它的缺陷是比容量不太高。在一次实验中,我偶然发现了磷酸铁锂的放电容量有了较大幅度的提升。孙老师没有放过这一偶然发生的实验结果,而是鼓励和指导我进一步观察思考其中的机理。最终,我们反复试验,通过构造氮氧自由基对其进行复合能量的提升,实现了磷酸铁锂比容量的'超容'。而当时全世界只有少数几篇论文谈到如何实现磷酸铁锂的'超容',我们的结果可以说是开辟了一个新的方向。"卢丞一通过"无机+有机"工艺复合,使磷酸铁锂的比容量达到了190mA·h/g,这不仅超过当时业内可实现的最高实际比容量160mA·h/g的水平,更是突破了170mA·h/g的理论比容量水平。

从普通的制备中发现问题,从而证明猜想,然后主动优化,最后验证结果,这样一条完整的科学研究闭环,孙克宁对于自己和学生们,都要求不仅完整不可缺失,还必须每一步要走得非常扎实。

"我们每人会有5次机会,通过5次制备,拿出其中最好的数据进行比拼，所有人中谁的数据最好，谁就是冠军。通过这种方式，我们不仅提高了动手能力，有时候还能获得很多灵感。"团队学生徐春明谈到这个内部竞赛总是津津乐道。而这样的比拼，只是孙克宁启发式培养人才的一个缩影。不论是指导团队里的青年教师，还是课题组的研究生，孙克宁都十分注重启发思维。"孙老师喜欢思想交流，乐于分享自己的研究经验，但他从不一股脑地灌输给我们。无论是平常备课还是申请项目，孙老师会和大家一起讨论出框架，然后非常细致地帮我们修改，一稿、二稿……终稿，草稿上满满当当的都是他的笔迹，这个过程中，也让我们有常学常新的感觉。"团队教师孙旺这样谈道。

不忘初心，为中国"深空之光"璀璨长驻，牢记使命，用奋斗建功立业新时代。"这是我们科研人员应该做的，也是每一个北理工人需要做的，所以我们就做了。"在荣获国家奖励之际，孙克宁如是说。孙克宁教授就是用这样朴实的语言描述着自己和科研团队所做的工作，他的朴素追求就是把空间电源系统的性能不断突破、再突破。他认为自己作为一名共产党员，也是一名科研工作者，就应该服务于国家的战略需求，把科研成果转化为服务于国民经济发展的推动力，在科研创新的道路上不断探索、永不停歇，让中国人的智慧凝结成科技创新的火光，照亮祖国的大地和天空！

（在《北理工孙克宁教授空间电源系统研究侧记》基础上整理编辑）

追求卓越育人　勇攀科研高峰
——数学与统计学院胡峻

数学与统计学院党委

个人简介：胡峻，北京理工大学数学与统计学院教授、博士生导师。美国《数学评论》评论员、德国《数学文摘》评论员。2004年入选教育部"新世纪优秀人才支持计划"，2015年获得国家自然科学基金委杰出青年基金资助。在 Math. Ann.、Adv. in Math. 等国际权威学术期刊发表论文20篇，解决Lusztig猜想等一系列的公开问题。相关研究获2020年教育部高等学校科学研究优秀成果奖自然科学一等奖。

师德师风高尚，学术成就斐然

胡峻教授长期奋斗在教学和科研一线，主要从事代数学中李理论与表示理论的研究。2008年以来，国际表示论与李理论界掀起了一股范畴化的浪潮，在此背景下一批经典问题的研究获得了崭新的视角甚至得到完全解决，其中KLR代数在整个理论中占据核心的位置。胡峻教授瞄准KLR代数及范畴化理论中的前沿公开问题，潜心钻研，取得突破性成果，首次构造出A型分圆KLR代数的Z-分次胞腔基（文献中通称为"Hu-Mathas基"），提出了Z分次胞腔表示论的新观点，解决了Brundan、Kleshchev、王伟强及Fayers等人的一批猜想，论文发表在国际顶级刊物，引发了相关领域的一系列后继研究，在国际学术界产生影响。相关研究成果获2020年教育部高等学校科学研究优秀成果奖自然科学一等奖。胡峻教授主持的国家自然科学基金杰出青年科学基金项目2020年顺利通过终期考核结题被评为优。

投身团队建设，做到榜样引领

作为数学与统计学院代数团队的负责人，胡峻教授领导代数团队，凝练学术发展方向，引进国际人才，如引进了毕业于科隆大学的Michael Ehrig博士入职新体系副教授，协助其申请国家自然科学基金委的外国青年学者研究基金项目并成功获批；招收了毕业于悉尼大学的Alexander Kerschl博士，产出一批高质量合作研究成果，有效推动了数学与统计学院国际化建设，代数团队成功入选北京理工大学科技创新团队计划。胡峻教授还积极引进人才，联系海外人才如美国科罗拉多大学博尔德分校的徐天元博士依托我校申报GF专业领域人才计划。组织学术会议，如：全国研究生代数学会议线上论坛（2020.10.10—10.11）、有230余人参加的第二十一届全国代数表示论研讨会（2019.6.26—6.30）、北理工-浙大数学交流研讨会（2019.6.26—6.30）等，北理工-浙大数学交流研讨会（2019.11.1—11.3）等，目前作为程序委员会主席正在组织第17届全国李理论学术会议。

坚持立德树人，实现"三全育人"

胡峻教授始终把党的教育事业放在第一位，深入教学一线，为数学与应用数学强基计划专业学生讲授公共课《高等代数 I 》；不断推进课程建设和教学创新，为本硕博学生"量体裁衣"，开设不同层次的代数学课程，如《代数学模块1》与《代数学模块2》；悉心指导5名博士生和3名合作博士后，开设代数学前沿的学术讨论班，邀请国际著名专家如瑞典乌普萨拉大学的Mazorchuk教授来我校短期讲学。胡峻教授指导博士研究生张静瞄准美国麻省理工学院Lusztig院士提出的公开问题，建立了关于Weyl群中对合的扭既约表达式的扭辫子变换的扭Matsumoto理论，一举解决了Lusztig关于对称群对合模的猜想。该项工作得到国际组合论界的持续关注，并引发了一系列后继研究。他指导的博士后孙玉姣获批国家自然科学基金委青年基金项目、北京市自然科学基金青年项目，被评为北京理工大学优秀博士后。

热心公共服务，助力"双一流"建设

胡峻教授作为负责人成功申报并获批了工信部信息安全的数学理论与计

算重点实验室。同时，作为专业负责人，主持数学与应用数学一流本科专业的申报并成功获批。胡峻教授作为学院教授委员会主任，在完善学术管理体制方面，充分发扬学术民主，弘扬科学精神，引领科学方向和教改趋势，不断提高本院的教学、科研水平；负责人才引进、面试等环节的工作，积极参与研究生面试工作，协助学科评估、参与学院岗位评聘及职称评定等工作；在学院发展规划、教师业务考核、科研成果评价、学科建设评审等方面为党政联席会提供决策咨询，公平正义，尽职尽责。

以行动践行立德育人使命，
以担当为党旗增光添彩
——物理学院刘伟

物理学院党委

个人简历：刘伟，汉族，1976年8月出生，1997年12月入党，2003年7月参加工作，现任北京理工大学物理学院大学物理教学与实验中心党支部书记、主任，高级实验师，曾获全国高等学校物理基础课程青年教师讲课比赛一等奖，北京市高等教育教学改革成果二等奖。

刘伟同志是一名信仰坚定的共产党员，作为党支部书记的他，把党的组织建设工作时刻放在心头，处处以身作则，严格落实并创新性地开展"三会一课"，推进"两学一做"常态化、制度化、实效化。他党建、业务两肩挑，带领支部党员积极投入教书育人工作，在大物中心营造争先建功立业的奋斗精神、奉献精神和团结氛围，不断地涌现出教学名师、优秀党员、先进个人等模范典型，凸显了一名基层支部书记的坚守与执着。

落实主体责任，抓好支部党建工作

刘伟在支部党建工作中坚持以习近平新时代中国特色社会主义思想为指导，严格落实并创新性地开展"三会一课"，大力开展"学习+实践"活动，推进"两学一做"常态化、制度化、实效化。在他的组织下，支部开展了"深入学习党章党史，坚定理想信念，做合格党员""不忘初心、牢记使命，争做时代引路人""我的祖国我奋斗"等专题学习，支部党员先后赴山西省吕梁市开展红色扶贫活动、去西柏坡革命基地考察，参加国旗下的演讲等实践活动，不断提升支部党员的理论修养和实践能力，不断提高党建工作质量。他特别注重支部党建工作对学院和学校整体工作的支撑与引领，带领支部党员积极参与学校"北京市高校党建难点项目",参与学校党建工作试点,成为学校首个党支部书记述职试点支部、首批"双带头人"教师党支部书记工作室和首批"党建工作样板支部"培养创建单位,为全校各党支部建设提供了自己的成功经验和特色示范,得到全校认可和好评。

联合创新活动,发挥引领辐射作用

刘伟同志分析了自身党支部的情况后认为,支部具有党员少但队伍精、偏教学但接触广的特点和优势。他提出支部要充分发挥自身的特点和优势,从工作面向教学一线的特点出发,采取"支部+支部""传承+创新""立足+辐射"的特色做法,创新性地开展活动,发挥支部的红旗引领作用,把教书育人的使命不断落实到实际工作中。在他的带领下,支部致力于为大学生的成长助力引航,与学院团委、本科生党支部联合为大学生举办"博约成长沙龙"特色活动,以培养优秀社会主义建设者和接班人为立足点,给学生以学业和人生的指导,给他们指明努力的方向和途径,帮助学生走出成长中的困惑;支部致力于为研究生的深造激励支撑,与离退休党支部、研究生党支部联合举办"匠心育人"特色党日活动,激发并支持年轻科研工作者建立勇挑重担、攻克难关的信心和勇气;支部致力于为年轻教师的发展指引培育,邀请经验丰富的退休教师回到党支部,开展"师德传承"党日活动,推动学校"延安根、军工魂"的红色基因在年轻教师中传承与创新;支部致力于与其他党支部交流成功的党建经验,与信息学院微波技术所党支部联合赴重庆开展寻找革命先烈精神的主题党日考察实践活动,将学习心得和工作实践辐射到更多党支部。通过纵横联合的支部共建,工作起到了1+1>2的作用,工作实效得到了广大师生的一致赞誉。

心系党员群众,营造团结进步氛围

刘伟同志深知在一个教学单位中,能否发挥党支部的先锋堡垒作用,发挥党员的先锋模范作用,从而促进整个教师队伍的团结,取得业务工作优异成绩,关键在于支部书记。为此,他时刻心系党员群众,从工作上、生活上、心理上给予关怀,有困难及时解决,有重任身先士卒,努力打造一个团结互助、积极向上的工作氛围。在新冠肺炎疫情期间,中心只身一人在北京的年轻老师潘老师在返京后隔离期间突然半夜肾结石发作，得到消息后他立即赶赴医院急诊室，挂号、取药、搀扶潘老师做检查，忙前忙后一整天都一直陪护在潘老师身边，就像对待自己的孩子一样，令潘老师感动不已。在这样一个团结互助的氛围下，年轻老师向经验丰富的老教师虚心学习教学经验，老教师关心帮助年轻老师的成长发展，大家共同进取，不断取得一个又一个工作成果。近年支部和成员获得国家级奖励2人次、省部级奖励20人次，中心获国家级荣誉称号、成果3项，其中2020年支部获评北京高校先进党组织，2018年获批北京理工大学首批"双带头人"教师党支部书记工作室，中心党员牵头的"大学物理"慕课获批国家精品开放课程、首批认定国家级一流本科课程、"物理之妙里看花"获批国家级精品视频公开课、"工程光学虚拟仿真教学实验示范中心"获批国家级虚拟仿真教学实验中心，教改成果"两目标三阶段培养一流人才模式的研究与实践"2017年荣获北京市高等教育教学成果奖二等奖，胡海云、刘兆龙、史庆藩先后获批北京市教学名师，王菲获批首届北京市青年教学名师，刘伟同志自己也在全国高校青年教师物理基础课程讲课比赛中斩获了一等奖。

不忘初心使命，潜心立德树人育英才

刘伟同志从支部面向教学一线的情况出发，号召支部党员骨干牢记立德树人的使命，充分发挥自身的特点和优势，创建"创新创业梦工厂"育人平台，为学生搭建筑梦、逐梦、圆梦的人生大舞台。在支部党员的带领示范下，中心多位老师积极担任了班主任、学育导师和学术导师等工作职责，通过指导学生积极参与大学生学科竞赛和创新活动，将踏实勤奋、锐意进取、爱国敬业等价值观的塑造融入知识能力的培养中，受到广泛认可。

物理学院2016级学生雷宇昇的经历就颇具代表性。他在刘伟等支部骨干老师的指导下参加了北京市大学生物理实验竞赛并获得一等奖，后来又进入更高阶段的科研训练中，本科阶段发表了多篇论文，品学兼优的他毕业后申请到了新加坡国立大学的奖学金继续深造。

精心耕耘换来百花飘香，近年来学生在刘伟等支部骨干指导下获得中国大学生物理学术竞赛一等奖等国家级奖项7项、省部级奖项37项，本科生第一作者发表论文53篇，其中SCI16篇，核心期刊30篇，培养出了一大批德才兼备

的拔尖人才。

刘伟同志长期以来秉承"立德、担当、爱岗、奋斗"的育人工作使命，以高度的责任意识和奉献精神开拓创新、耕耘不辍，在三尺讲台上结出了累累硕果，为学校人才培养做出了重要贡献。刘伟同志表示，未来将更加坚定地发挥党员的先锋模范作用，以行动践行立德育人使命，以担当为党旗增光添彩，努力为学校一流人才培养做出更大的贡献。

在小物院散发着光和热
——物理学院俞文凯

物理学院党委

个人简介：俞文凯，物理学院副研究员、党支部组织委员，毕业于中国科学院大学，2015年入职北京理工大学，主要从事光信息、多维计算成像与智能信号感知工作。入职以来发表SCI论文20余篇，总被引600余次，获批授权发明专利10余项，主持项目10项；因材施教，诲人不倦，培养出许多优秀学生，获国奖、市/校优秀毕业生等荣誉。

"学高为师，身正为范"，用这句陶行知先生的名言来形容俞文凯同志一点不为过。俞文凯同志作为优秀党员，始终力行"师者，所以传道受业解惑也"的古训，切实地为教育和科研事业无私奉献，取得了一系列的教学成果，培养出了大批优秀学子，完成了大量高质量的科研工作，在党员间充分发挥着先锋模范和表率作用。

学为人师，挥汗科研

俞文凯同志自2015年入职北京理工大学以来，就一直从事着光信息、多维计算成像与智能信号感知的工作，创建了极限高维高阶光场空间变换理论体系：从理论上研究了各类多维计算成像架构（包括关联成像、压缩成像等）与相关数学模型，借助于掩模构造研究了信息探测与智能感知新方法（包括超灵敏探测、超亚采样、自适应采样、深度学习、计算照明采样等），通过朴素与迭代算法设计研究了图像重构方法，集中解决了多维计算成像中所遇到的两大关键科学问题——掩模构造问题与快速计算问题，提出了基于特殊掩模构造的光场空间变换方法与结构化快速计算方法；最终成功将该理论体系应用于公网密钥分发、多维成像、显微超分辨成像、实时成像、物理应用等领域。近五年在 Optics Express、Physical Review A、Sensors、IEEE 等著名期刊以第一作者身份发表10篇SCI论文，1篇EI论文，以第二作者身份发表9篇SCI论文，1篇EI论文，总被引600余次，h-index为13，在国防工业出版社出版《多维成像》；获批授权19项发明专利和1项实用新型专利；主持包括国家自然科学基金青年项目、北京市自然科学基金青年项目、北京市科学技术协会青年人才托举工程项目、北京市优秀人才培养资助项目在内的科研项目10项，部分成果已经以横向项目形式转化。凭借着这些优异的成果，俞文凯同志曾获物理学院优秀教师的荣誉称号。

以德立身，言传身教

俞文凯同志以天下为怀，以民族复兴为己任，严于律己，以德育人，在教导学生过程中以人为本，因材施教，夯实学生的学业基础，努力开阔学生的视野，帮助学生树立正确的三观，努力让学生志存高远，有责任感，将习近平新时代中国特色社会主义思想融入学生的血液、铸入灵魂、化为行动，根植始终为社会做出贡献的思想，坚定学生理想信念，厚植爱国主义情怀，培养学生的奋斗精神，帮助学生成长为国家栋梁之材。才为德之资，德为才之帅，培养德才兼备的有用人才，这也正是俞文凯同志在培养学生过程中奉行的宗旨。俞文凯同志之前教授数据结构这门专业课程，充分结合了中外经典教材，在知识传播过程中穿插更多的实践实例，用故事和实例来设计课程。他注重学生的实践能力培养，努力创新教育理念，以培植学生的品德修养，在教学过程中坚持用社会主义核心价值观引领学生砥砺奋进，使得学生在学习知识的同时更加锻炼自身的实践能力。他通过认真备课、答疑过程引导学生思考、课堂讨论、实践动手能力培养四部曲提升学生的学习能力。此外俞文凯同志也注重与学生之间的交往和互动，将传道授业解惑转为经验分享。通过摸底测试了解学生的专业基础情况，因材施教，及时修改教学内容，弥补学生相关知识点上的短板，关注他们在课堂和课后所表现出的情感与态度，及时帮助学生认识自我，树立自信心。在课件准备上，则以板书和PPT相结合，杜绝照本宣科，而是更多地以动画、视频的形式将数据结果中的各种思想呈现出来，在课堂上更是通过一些活动环节揭示算法的本质思想，给学生留下更深刻的印象，强化知识的吸收。通过讲述一些亲身做过的项目经验和身边的一些故事，让学生的眼界更加开阔，学习更加轻松。在课后作业方面，不再是课后习题，而是全部亲自出题，每年的题目还进行更新，以趣味性、实践性为主，问题以开放的形式提出，鼓励学生通过小组讨论形成解决方案，再独自完成编程的实践任务。他建立了教学班的微信群，平时认真回复每个学生的邮件或微信提问，促进学生主动思考，并通过学生的反馈及时调整下次作业的难度。通过平等、尊重、信任、理解、关爱，让学生改变对学习的抵触情绪，转为快乐学习。该课程成效明显，学生的反响非常好，学生学习态度也变得更加积极，主动去学习课后的参考资料，培养了团队合作的意识，在分析问题、解决问题、创新方面的能力有显著提高，专业知识打得更加扎实了，不再是死记硬背，更多的是学以致用。俞文凯同志讲授的科研实训：赝热光鬼成像实验、大学物理AII、大学物理实验课程更是继承了数据结构课的教学思想，在教学过程中植入科研的案例和思想，拓宽学生思维。

科研育人，实践检验

在科研育人方面，俞文凯同志非常注重科研精神、科研能力、创新能力的培养。无论是指导本科生还是研究生，均因材施教，量身定制科研课题，以学生的兴趣爱好作为出发点，鼓励学生主动式思维。每周单独找学生谈心，了解每位学生的科研状态和心理状态，加强课程思政教育与专业思政教育，教育引导学生增长见识、丰富学识，让他们沿着求真理、悟道理、明事理的方向前进。通过挫折教育引导学生历练敢于担当、不懈奋斗的精神，让他们做到刚健有为、自强不息。近5年来，他培养的博士研究生王硕飞获一等学业奖学金；硕士研究生李亚欣获研究生国家奖学金、特等学业奖学金；本科生冷健获评校级优秀学生干部，获得2017年北京市物理实验竞赛二等奖、2017年国家励志奖学金、2017—2018学年国家奖学金、2020年北京市普通高等学校优秀毕业生荣誉证书，其论文获评北京理工大学本科优秀毕业论文、2020年北京市普通本科高校大学生优秀毕业论文（设计）（物理学院唯一推荐）；吕则霖同学的毕业论文获评2017年北京理工大学本科优秀毕业论文；庞宇萱同学的毕业论文获评2019年北京市普通高等学校优秀毕业生荣誉证书；苗子涵同学的毕业论文获得2019年北京理工大学本科优秀毕业论文；

刘一鸣同学的毕业论文获评2018年北京理工大学本科优秀毕业论文，并获得2018年北京市普通高等学校优秀毕业生荣誉证书；阿禧达同学的毕业论文获评2017年北京理工大学本科优秀毕业论文；刘俊杰同学的毕业论文获评2016年北京理工大学本科优秀毕业论文。他推荐的本科生绝大多数去往世界100强院校及清华、北大、中科院就读。

服务学校，燃烧自我

俞文凯同志作为我校的领航人，参与组织名师进高中活动、思源活动，带队进入江苏省常州市组织本科生招生活动。2019年驻扎常州市11天招生6人，其中2人进徐特立英才班，1人进了高水平运动队；2020年驻扎常州市12天招生6人，其中2人进徐特立英才班，2人提前批次录取。他是特立书院、求是书院的学育导师，积极参与本科生迎新活动，组织本科生班会活动。此外，他还积极参与各类研究生初试、线下面试、线上面试、复试、招生、宣讲、本硕博答辩、四六级监考、专业课公共课监考、物理公共日等活动。在公共服务方面，俞文凯同志可作为标杆和学习榜样。

正是对教学与科研的热爱和执着，俞文凯同志才为其不断辛勤耕耘，既收获了满天下的桃李，又获得了同行的认可，在小物院大家庭里默默发着光和热，砥砺前行。

矢志国防的当代"花木兰"
——光电学院邱丽荣

光电学院党委

个人简介：邱丽荣，女，汉族，1974年12月出生，1998年7月入党，博士研究生学历，教授、博士生导师，北京理工大学光电学院党委委员，2019年获得国家杰出青年科学基金。

邱丽荣是我国精密光电测试领域一位具有发展潜力的中青年专家，她传承北京理工大学"延安根、军工魂"红色基因，面向激光核聚变、高分对地观测和战略导弹精准导航等国家/国防重大工程中关键元部件的测试急需，长期从事精密光电测试技术与仪器领域的科研和教学工作，以严谨谦虚、勤奋执着的工作态度，砥砺奋斗，攻坚克难，匠心育人，为国防科技领域培养了优秀人才，其研究成果提高了国家专项、国防工程、光学制造等领域的硬核实力，她以当代"花木兰"精神践行许党报国的初心和使命。

恪守初心，为国育才

"唯有匠心，不负光阴"，邱丽荣热爱党的教育事业，心怀梦想，坚持以习近平总书记提出的"四有"好老师标准严格自律，注重教学、科研、育人相融合，多年扑身在三尺讲台和科研实验中，孜孜不倦，言传身教，努力培养德智体美劳全面发展的拔尖创新人才。谈起自己的教学工作，她常说："立德树人是教师的第一职责和崇高使命，我不仅仅教授课程知识，也联系国家发展需求，帮助学生打开专业之门，激发他们参与科研的兴趣，让他们体会科技兴国的力量，增强同学们时代担当的责任感！所以一直以来，我不断提炼和更新课程教授内容，让课堂教学和育人工作因时而进，因势而新。"在承担的本科生的复变函数课程教学中，她多次找学生了解学习情况和需求，针对学生实际准备教案和课件，不断琢磨和提升教学方法。为了帮助学生解除"学习复数和积分变换无用"的困惑，她开放科研实验室，鼓励部分本科生提前进入实验室，了解和参与科研工作，让本科生教学不再拘泥于枯燥的理论学习，而是通过实际运用，开阔眼界，加深了学生对学以致用和科研转化的了解，大大提升了教学效果。为拓宽知识范围，她主动为本科生开设了"传感技术及应用"专业选修课，让学生们了解传感器在我国航天、航海、汽车和自动化生产领域的实际应用，并将研究团队在共焦成像检测方面的科学研究成果及应用引入课堂，使学生在掌握基础理论知识的同时，也能了解最新的科研动态，帮助学生加深知识系统化和体系化的理解，同时育德于教，激发了学生科技报国的志向，从而更加坚定学习目标和方向。

在研究生教学中，邱丽荣承担了"近代光学测试技术""现代光学显微技术及仪器"等课程，她以提升研究生创新思维和创新能力为中心，采用"模块化""研讨型"教学方式，注重通过邀请国内外专家做学术报告等方式将国内外相关领域先进的科学技术成果引入课堂，带领学生一起承担高水平的科研项目，鼓励学生大胆提出研究课题的想法和创新点并在组会上进行分享讨论。在实验室里，经常能够看到她手把手教学生整理、搜集、分析各类数据资料，讨论课题进展。她关心关爱每一名学生，教学科研之余，她常常和同学们谈心："人生是一条船，自信是鼓帆的风；奋斗改变命运，梦想让我们与众不同；人生就像一张磁盘，烦恼可以删除，快乐可以拷贝……"她用诙谐的谚语帮助学生解除学业、生活、人生规划等方面的困惑，引导他们树立阳光、健康、积极向上的良好心态。在她的悉心培养下，多名博士研究生荣获中国仪器仪表学会和中国机械工程学会的优秀博士论文奖。

矢志军工，磨砻浸灌

"只争朝夕，不负韶华"，科技报国，不是一朝一夕单打独斗出来的，而是夜以继日、争分夺秒，一步一个脚印拼搏奋斗出来的。邱丽荣秉承"把研究成果写在国家急需的尖端精密仪器装备"的目标追求，多年如一日为国防科技创新刻苦钻研和攻关。平日里，她积极参加课题组课题研究，向团队请教学习，将自己的知识储备和国家发展需要联系在一起。为满足激光惯性约束核聚变系统、极大规模集成电路成套工艺设备、高精度惯性导航系统等国家/国防重大工程发展中超长焦距光学元件，激光聚变靶丸、光刻物镜、球形惯性器件等核心关键元件的高精度制造的需要，她针对现有光学仪器观测不够"精细"、检测不够"精确"、校准不够"精准"的基本问题，勇于创新，潜心攻关，瞄准以高分辨、抗散射、高层析激光差动共焦测量新原理为主线，在机理、结构、方法等方面深入开展研究，不断取得突破性成果。

一直以来，邱丽荣全身心地忘我工作，甚至整个孕期都坚持在科研一线，临盆前还泡在实验室，月子未结束就返回实验室科研岗位。正是凭着这股拼劲儿，她积极承担了国家自然基金杰出青年基金、国家重点研发计划重大科学仪器设备开发重点专项、国家自然基金重点项目、国家自然基金科学仪器研究专款项目和国防技术基础项目等国家及国防科研项目，研制了国际先进的具有鲜明特色的系列共焦成像/检测新原理仪器装备，成功用于国家重大工程、国防等重要部门，解决了我国多年在激光核聚变靶丸内球面三维轮廓、国家02重大专项光刻机物镜大曲率半径、某重大战略武器惯性器球形动压马达球形偶件配合间隙、非完整球面标准器曲率等参数高准确测试/校准方面的难题，团队研究成果获2018年国家技术发明奖二等奖、2019年度国防技术发明奖一等奖、2017年度中国计量学会科技进步奖一等奖。她荣获第二十届北京市青年科技奖、第十四届中国兵工学会青年科技奖、2017年度茅以升北京青年科技奖和中国兵工学会青年科技奖、2018年第46届日内瓦国际发明展金奖，入选国家"万人计划"科技创新领军人才、科技部"创新人才推进计划"中青年科技创新领军人才；她还荣获北京理工大学2018年"师缘·北理"教师节表彰大会优秀人才和2019年优秀共产党员等称号；她参加的"光学精密仪器课群研究型教学团队"入选2017年全国五一巾帼标兵岗。

作为一名教师，邱丽荣恪守初心，春风化雨，立德树人；作为科研工作者，邱丽荣矢志军工，携笔铸剑，勇攀高峰；作为一名党员，邱丽荣信念坚定，严于律己，践行使命。未来，她将继续砥砺奋斗，建功新时代。

把学生放在心中最高位置
——管理与经济学院崔立新

管理与经济学院党委

个人简介：崔立新，从1986年大学二年级入党，到今天已经成长为一名拥有35年党龄的高校女教师。21年前从南开大学博士毕业，成为传承红色基因的一名北理人。在北理延安精神鼓舞下，无论是作为系支部书记、支部委员，还是一名普通党员，21年如一日，始终以培养"胸怀壮志，明德精工，创新包容，时代担当"的国家栋梁为目标，满怀热情、激情和对祖国人才培养事业无私的热爱，坚守在教学教改、科学研究、招生领航、实践实习基地建设等全链条人才培养第一线，不断探索高效率、高效益、高质量的人才培养模式，始终把学生放在心中最高位置，发挥了党员应有的先锋模范作用，做到了甘于奉献，教书和育人、言传和身教相统一。

人才培养是个复杂的系统工程，从发现人才，到爱才、惜才、护才、育才，到最后成长为栋梁，具有链条长、环节多、节点多等特点，其间还有很多未知的变量和影响因素。作为一名管理科学研究领域的高校教师，崔立新在做好教学、科研本职工作的同时，思考、创新和实践人才培养的更高效率、更高效益、更高质量的模式。

教学——应用场景牵引，让学生沉浸于知识学习，并输出知识创新

崔立新积极探索数字化、网络化、智能化时代教学新模式，改变产生于第一次工业革命时期基于规模化生产思想的以教师、教室、教材为中心的传统模式，转为以学生天赋、实践需求、面临问题为中心，教学内容根据不同学生，以及不同时期社会、企业实践需求进行更新迭代的新模式。她带领学

生到京东、美团、顺丰、用友、商务部冷链平台等知名企业和组织参观考察，拓展了课堂空间维度，使课堂不仅仅限于教室，增加学生对知识应用场景的感性认知。另外，在教学中她注重课程思政建设，把祖国大地上的科学研究成果融入课程教学内容中，增强学生的制度自信、文化自信和科技自信。

崔立新在《北京理工大学学报（社会科学版）》发表论文《基于供应链视角的"以学生为中心"拉式培养模式顶层体系设计》，构建了基于供应链视角的，由学生需求和社会市场需求拉动的全链条、全流程、系统化、科学化的，包含生源供给流程、教学研发流程、教学实施流程、社会市场需求流程4个核心流程和由行政、后勤等部门组成的1个辅助流程的拉式人才培养模式。

崔立新近5年的课程研究报告获得北京理工大学"世纪杯"竞赛一等奖3项、二等奖1项、三等奖3项；指导本科生在EI检索期刊、核心期刊《中国软科学》《物流技术》《信息与管理研究》等期刊发表中英文论文7篇（EI检索1篇）；带领本科生撰写专著1本。

21年来，崔立新共指导硕士生、本科生超过100名，论文成绩多为优秀。她担任2017试验2班、2017信管班班主任，2个班均成为年级唯一零挂科班。为了陪伴班里的问题学生，她宁可放弃职称评定述职的机会。作为一名班主任，从立志到内驱力激发，到输出思维、创新思维的培养，她对学生倾注了极大的心血，并取得了可喜的成绩，班级平均分达到86分，得到了包括来自其他学院如计算机学院的各个任课老师的称赞。班里2位同学获得2020年美国大学生数学建模竞赛特等奖提名。

科研——国家需求牵引，让理论落地实践创新，并反哺课堂教学

21年来，崔立新共主持和参与诸如国家重点研发计划项目、国家自然科学基金项目、国家发改委项目、北京市自然科学基金项目等国家、省部级课题21项，经费669万元，个人承担265万元。21年来她共发表论文36篇，其中SCI论文3篇；出版学术专著5部，其中《服务质量评价模型》（2003）为国内首部服务质量管理领域的专著，第二年即被台湾出版社购买版权并在台湾地区出版，另外一部《服务质量管理理论与技术》（2020）是基于所主持的国家重点研发计划项目的研究成果完成的，作为北京理工大学"双一流"建设精品出版工程出版。与国务院发展研究中心魏际刚主任合著《中国服务业发展现状、趋势与展望》，收录在国内外广泛关注的中国经济形势分析与预测的权威报告《经济蓝皮书：2020中国经济形势分析与预测》（社会科学文献出版社，2020）中。作为第一完成人完成的《军队参加抢险救灾等非战争军事行动对国民经济动员所需的物资、装备生产能力的研究》《军队后勤保障社会化与国民经济动员机制建设》等8篇报告被国家或省部级单位采用，为国家重大战略决策提供了依据和支撑。

作为国家市场监督管理总局国家认监委服务认证综合组唯一一位来自学界的专家，崔立新充分运用与企业合作的机会，开发范围广大的实习资源，打造优质实习平台，支持学院各个领域的学科建设，已完成首旅集团、一商集团、顺丰集团的实习基地挂牌签约，正在与京东、美团、滴滴、北京公交集团等企业商洽签约事宜。同时，她把数十年的服务管理、质量管理的研究成果运用到课堂教学中，把科研优势转化为人才培养优势。

招生——提升生源质量，打造全链条融合模式，探索人才成长规律

人才培养全链条，从发现人才开始，探索并遵从人才成长规律。发现学生的特长天赋是一个异常艰巨的任务，需要全方位、全链条深度融合。2020年崔立新加入北理领航人队伍，开始思考和实践人才培养全链条深度融合模式。

她开展的工作包括：①扩大学校宣传范围。线上线下结合，线上进行了"相约北理"宣讲、参加了福建新闻广播电台FM1036"名校驾到"节目宣传北理；线下在高招季冒着疫情风险4天行驶2 000多公里到6所中学开展宣讲。②开拓优质生源中学。当天驱车往返700公里到坐落于偏远山区的福鼎一中宣传北理，到学生规模可观、学生素质逐年上升的长乐一中开展宣讲活动，今年第一年宣传就来了4名优秀学生。③动员广大校友资源。积极参加了福州校友会、厦门校友会活动，促成了校友会福州广电大厦LED大屏幕80年校庆宣传活动。④中学大学深度融合。80年校庆时接待了福州一中、建瓯一中等中学的领导；参加了张军校长厦门一中"院士进中学"宣讲活动；参加了长乐一中130年校庆活动，送上了贺信、喜报和一架国庆阅兵空中梯队长机空警-2000型预警指挥机的模型；12月走访了福州格致中学、福建师范大学附属中学、福州三中、福州一中、长乐一中5所中学,与各个学校领导达成了深度合作的一致意向。⑤持续关注学生动态。开学时主动参加了迎新,与学生和家长建立了面对面的感情联结,入学后持续关注学生学习、生活动态,针对有学生反映课程学习遇到困难的问题,1个月后自费请同学们聚餐,让同学们结成互帮互助学习小组,取得了很好的效果。

总之,得益于北理红色基因、延安精神的鼓舞,得益于北理优势资源平台的支持,得益于领导和老师们的指导、信任、鼓励和帮助,崔立新在人才培养的道路上做出了一些创新尝试。同时她意识到,前方仍然面临很多难题,成绩代表过去,她将会面向未来,以大爱指引方向,砥砺奋进,为实现中国共产党领导下的第二个百年奋斗目标,为把我国建成富强民主文明和谐美丽的社会主义现代化强国无私奉献自己的聪明才智。

满足北理学子的思想期待
——马克思主义学院杨才林

马克思主义学院党委

个人简介：杨才林，马克思主义学院副教授。获国家一流本科课程、全国高校大学生讲思政课优秀指导教师奖；北京市高等教育教学成果奖一等奖、二等奖，北京高校优质本科课程、优秀主讲教师，北京高校党建和思想政治工作优秀成果奖；学校精品课程奖、师德先进个人、迪文优秀教师奖二等奖，获评我爱我师——我最喜爱的老师、优秀共产党员等。其论文代表作《论红军长征的早期国际传播》被新华文摘转载。

"把论文主要写在课堂上，引领大学生耕心铸魂"，这是杨才林老师的信条。他紧紧围绕学校大思政育人格局和学院发展定位，以立德树人为中心，潜心教育教学和学术研究，先后获得教育部、北京市和学校的十多项奖励。他的先进事迹主要有三方面：

敢于创新教学，善于引领学生

他敢于对大学生思想政治教育进行创新性思考、创造性发展。他的思政课教学改革创新可以凝练为："三史合一"的问题式教学和"5+1"实践教学。在2015年之前，他倡导"五个一"实践教学（即参观一座博物馆、观看一部纪录片、阅读一部名著、写一篇读书报告、做一次课堂演讲）。2016年获得学校首届迪文优秀教师奖以后，他又倡导"三史合一"的问题式教学（即校史、军工史和中国近现代史纲要有机融合）。2017年集体获得学校教改特等奖和北京市教学成果奖后，他又思考如何在思政课学习上发挥工科生"技术控"的优势，经过探索，他找到了微课教学，其实践教学从而发展为

"5+1"。2019年围绕五四运动100周年和中华人民共和国成立70周年两大主题，他引导学生自主制作了两批微课，《北京青年报》"北青头条"做了视频报道。在北京高校思政课青年教师培训会上，在北京市教工委专家组入校检查环节，他的微课教学改革展示受到高度好评。

他善于以学生为中心，引领学生的思想成长。他特别注重师生互动、小组合作学习，强调文科的高级学习策略，听说读写做并重。特别注重问题导向，反击历史虚无主义，对学生进行方法训练和价值观传达，因材施教。在这里分享他的两个小故事。第一个小故事，2016年他教过机车学院的一个学生李众一，该生在一年级的时候，作为工科生，其文史基础和演讲口才都很好，对思政课学习很有兴趣和问题意识，真是"百里挑一"。后来在他的指导下，李众一选择"共产党游而不击吗"这样一个热点历史话题，研读文献、制作课件，参加了"全国大学生讲思政课公开课活动"，获得二等奖。后来李众一又参加了"人民网·'90后'学子心目中的十九大"演讲，新闻报道后反响很好。第二个小故事，2019年春季学期最后一课结束后，管理与经济学院的女生袁嘉明因为毕业后想当公务员，想请他"给点智慧"。他"顾名思义"，送了三句话："动则生阳、善则生阳，喜则生阳。"并做出新解释：做公务员就要勤于调查研究，就是"动"；为人民服务就是"善"；精神气质阳光，就是"喜"。学生听完，立刻狂喜。像这样，在许多学生面临职业选择困惑时，他都做了思想引路人。

他培养的7个硕士，都是跨专业的，指导论文经常耗费大量心血。即使有学生不遵时间约定，不按要求写作，他依旧恼而不火，诲人不倦；即使学生开题报告写得逻辑混乱、文理不通，他依旧循循善诱，直到论文成型。

加强教研室建设，助力青年教师成长

五年来，他以打造"金课"为目标，执行精品课建设和教学计划。他提出"教育部—北京市—学校—学院—教研室"五级练兵的概念，安排教研室集体说课，青年教师试讲，请全国教学名师示范。他多次为青年教师的教学建言献策，悉心指导青年教师参加学校基本功大赛、卓越大学联盟高校青年教师教学创新大赛、北京高教学会教学比赛等。学院经常安排新进教师到他的课堂听课学习，他也带领青年教师外出参加学习，例如参加"新概念智慧课堂——微课慕课快捷技术集成"专题培训、全国高校思政课微电影教学研讨会等。他在北京高校思想政治理论课青年骨干教师培训上主讲"中国近现代史纲要微课制作及其应用""抗日战争是非问题纵横谈";在"李朝阳全国高校思政课名师工作室"举办的教学观摩研讨会上主讲"长征:中国革命大转折",在国家人力资源部机关党校学员课堂主讲"三大视野看长征",这些都有助于听课的青年教师提升教学设计能力。《北京青年报》"北京头条"以《思政"微课"翻转课堂 让学生唱主角》为题,集中报道了他的课改展示,引发媒体关注。他参编中央马克思主义理论研究和建设工程重点教材《中国近现代史纲要》配套用书《中国近现代史纲要教学用书》的同时,带领青年教师完成了北京市高教学会中国近现代史研究会委托录制《中华民族抗日战争》教学视频的任务,在录制过程中多次研讨,互相切磋,使青年教师的教学设计水平得到提升。

担当党团活动主讲,发出北理马院声音

五年来,他为各学院入党积极分子授党课40多次,内容包括"党大还是法大""增强党性修养,反对历史虚无主义""信仰三题""习近平论四史""中国共产党为什么能"等。带领北京学院入党积极分子在纪念馆进行现场教学,题目是"没有共产党,就没有新中国""新中国从这里走来"等。参加徐特立学院学生"汲识启航"系列沙龙讲座,被徐特立学院聘为德育导师。在北理工师生赴中国人民抗日战争纪念馆"青春心向党 建功新时代"特别团日主题活动中现场授课"五四运动爱国主义绽放光芒",学生普遍反响良好。在海淀区北下关街道主讲"中国特色社会主义文化的源流与自信",在房山区河北镇讲解十九届四中全会精神,现场反响热烈。

他受中央广播电视总台央广网"头条工程"特约,为《每日一习话》栏目写了5篇解读评论:《要敢于做先锋 而不做过客、当看客》《始终继承和弘扬中华优秀传统文化》《老百姓的幸福就是共产党的事业》《风高浪急之时我们更要把准方向》《推动青少年文化学习和体育锻炼协调发展》,其中2篇被中央网信办推荐,全网推送。另外,他在党建网、人民网、中国青年网发表文章《北京理工大学:"学为中心 三通合力"的大思政育人实践》《新时代高校思政"金课"建设的六个着力点》《论〈习近平谈治国理政〉第三卷对"时代之问"的解答》，发出了北理马院教师的理论之声。

作为一个共产党员和思政课教师，他的身上充分体现了谦虚谨慎、不骄不躁的作风和艰苦奋斗的作风。不忘初心、牢记使命，他在不断满足北理工学子思想期待的同时，实现着自己的人生价值。

学生们的"人脸识别机"
——马克思主义学院张雷

马克思主义学院党委

个人简介：张雷，男，法学博士，北京理工大学马克思主义学院教师兼北京理工大学团委副书记。主要研究领域为中国现代化与国际战略、党建与思想政治教育。主持国家社科基金项目1个、主持参与国家级、省部级社科项目多个，公开发表论文20余篇，出版专著1部，合著及参编著作3部。主讲本科生、研究生思想政治理论课及国际问题课程。曾在美国、德国、印度、越南等国高校及科研院所进行学术交流。先后被评为北京理工大学师德先进个人、"三育人"先进个人，北京理工大学大学第九届、第十二届"我爱我师"学生最喜爱的老师。荣获北京理工大学第十四届、第十五届优秀教育教学成果一等奖。北京市社科普及青年骨干专家库成员，北京市房山区党建指导专家。曾为工业和信息化部、人力资源和社会保障部、清华大学、北京市的一些单位授课，在校内外主讲讲座数百场，受到广泛好评。

"先生姓张，中等身材，目光锐利，扫视众人。余曾与三五好友闲谈，提及此处，众人均道'先生似一直紧盯于我'，而后不免心有戚戚焉，余亦深有同感。"这位2013级机械与车辆学院高静琦笔下的"张先生"，就是马克思主义学院思政课教师张雷，主讲毛泽东思想和中国特色社会主义理论体系概论、习近平新时代中国特色社会主义思想概论、思想道德修养与法律基础、当代世界经济与政治等思想政治理论课程和国际问题通识课程、马克思主义理论专业研究生课，从2012年在北理工执教起，教过的学生已达7 000余人。

"只是因为在人群中多看了你一眼，再也没能忘掉你容颜。"对于张雷的学生而言，张老师的"人脸识别机"功能，最为学生们津津乐道，即使是150多人的大教学班，张雷也会在两三节课内认识并记住每位学生，并对他们的特点如数家珍。当大家询问张雷如何实现"超能"记忆力时，他总是戏称自己有"特异功能"。事实上，可以记住每一个学生的背后，是张雷对教学和学生的热爱，他愿意去分享、去了解大家的想法，也是在积极交流中，张雷很快地记住了每一个人。

在张雷的课堂上，没有照本宣科，没有死气沉沉，更没有"一人讲课，众人睡觉"，取而代之的是不时的爽朗笑声和激烈的讨论。让学生们在轻松愉悦的课堂上畅所欲言，是张雷教学的"小妙招"，而每节课上固定的展示环节，也成为学生们活跃思想迸发的时刻。"明悉家国大事，深感复兴民族、强大国家的使命在肩，是我们在这门课上最大的收获！"2015级信息与电子学院邓艾琳回忆起上课场景时，由衷感慨。

张雷始终以真诚的爱心对待学生，永远以满腔的热忱和激情认真上好每一节课，同时不断提升教书育人的水平。他刻苦努力，积极上进，辛勤耕耘，执着追求，以人格魅力激励着同学们努力成才，努力使思想政治理论课成为大学生真心喜爱、终身受益的"精品课""魅力课"。他认真探索教学改革，开办北京理工大学名家领读经典特色论坛"科技强国名家论坛""国家安全名家论坛"，受到广泛好评。他主持学校教育教学改革专项项目"马克思主义学院精品论坛与各书院精品论坛资源整合'三全育人'研究"，主持学校人文素质教育重点建设课程；作为主要成员参与的"社会实践"课程被评为首批国家级一流本科课程；作为主要成员参与的"创新PDCA循环管理以实现课堂教学效果的持续改进"荣获北京理工大学第十四届优秀教育教学成果一等奖，"新时代'学为中心、三通合力'的思想政治教育理念创新与实践"荣获第十五届北京理工大学优秀教育教学成果一等奖。

张雷的主要研究领域为中国现代化与国际战略、党建与思想政治教育。他获批首批国家社科基金项目高校思政课研究专项"新时代国际化视野下高校思想政治理论课建设路径研究"立项，同时还先后主持北京市社会科学基金项目、首都大学生思想政治教育课题等，参与国家级、省部级社科项目多个，出版专著1部，合著及参编著作3部。公开发表论文20余篇，发表网文多篇。曾在美国、德国、印度、越南等国高校及科研院所交流。

除了做好一线教学研究工作，作为一名青年教师，张雷还兼任校团委副书记。在共青团工作方面，他更是将思政课教师的优势融入其中，与团学工作有机结合，积极参与社会实践、"大创"项目、"世纪杯"、"挑战杯"和海外社会实践项目等指导工作，所指导的项目在各类评比中多次获奖。张雷也先后获评学校第九届、第十二届"我爱我师"学生最喜爱老师，学校师德先进个人、"三育人"先进个人、优秀班主任等荣誉称号。他积极参与学校招生工作，成为"北理领航人"。他为校内各机关单位、学院、书院讲授党课和相关讲座数百场。

张雷还积极做好理论宣讲和党建指导工作。他协助学校党建研究会开展相关工作，先后主持校党建研究会重点课题"北京理工大学75年党建历史与实践经验研究""新时代发挥共青团作用与加强学校党的政治建设研究""北京理工大学建校80年党员教育的历史经验和时代价值研究"，为北京市和山西省吕梁市方山县的一些单位、工业和信息化部、人力资源和社会保障部、清华大学等数百个单位开展理论宣讲和讲座培训，以高度的政治自觉和饱满的热情做好宣讲和培训工作。2015年张雷成为首批入选北京市委教育工委、北京市社科联"高校青年教师社科普及基层行"项目——"北京市社科普及青年骨干库"中的一员，之后又成为北京市"高校定点支持中小学建设"项目专家库成员。他为北京市情调研做好对策研究，并结合调研为北京市国际交往和国际交往中心建设献计献策。他入选北京高校青年教师社会调研团队，所负责的项目研究成果受到广泛好评；他为党的建设决策当好参谋助手，做好党建咨询服务工作，受聘为房山区党建智库专家，在房山区多个乡镇、街道进行党建指导，提交高质量的研究报告，指导房山区法院和良乡镇党建工作创建党建品牌。

"我将牢记习近平总书记对思政课教师的要求——政治要强、情怀要深、思维要新、视野要广、自律要严、人格要正，努力提高教学科研水平，做学生成长路上的良师益友。"面向未来，张雷并没有豪言壮语，却信心满满。他深知作为高校思想政治理论课教师要担负起对党的理论创新成果宣传阐释，用社会主义核心价值体系引领社会思潮和弘扬主旋律、传递正能量的社会责任，除了做好教学科研工作，始终努力提升自身素质能力，在"知行合一"与"夯实学养"方面下功夫，在理论宣讲、社会调研、党建指导等方面做贡献。

教研立身　无悔奉献
——马克思主义学院张毅翔

马克思主义学院党委

个人简介：张毅翔，北京理工大学马克思主义学院教授、博士生导师、副院长，国家社科基金通讯评审专家、成果鉴定专家、教育部学位论文评审专家，北京市首届思想政治理论课特级教师，CSSCI期刊《思想教育研究》的外审专家。主持国家社科基金项目2项、北京社科基金项目1项及其他项目约10项。在《马克思主义与现实》等期刊发表学术文章60余篇，被人大复印报刊资料全文转载10余篇。

面对新时代历史方位变化给马克思主义学院带来的机遇挑战，面对近年来党和国家领导人对思想政治理论课改革创新的殷切期盼，面对北京理工大学"双一流"建设的历史重任，尤其是"十三五"的奋进目标，张毅翔始终以党员先锋模范标准严格要求自己，勇于担当，以"踏实奋进，无悔奉献"的人生信条耕耘在教学和管理一线，将小我融入大我之中，默默践行一位北理马院人的使命诺言，为北理发展无私奉献。

以生为本，积极探索教学改革

2009年7月，张毅翔成为北京理工大学的一员。进校第一年，张毅翔调研学生思想动态，积极探索思想政治理论课主体性实践教学模式，以学生"年级汇讲"为教学载体，充分调动学生的学习积极性，提高教学吸引力。该教学模式极大地调动了学生的积极性、主动性和创造性，深受学生喜爱。到目前为止，该教学模式已连续实施十几年，得到学生的欢迎及积极参与。《人民日报》《光明日报》《北京考试报》等媒体对这种实践模式做过报道。新华社也播发了题为《北京理工大学思想政治课尝试新形式——学生讲师团年级汇讲别开生面》的电讯稿。张毅翔及时将教学模式经验总结成论文在中文核心期刊发表，成果被评选为北京市高等教育学会第八次优秀高等教育科研成果三等奖。

近几年来，张毅翔围绕思想政治理论课教学内容，利用新媒体载体，参与开发并应用"情商加油站""职场演兵"等虚拟仿真辅助教学软件，致力于思想政治理论课辅助教学软件情商加油站的研发，利用游戏的技术手段、表现手法等，以知识技能、交往训练为主要内容，通过对现实情境的模拟，让大学生在游戏过程中接收信息、感悟体验，从而达到训练、教育的目的。科研成果产生了很好的社会影响，教育部以《北京理工大学创新新媒体条件下思想政治理论课教育教学新模式》为题进行专题报道，中国教育电视台、《人民日报》《光明日报》等主流媒体予以报道，相关成果在30所高校推广应用。张毅翔多次在全国性会议上介绍此教学经验，多个学校的同行来校学习交流。张毅翔及时对学校思政课新媒体教改经验进行总结，在CSSCI期刊发表多篇论文，在社会产生较大影响。

在学校和学院的大力支持下，张毅翔所在团队先后获评国家精品课程、国家精品资源共享课程，三次荣获北京市教育教学成果一、二等奖。

心系国家，科研紧扣时代脉搏

2020年年初，新型冠状肺炎病毒突袭而至，我国迅速打响疫情防控的人民战争、总体战、阻击战。在这场特殊的人民战争中，人们都在各自的工作岗位参与这场战争。张毅翔以高度的责任使命感对这场战争进行思考，从专业角度及时写出文章《从自适、自觉到自为：重大疫情应对中思想政治教育的整体性建构》，提出在重大疫情等重大突发事件下思想政治教育的发展趋势和功能变化，很快在国内CSSCI期刊发表，表现出一名马院思政人的学术志趣和使命担当。

张毅翔的科研成果多是紧跟时代发展，紧扣时代脉搏，紧紧围绕实践中遇到的问题及时提出创新性的观点。十九大召开提出新时代的重大战略命题，张毅翔及时论述新时代历史方位下思想政治教育的发展问题，在国内最早发表新时代思想政治教育学术论文，在学界产生较大影响。论文自2017年11月发表以来，始终在国内保持下载量和引用率前三位置。2019年3月18日，全国学校思想政治理论课座谈会在北京召开，张毅翔也在第一时间思考新时代高校思想政治理论课的发展问题，及时写出相关论文并发表。张毅翔的科研成果始终走在相关研究领域的全国前列，具有一定引领作用。

近几年，张毅翔主持的国家社科基金青年项目主题为"思想政治教育方法论"（2018年结项）、国家社科基金一般项目主题为"新时代思想政治教育"（2018年立项），北京市社会科学基金青年项目主题为"首都市民思想政治道德建设"（2018年结项），都是围绕国家关注的实践热点立项并展开研究，形成专著、系列论文等。他的学术成果受到学术界关注，被人大复印报刊资料全文转载十余篇，论文下载量和引用率一直保持全国领先地位。

投身服务，奉献成为价值目标

2020年9月的一天，在2020年国家社科基金项目公布的第一时间，马克思主义学院党总支书记兼院长刘存福第一时间给张毅翔发来微信："感谢你为国社科大丰收做的贡献！"随后，不少领导和老师也纷纷发来祝贺。在学校和学院领导的支持下，在全院老师的共同努力下，2020年马克思主义学院获批6项国家社科基金项目（后又增加一项国家社科基金思政专项），位居全国马克思主义学院获批国家社科基金总量首位。作为主管科研的学院副院长，经历了几个月的艰苦筹备和组织工作，看到学院取得如此好的成绩，张毅翔的脸上终于露出发自内心的笑容。"学院获批国家社科基金项目，比自己获批基金项目还高兴。"张毅翔高兴地对大家说。在他看来，指导帮助别人获批社科基金项目，是最大的幸福和快乐，比自己获批国家社科基金项目更有意义。

张毅翔自2011年担任院长助理以来就负责学院的科研工作，具有较为丰富的科研管理经验。面对2020年突如其来的重大疫情及上半年居家隔离线上办公的特殊环境，张毅翔专门针对国家社科基金申报工作制定了"马克思主义学院2020年度国家社科基金申报后期指导流程进度表"，拟写了《马克思主义学院国家社科基金申报线上指导细则》，列出6大环节、6个时间节点，确定工作要求、学院指导内容与目的、具体操作。完善机构和学院"一对一"辅导机制。专门成立国家社会科学基金项目申报工作小组，建立"一对一"辅导机制，还专门制定"一对一专家辅导进度表"，时刻掌握大家进度，给予及时的指导，分别邀请清华大学、中国人民大学、北京师范大学等校外专家以录音的方式进行精准指导。充分利用新媒体会议平台召开2020年国家社会科学基金项目线上申报指导会。正是在全院师生的共同努力下，学院实现2020年国家社科基金申报工作的全面胜利。

张毅翔工作踏实，富有责任感，先后担任国家社科基金评审专家、教育部硕博论文外审专家、部分CSSCI期刊外审专家，每月要评审20万字的国家社科基金结项成果、十余篇期刊外审论文等。张毅翔以其严谨认真、公正负责的工作态度，被全国哲学社会科学规划办评为"认真负责的鉴定专家"，体现了我校马克思主义理论学科不断扩大的学术影响力和良好的学术信誉。也正是因为张毅翔的学科影响和工作作风，目前他又被邀请为2020版全国中文核心期刊专家评委。

为学生发展竭力前行，为学院进步精心服务，为学校建设默默奉献，为社会服务尽心尽力，是张毅翔的价值目标和至高追求。

爱岗敬业树形象　平凡岗位创精彩
——北京理工大学出版社边心超

资产经营公司党委

个人简介：边心超，1982年出生，2005年加入中国共产党，硕士研究生学历。2008年6月至今在北京理工大学出版社印务部工作。担任出版社党支部副书记及印务部主任。他时刻以优秀共产党员身份严格要求自己，始终牢记党的宗旨，处处发挥党员模范带头作用。近年来，在学校党委和资产经营公司党委的正确领导下，他以干好出版工作为己任，坚持学习不放松，工作不停歇，较好地履行了职责，以自己的实际行动诠释了共产党员的先进性。

政治信念坚定，对党忠诚站位高

边心超同志认真学习党的十九大精神，贯彻落实习近平新时代中国特色社会主义思想，增强"四个意识"，坚定"四个自信"，不忘初心，牢记使命。作为出版社党支部副书记，他积极开展工作，做到工作有计划，活动有记录，内容有针对，结果有成效。他积极组织日常党组织生活会，参加党支部组织的各项活动，推进出版社党支部的建设。他结合出版社工作实际，帮助支部开展了一系列特色主题活动。比如《身边的榜样——一路风景 因为有你》推文活动，推进支部特色活动，树立身边先进典型，弘扬正能量。在"绿色"匠心育人党日主题活动中，由他策划牵头，携手《汉字由来》和《万物有来》两种"绿色"印刷图书的策划编辑，在学校足球场为孩子们传授图书内容，向孩子们讲解绿色印刷知识，提醒他们为了自己的身心健康和共同的生活环境，尽量购买和阅读"绿色"印刷的图书。2017年，出版社党支部被评为校级"优秀党支部"；2019年，边心超荣获校级"优秀共产党员"荣誉称号。

敢于担当尽责，冲锋在前排万难

2020年年初，一场突如其来的新冠疫情肆虐全国乃至全球，各行各业遭受重创。疫情期间，边心超同志冲在一线，组织并带领出版社南门办公区的党员对整个南门办公区域每天进行消杀工作。从3月初开始，党员消杀工作共持续4周时间，保障了南门办公人员的身心健康，为南门办公人员提供了安心舒适的工作环境。4月，适逢《少年中国史》（共14册）下厂印刷，时间紧，入库急，任务重，边心超同志积极与编辑和印厂沟通几种备选方案，保障生产的稳步进行。京津冀实现健康码互认后，边心超同志第一时间履行申报手续，带领责任编辑，克服困难，奔赴河北，驻厂两天，针对印刷质量及生产进度问题与车间工人沟通到深夜，给了编辑坚定的信心，同时也给了印厂工人师傅们很大的工作动力，保障了该套图书的正常出版销售。疫情防控期间，边心超同志克己奉公，以图书安全生产为第一职责和使命，得到了出版社编辑和印厂的一致好评。

勤恳务实干事，立足岗位出实效

近几年来，出版社经营规模持续扩张，印务部排、印、装生产安排与管理面临严峻考验。边心超同志作为部门主任，对外加强对合作排、印、装单位的严格管理，紧跟纸张市场行情的变化趋势并合理备纸，对内协调印务部与各相关部门之间的协作关系，充分调动部门员工的工作积极性，保质保量按照印装生产周期的要求完成出版社自组图书的排、印、装生产任务，保障了图书的正常出版，对优化纸张库存、控制成本做出了积极的贡献。2013年11月，边心超同志被国家出版基金管理委员会聘为"国家出版基金评审专家"，进入专家库。至今，已先后7次参加国家出版基金评审工作，主要负责国家出版基金项目图书排印装成本的计算与审核。每次参与基金评审，他都严格遵守职业道德和评审纪律，公平、公正、合理地对待任何一项出版基金资助金额的评审，并多次向基金管理委员会提出合理化评审建议，受到了大家的一致好评。边心超同志曾分别于2016年和2018年被出版社评为"优秀中层干部"，并于2016年带领印务部荣获多年来部门员工梦寐以求的"优秀集体"荣誉称号。

紧跟市场变化，模式创新促发展

十多年来，边心超同志一直紧跟图书印装技术发展动态，并深入探究其利弊得失以为我所用。首先，尝试全开印刷技术。该项印刷技术几年前在市场上崭露头角。他走访了多家工厂进行实地调研，对其印刷幅面尺寸、设备品牌与类型以及计价方式等内容进行探究，并在出版社向编辑进行宣讲。截至目前，出版社约有一半数量的新书尝试全开印刷，在保证印装质量的前提下有效地降低了印装成本。其次，推广轮转喷墨数码印刷。由于轮转喷墨数码印刷技术生产效率高，能够按需印刷，一定程度上打破了传统平张数码印刷技术成本较高的短板。在他的推动下，出版社每年有几百个品种的教材图书采用此项技术进行制作，有效地控制了图书库存。再次，倡导CTP（计算机直接制版）技术。2016年，CTP技术逐渐被市场认可与接受。由于其印刷套准性好，生产效率高，而且污染性小、绿色环保，定会成为未来印刷市场的主导者。当年，边心超同志对出版社印装供应商进行积极宣讲推广，努力推动印刷技术改革。2017年6月份，CTP技术在出版社全面推广，大大提高了印刷效率，优化了印刷效果。正是一项一项新技术的推广，才使工作别开生面；正是一个一个技术方案的探讨与出台，才使难题烟消云散。

边心超同志作为一名共产党员，廉洁自律、埋头苦干、开拓创新、无私奉献，在本职岗位上做出了显著成绩，模范践行着创优争先优秀共产党员的基本要求，成为支部党员干部的模范和学习的表率，受到广大党员和群众的赞誉。

扎根基层四十载　坚守初心担使命
——资产经营公司张国强

资产经营公司党委

个人简介：张国强，男，汉族，1962年3月出生，1981年1月参加工作，1999年9月入党，现任资产经营公司商业经营管理部主任，2009年至今任党支部书记。从事后勤服务工作已近四十年，长期工作在一线，先后在北京理工大学膳食科、总务处接待科、学生公寓管理中心、接待服务中心、商业服务中心、商业经营管理部工作。他在工作中有大局意识和责任感，热爱本职工作，真抓实干，遇到大事能主动担当，敢于担当；有较强的服务意识，不怕苦不怕累，坚持原则，遵纪守法，时刻用党员的标准严格要求自己。

有一种精神薪火相传，有一种坚守始终如一，有一种初心矢志不渝，有一种奉献坚守不弃……

"我志愿加入中国共产党，拥护党的纲领，遵守党的章程，履行党员义务，执行党的决定，严守党的纪律，保守党的秘密，对党忠诚，积极工作，为共产主义奋斗终身，随时准备为党和人民牺牲一切，永不叛党。"这是他1999年在入党宣誓仪式上对党许下的庄严承诺，转眼21年过去了，他用实际行动兑现了党旗下的铮铮誓言，并将对党的承诺作为毕生的追求与信仰。

40年，在历史的长河中只是短暂的一瞬，但对个人来说无疑是非常漫长和极其宝贵的年华。

他用40个春秋扎根基层，真正做到了坚守初心担使命，把人生中最美好的青春年华，奉献给了他挚爱的北京理工大学，在平凡的岗位上书写了无悔的华章。这就是不管在工作中还是生活中，总给人感觉积极、热情、幽默的资产经营公司商业经营管理部党支部书记、主任张国强。

扎根基层做表率，始终如一不放松

1981年，张国强来到北京理工大学工作，先后在北京理工大学膳食科、总务处接待科、学生公寓管理中心、接待服务中心、商业经营管理部工作。在工作中，他扎实肯干、勤奋好学、大胆创新，慢慢地从一名普通工人成长为一名优秀的管理干部。40年来，他始终牢记党的宗旨，锐意进取，以坚韧不拔的毅力和顽强拼搏的精神，在平凡的工作岗位上创造出了不凡的工作业绩。他先后获得过机械电子工业部先进工作者、海淀区先进驾驶员、总务处先进工作者、校工会积极分子、校社会治安综合治理先进个人、紫竹院地区安全保卫先进个人、北京市高校学生公寓先进个人、海淀区交通安全优秀管理干部、海淀区"孝星"、北京理工大学优秀共产党员等荣誉。

抓实抓细抓管理，开拓创新保经营

在任职部门主任期间，他致力于安全保障、硬件改善、菜品改进等重点工作，不断创新工作机制，深化服务职能，推陈出新，关注细节，逐步提升了师生满意度。在全面抓队伍培训、管理提升、服务品质的过程中，他带领团队一步一个脚印地克服工作中出现的问题，让团队和个人都在过程中获得了提升，也取得了良好的经济效益和社会效益。通过科学判断形势、驾驭市场经济、应对复杂局面、协调总揽全局，他带领部门团队获得了很多荣誉：延园招待所有限责任公司被北京市海淀饮食服务行业协会授予2009年"企业管理创新奖"、2010年度"金钥匙"奖、2011年海淀区住宿业"诚信服务优秀企业"；客运部2009年、2010年连续被北京市海淀区高校安委会评为"海淀区高校系统交通安全先进车队"，部分驾驶员被北京市海淀高校安委会评为"年度优秀驾驶员"。

近年来，在学校机构调整、高校企业管理体制改革的环境下，张国强带领商业经营管理部全体员工一同合理规划发展方向，认真确定发展思路，仔细盘点现有资源，按照企业化管理发展，建章立制，自主经营，独立核算，自负盈亏。每年按照年初制订的工作计划及预算方案带领各部门顺利完成各项接待工作任务和经营任务指标，完成管辖企业的法人变更，完善了商业经营管理部及北京理工大学劳动服务管理中心、北京理工延园招待所有限责任公司两个独立法人单位的制度建设工作。积极探索商业发展新模式，2017年完成了延园招待所的装修改造工作，2020年启动了外国专家公寓与延园餐厅装修改造项目，为今后可持续发展打下良好的基础。结合学校、资产经营公司对安全工作的总体要求，抓好综合治理安全的工作，确保实现安全无事故的目标。实行安全生产目标管理责任制，责任到人，定时开展安全培训，搞好应急演练，把安全检查和经营工作有机相结合。

抗疫一线做榜样，坚守初心担使命

张国强扎根基层多年，深谙后勤管理工作的重要性。每有突发事件，他总是化身"守门人"，带领部门的工作人员，守护好大后方，再棘手、琐碎的事也能管理得井井有条。2020年突如其来的新冠肺炎疫情在全国各地悄无声息地蔓延开来，一场没有硝烟的战争拉开了序幕。按照学校的防控部署，延园招待所"后勤变一线"，确定为学校集中居住健康观察点。疫情就是命令，防控就是责任。在接到学校通知后，张国强第一时间赶到延园招待所，放弃了春节假期与家人团聚的日子，大年初二就与招待所的工作人员一同并肩作战，奋战在防控一线。他认真规划、改造隔离区域，筹备防疫物资，紧急成立健康观察点疫情防控小组，制定健康观察点应急预案与疫情防控手册，马不停蹄地安排与协调各项工作，并负责隔离人员信息的统计与报送工作，手机、电话响个不停，而且24小时待机。同时，张国强作为商业经营管理部党支部书记，充分发挥党支部的战斗堡垒作用和共产党员的先锋模范作用，带领党员带头冲在前，使党旗高高飘扬在抗疫第一线。

40载的风雨历程，40载的艰苦奋斗，张国强用自己的实际行动谱写了一曲长期工作在基层、战斗在一线的基层干部忠于党、忠于祖国、忠于人民的动人乐章。

抗"疫"路上的"小黄车"
——自动化学院黄腾

自动化学院党委

个人简介：黄腾，男，汉族，中共党员，北京理工大学自动化学院2018级博士研究生，在校期间学习成绩优秀，积极参加各类竞赛，曾获国家级、省部级竞赛奖项3项，现担任自动化学院智信博士党支部书记、徐特立学院兼职辅导员等职务。曾获北京市优秀毕业生、北京市优秀学生干部、北京理工大学优秀团员、时事论坛优秀组织个人等荣誉称号。2019年7月，所带党支部获"北京理工大学先进党支部"荣誉称号。

树立旗帜，在疫情面前挺身而出

"我也知道有危险，但我是党员，关键时刻就得冲在前面，况且被隔离的同学还是医务工作者家属。"就这样，黄腾说服了家人，成为一名志愿者。

在疫情防控的关键时刻，自动化学院党委成立了留校学生抗疫临时党支部，黄腾被选为支部书记。他带领支部党员同志积极参与校院两级疫情防控工作。为了保证在学校隔离点的同学每天吃上热腾腾的饭菜，黄腾把"小黄车"作为交通工具，采取"无接触外卖"的形式，七分钟内把热腾腾的饭菜送到隔离点，并且每天记录隔离点同学们的伙食，确保营养的均衡。根据同学们的不同需求，采买卫生纸、矿泉水等生活物资，累计服务42人次，为同学们在自行隔离期间的饮食和生活提供了保障。

疫情期间"停课不停学"，面对居家的同学们缺少学习资料、学习用品的困难，黄腾克服疫情防控期间快递公司不接单、运输慢等难题，耐心细致地从实验室、宿舍里仔细查找，帮同学点对点地寄送单片机、电脑、身份证、录取通知书、成绩单等物品80余件。临时党支部的党员们也主动与在校学生进行交流沟通，为大家运送防疫物资、组织劳动节活动、开展端午节慰问、进行给毕业生行李打包，累计志愿服务时长240小时。因为黄腾在志愿服务中"想别人之所想，急别人之所急"，不管是不是党员，都亲切地称呼他为"黄书记"。

作为支部书记，黄腾在志愿服务的同时结合防疫形势，开展线上主题党日活动，以"学徐老爱国精神，做时代合格党员"为题，录制"书记在线"微党课，以"疫情大考下的青年担当"为题，录制青年战疫微团课，并作为"领航"演讲团成员，面向2020级新生，进行"大学·青春·人生"线上演讲。黄腾还应共青团中央的邀请，担任第24届"中国青年五四奖章"的评委，在疫情期间顺利完成评审任务，并且在评审结束后，将中国杰出青年科技工作者的先锋事迹同支部党员分享，同时号召支部的党员同志们要在科研上锐意进取，顽强拼搏，引发支部成员向五四奖章得主学习的热潮！

在留校的8个月的时间里，从严寒到酷暑，从清晨到日暮，黄腾化身"小黄车"，奔走在校园的各个角落，尽心竭力做好每一件"小事"。虽然事情很琐碎，但他每天都很快乐，正如他在演讲中所讲述的那样，"其实也正是这些小事，让我忙碌起来，支撑我度过这段人生最为特殊的时光。我很感谢这段时光，因为我收获了太多的温暖，同时它也教会了我如何感恩，如何团结，如何担当，如何尽己所能地去回馈社会，从而担负起党员这个身份背后所蕴含的责任。"

学思不怠，以理论知识武装头脑

黄腾平时非常重视理论学习，时刻以习近平新时代中国特色社会主义思想武装头脑，不断提高自身思想觉悟，增强服务意识。从西柏坡到红旗渠，从两个"务必"到共产党人艰苦奋斗的作风，他更加清晰深刻地学习了党史、新中国史、改革开放史、社会主义发展史。除了自己学习，黄腾还在党课上播放了修渠工人当年修渠的影像资料，并分享了共产党员们的英勇事迹，号召支部党员们不畏艰难险阻，永攀科研高峰。

为了更好地履行职责，黄腾参加了北京市高校学生党支部书记网络培训，同时以兼职辅导员的身份，组织40余名师生赴"没有共产党就没有新中国"纪念馆参观学习，进一步树立共产主义信仰，增强"四个意识"、坚定

"四个自信"。黄腾还赴雄安新区考察交流,在感受国家大发展、大变革的同时,他也暗暗立下志向,要在毕业后投身基层,回到家乡,为实现中华民族伟大复兴的中国梦贡献自己的力量。

践悟笃行,在扶贫路上擦亮底色

在还是入党积极分子的时候,黄腾便组建了徐特立学院心漾微光支教队,赴平顶山支教,筹集图书200余册并建立第一间徐特立图书室,实践团的事迹被《平顶山日报》、《平顶山晚报》、平顶山电视台多家媒体报道,所负责团队荣获2016年度首都大中专学生暑期社会实践优秀团队。在加入中国共产党后,黄腾又多次赴吕梁、洛阳等地支教并宣讲十九大精神,建立徐特立图书室3间,累计募集书本2 000余册,所负责实践团被评为北京市百强优秀社会实践团。同时,他继续以兼职辅导员的身份,组织徐特立学院师生赴吕梁市方山县胡堡村进行扶贫志愿服务活动。

"扶贫先扶志",黄腾始终将全心全意为人民服务放在第一位,在实干中擦亮共产党员的政治底色,为打赢脱贫攻坚战贡献出自己的力量。

苦练本领,在平凡岗位勇往直前

作为支部书记,黄腾不断创新理论学习活动形式,以5部习近平采访实录系列丛书为核心,组织开展了5季读书交流分享活动。黄腾组织党员学习包括复旦大学教授沈逸所讲课程在内的多项公共课程,并在党小组会上分享学习心得,形成了以读书交流分享季为核心,以个人学习为抓手,以党小组学习为纽带,线上线下相结合的独具特色的理论学习体系。

黄腾还创立了支部委员联席会制度,联合多支部举办《榜样4》集中学习等活动,在增强党支部建设的同时,帮扶新上任的支部书记熟悉党建工作。为进一步锤炼党性修养,黄腾组织开展"牢记党员身份,过好政治生日"主题组织生活会,在入党周年纪念日为党员赠送政治生日贺卡,重温入党誓词,组织党员合唱《歌唱祖国》,引发热烈反响,被学校选为优秀党日活动。

黄腾同志在支部工作中踏实奋进、不断探索,积极开创学生党支部工作新模式,将支部打造成夯实的战斗堡垒,所在支部因为成绩突出,被评为北京理工大学先进党支部。

一位党员就是一面旗帜，黄腾同志作为一名中共党员、党支部书记，坚持以习近平新时代中国特色社会主义思想武装头脑，充分发挥学生党员先锋模范作用，经受住了疫情"大考"。留在学校的8个月时间里，他克服严寒酷暑，化身为"小黄车"，疾行在学校抗疫一线，树立起了一面鲜明的旗帜，用一位博士生党员的责任与担当，为广大青年树立了榜样。

勤恳务实，争做优秀学生党员
——机电学院寸辉

机电学院党委

个人简介：寸辉，男，中共党员，白族，1995年8月出生于云南大理，现就读于北京理工大学机电学院兵器科学与技术专业毁伤与弹药工程方向，原机电学院研究生无人飞航第二党支部书记，获学校"优秀共产党员""优秀研究生干部""优秀团员""优秀研究生"，学院"党员先锋""志愿先锋"荣誉称号，获2020年小米奖学金、领航奖学金。

坚定信念，做好支部书记工作

寸辉同志深入学习领会贯彻习近平新时代中国特色社会主义思想，深入学习党的十九大和十九届二中、三中、四中、五中全会精神，全国高校思想政治工作会、教育大会和纪念五四运动100周年大会等重要会议精神，坚决维护以习近平同志为核心的党中央权威，在思想上政治上行动上同以习近平同志为核心的党中央保持高度一致，牢固树立"四个意识"，坚定"四个自信"，思想水平与政治觉悟较高。

寸辉同志于2014年9月刚进入北理工学习时就向党组织递交了入党申请书，通过基础教育学院机械与运载学部"青马工程"、机电学院院党课和校党课等各级、多类的党课思想教育，时刻以一名党员的标准严格要求自己。通过不断努力，寸辉同志于2017年6月26日加入中国共产党。

2018年9月至2020年10月，寸辉同志担任机电学院研究生无人飞航第二党支部书记。他以更高的标准要求自己，按时做实做好"三会一课"，按时召开支委会，带领支委会成员讨论策划每月的党日活动和党员大会；扎实开展"不忘初心、牢记使命"主题教育；通过前期准备，每月按时组织开展主题党日活动，作为党支部书记，寸辉同志为支部讲授"'一国两制'与祖国统一""国家宪法日"等专题党课；组织参观"砥砺奋进的五年大型成就展""走在建设世界科技强国征程上的中国科学家主题展""伟大的变革——庆祝改革开放40周年大型成就展"；组织收看《榜样3》电视节目；前往中国军事博物馆、三军仪仗队参观学习；组织开展"两学一做""弘扬爱国奋斗精神，建功立业新时代"和"我和我的祖国"等主题教育实践活动，在支部中反响热烈，起到了积极的作用。担任支部书记期间，累计开展60余次支部活动，发展党员9名。

通过组织活动、参观展览和理论学习等，寸辉同志带头执行党的路线方针政策，带头执行上级党组织的决策部署，其思想水平得到显著提高，在党员群众中起到了模范带头作用。

抗疫志愿，彰显学生党员本色

2020年年初，由新型冠状病毒引发的肺炎疫情自武汉爆发后向全国蔓延，武汉"封城"，各省、市、自治区相继启动公共卫生一级响应，病毒突袭而至、来势汹汹，我们每个人都感受到了生命安全和身体健康的威胁。面对突如其来的严重疫情，寸辉同志把投身防控疫情一线作为践行初心使命、体现责任担当的试金石和磨刀石，与全国人民一起齐心协力、共克时艰。

寸辉同志在居家隔离14天期满后，积极响应学校、学院党委的倡议，支持当地团委、妇联、总工会联合招募疫情防控志愿者的工作，主动联系报名并参与疫情防控志愿工作，并被分配到县红十字会开展志愿工作，协助红十字会工作人员接收捐赠物资、清点入库，将抗疫物资分发给医院、乡镇防疫相关部门，统计线上线下捐款金额。返校后，作为"大学·青春·人生"优秀学生事迹报告会报告人之一为学校2020级新生讲述抗疫故事。

此外，寸辉同志积极参加中国兰花大会、网络迎新、温暖衣冬、80周年校庆志愿者等各类多项志愿活动，志愿服务时长超300小时。6次参加无偿献血，累计捐献全血1 400毫升和2单位成分血。积极参加志愿服务，彰显了寸辉同志作为北理工学生党员的责任担当。

全面发展，发挥党员模范作用

寸辉同志学生工作经历丰富，于大二学年担任基础教育学院机械与运载学部学生会体育部副部长、机电学院学生会体育部部长，大三学年担任机电学院学生会副主席，研一、研二学年担任机电学院研究生无人飞航第二党支部书记、无人二班心理联系人。他认真负责地完成各项活动任务安排，在同学中领导能力出众，获得了不俗的成绩。他在体育部工作期间，机械学部、机电学院在每年各项体育活动中，成绩均名列前茅。在党支部工作期间，他带头执行党的路线方针政策，带头执行上级党组织的决策部署，支部工作稳步向前推进。在无人二班心理联系人工作中，他积极联系课题组所有同学，定时谈话掌握学生思想动态，目前课题组同学未出现明显心理问题。

寸辉同志在学习方面严格要求自己，通过不断的努力，他分别在2016—2017学年第二学期、2017—2018学年第一学期获得优秀学生奖三等奖；通过考研，他考取了本校本专业硕士研究生；大四下学期其本科毕业设计被评为优秀；进入研究生阶段后，寸辉同志发表EI检索学术论文2篇，多次参与课题组重大试验项目。总体来说，寸辉同志学习成绩不断提高，在党员群众中起到了带头作用。

寸辉同志严格要求自己，养成了良好的生活习惯，勤俭节约，尊重他人的劳动成果。他始终高度警惕浮夸、腐败之风，在日常生活和管理方面时刻起到带头作用。他热爱生活，积极参加各项活动，作为机械学部、机电学院合唱队成员两次参加学校"12·9"合唱比赛；积极参加各项体育活动，获得了学校篮球赛季军、学院篮球赛冠军、学院羽毛球赛冠军等不错的成绩。总体来说，寸辉同志在日常生活中严格要求自己，起到了党员先锋模范带头作用。

寸辉同志时刻以党员的标准规范自己，不断完善自我，努力成为有理想、有道德、有文化、有纪律的新时代青年，发挥了学生党员的模范带头作用。

投身公益，帮扶群众
——材料学院李瀚楼

材料学院党委

个人简介： 李瀚楼，2019级硕士本科党支部的一名党员同志。学习成绩专业第一，现已保研至北京理工大学材料学院。任北京理工大学延河之星志愿者总队支教部部长，组织部员到两所小学开展支教活动。为纪念帮扶听力障碍儿童的公益活动"咿呀"总动员200期，将绘本阅读《一园青菜成了精》改编为短剧并进行编排表演。在"科技馆一日游"提出增设任务手册即给每名学生下发内含活动题目的手册的想法。带领延河之星"启梦"支教团赴河南安阳五龙镇第二中学进行支教活动。

志愿公益中肯定价值

大一入学，李瀚楼就向党组织递交了入党申请书。作为一名刚刚接触到党的同志，他对党的概念还较为朦胧，仅是模糊知道党员是群众的公仆，应不遗余力地帮助群众。

然而，李瀚楼并不认为自己有能力帮助别人，甚至会否定自己的价值。于是，他本着求证的目的加入了我校延河之星志愿者总队支教部。

良乡地区有两所打工子弟小学，每周支教部会组织部员到这两所小学开展支教活动。李瀚楼平日里喜欢评书和相声，有时也会学着视频里人物的腔调、动作或者眉目神情对着镜子给自己表演一番。因此他将自己准备的故事和评书、相声结合起来，把故事"演"给学生们看。不同的语调代表不同人物，不同语气代表不同心情，动作、表情的夸张，再加上随着故事的推演，他会在黑板上逐渐梳理出人物关系和故事走向，使曾经枯燥乏味的课堂变得生动活泼，也使他得到了学生们的喜爱。曾经喧闹的课堂不再需要维持纪律，学生们目光集中、积极思考是对他努力之后最大的肯定。

李瀚楼逐渐被学生们肯定，很受学生们的欢迎。看着学生们天真的笑容，李瀚楼感觉已经找到了自己的价值：原来自己也能够帮助别人；同时他也下定决心：竭尽全力参加公益志愿，帮助身边群众。

在一年的支教活动中，无论学业多么紧张，他始终坚持参加活动，达成全勤。

志愿公益中背负责任

大一根植于李瀚楼心中的决心"尽一切力量帮助需要群众"并没有因大二繁重的学业压力而退缩。大二学年，李瀚楼留任延河之星支教部部长，继续在帮扶儿童的道路上前行。

身为部长，更多的是责任。不仅是对部门和部员的责任，更是对帮扶对象的责任，不可糊弄、懈怠。由于特殊原因，两名部长任职期间退出，原本四个部长的支教部最后仅剩李瀚楼和另一名女生。面对一百余人部门的活动和自己的学业，李瀚楼并没有退缩，而是将此作为契机，每个活动他都亲自部署、亲自指导。

"咿呀"总动员是一项帮扶听力障碍儿童的公益活动，他担任部长期间正好赶上"咿呀"总动员200期纪念活动。为此，他自己将绘本阅读《一园青菜成了精》改编为短剧并进行编排。在最终的活动中，短剧受到了学生们的热烈欢迎，有的学生甚至想看第三遍，北京听力协会的詹老师在朋友圈评论："能够理解幼稚并把幼稚演绎出来，大概就是一种很大很大的真诚吧。"

尽管活动期间正值期中考试周，但他们每天晚上都要进行短剧排练，对此李瀚楼丝毫没有抱怨之心，看着这群折翼天使们欢乐的笑容、激动的情绪，他知道这是支教部部长的责任，更是一名共产党员的责任。

大二下学期，要组织支教部的例行活动"科技馆一日游"。李瀚楼为了能让活动更有意义，提出增设任务手册即给每个学生下发内含活动题目的手册，由志愿者带领在科技馆内寻找手册中问题的答案。

想法的提出虽然简单，却要付出更多辛苦。为了活动手册，李瀚楼提前一周从良乡到中国科技馆采点，选择难度适中又易于小学生接受的知识编辑到手册中。在活动的最后，李瀚楼在手册的留言区看到小朋友们真切的话语："我们看到了很多珍稀品也学到了很多知识,我们玩得很开心""……我喜欢细胞,尤其是拼骨头,那是我最喜欢的了,有细胞的地方我很喜欢。"

循规蹈矩地完成一项活动是很简单的,而在活动中创新却是很难的。不仅是想法提出,方案的落实更加困难。李瀚楼担任部长期间经常强调要对服务的对象负责,尽管自己要付出更多时间和精力,但他始终认为这是他的责任。

志愿公益中寻找意义

大二的暑假,李瀚楼带领延河之星"启梦"支教团赴河南安阳五龙镇第二中学进行支教活动。

当地初中生的学习情况十分恶劣,作为初三的同学很多连小学知识都没能掌握。在一次家访结束后,有一位队员提问:"为什么有些同学明明考不上高中,我们还要教他们?这样做是否有意义?"

李瀚楼说:"确实,在每次志愿活动结束后,每位小朋友的生活回归平常,他们有的依旧要佩戴奇怪的助听设备,依旧要过着与父母分离的生活,依旧因学习成绩受到老师的特殊对待。"

"我们不能根本改变孩子们生活的环境,这样的志愿活动是否有意义?鲁迅先生在对铁屋子的讨论中提到'然而几个人既然起来,你不能说决没有毁坏这铁屋的希望',也许仅仅一场简单的短剧,就让听力缺陷的儿童们感受到社会对他们的爱而不是惧怕社会;也许我们的一次参观活动,就可能在某个孩子的心中根植一颗梦想的种子。"

趁青春年少,何不将自己融入祖国建设、民族复兴的洪流中去?通过公益志愿,帮助有需要的人,击碎他们与社会的隔阂壁垒,让更多的人融入社会,才是一名共产党员的价值和意义,也是李瀚楼坚定的信念。